高等职业技术院校公路类专业教材

公路工程测量

主　编　程　斌
副主编　吴苏琴
主　审　梁启勇

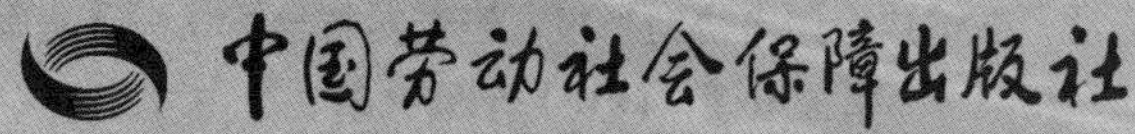
中国劳动社会保障出版社

简介

本书根据高等职业技术院校教学实际，由人力资源和社会保障部教材办公室组织编写。主要内容包括十一个模块，模块一至模块四为公路工程测量的基本知识和测量仪器的操作及实践技能；模块五为测量误差基本知识；模块六、模块七为平面控制、高程控制测量；模块八为地形图测绘；模块九为道路工程测量；模块十为桥梁施工测量；模块十一为地下工程测量。

本书由程斌主编，吴苏琴副主编，梁启勇主审。参加本书编写工作的有南京交通技师学院程斌（模块二、模块三）、吴苏琴（绪论、模块一、模块五）、干婷（模块六、模块十）、周仲海（模块九、模块十一），武汉铁路桥梁技工学校喻建武（模块四、模块八）、王世均（模块七）。

图书在版编目(CIP)数据

公路工程测量/程斌主编. —北京：中国劳动社会保障出版社，2012
高等职业技术院校公路类专业教材
ISBN 978-7-5045-9904-9

Ⅰ.①公… Ⅱ.①程… Ⅲ.①道路测量-高等职业教育-教材 Ⅳ.①U412.24

中国版本图书馆 CIP 数据核字(2012)第 227455 号

中国劳动社会保障出版社出版发行
（北京市惠新东街 1 号 邮政编码：100029）
出 版 人：张梦欣
*
三河市潮河印业有限公司印刷装订 新华书店经销
787 毫米×1092 毫米 16 开本 16.5 印张 371 千字
2012 年 9 月第 1 版 2025 年 11 月第 12 次印刷
定价：31.00 元

营销中心电话：400-606-6496
出版社网址：http://www.class.com.cn
http://jg.class.com.cn

前言

随着我国公路交通的高速发展，公路施工、养护、工程测量等岗位从业人员的数量日益增多，对其具备的知识和能力的要求也在不断提高。为了更好地满足各类职业院校对公路类专业高技能人才的培养需求，全面提升教学质量，人力资源和社会保障部教材办公室组织全国有关院校的教学专家、行业企业专家，在充分调研学校教学情况和企业生产实际的基础上，精心编写了高等职业技术院校公路类专业教材，包括公路类专业基础平台课教材《公路概论》《公路工程识图》《公路 CAD》《工程力学基础》《土质与筑路材料》，以及公路类专业课教材《路基路面施工技术》《桥涵工程施工技术》《公路养护技术》《公路工程测量》《公路勘测及简单设计》《公路工程现场测试技术》《公路工程施工组织与概预算》《公路施工养护机械》《公路施工安全》。

在教材的编写过程中，力求做到以下几点：

1. 采用模块化设计，合理构建专业教材体系

针对公路类专业培养目标和企业对岗位能力的不同需求，本套教材分为公路施工养护模块、公路工程测量模块、公路试验检验模块、公路施工组织与管理模块等。教师可以在专业基础平台上组合不同的能力模块实施教学，以达到公路（桥梁）施工、养护、工程测量等专业方向的能力培养要求。

2. 以国家职业标准为依据，以能力培养为目标组织教材内容

教材编写以筑路养护工、工程测量工、桥梁工、隧道工等职业的国家职业标准为依据，注重企业对公路施工、养护、工程测量等岗位从业人员的能力要求，坚持实用、够用的原则，合理组织教材内容，有效解决了公路类教材存在的理论性过强的问题。

3. 贯彻先进的教学理念，根据教学内容的不同精心选择编写模式

本次教材编写贯彻了职业教育的先进教学理念，对于理实一体化和工程实践操作性较强的课程，采用了任务驱动的编写模式；对于理论性较强的课程，采用了理论与工程实践相结合的编写模式。在教材的表现形式上，尽量采用以图代文、以表代文的表达方式，增强教材的可读性，激发学生的学习兴趣，引导学生自主学习。

为方便教学，与《公路概论》《公路工程识图》《工程力学基础》《土质与筑路材料》《公路工程测量》《公路工程施工组织与概预算》相配套，开发了习题册；与《公路概论》《公路工程识图》《公路 CAD》《工程力学基础》《土质与筑路材料》《路基路面施工技术》《桥涵工程施工技术》《公路工程测量》《公路工程现场测试技术》相配套，开发了多媒体教学课件，可进入中国人力资源和社会保障出版集团网站（http://www.class.com.cn）免费下载。

在本套教材的编写过程中，得到了有关省市教育部门、人力资源和社会保障部门以及一批高等职业技术院校的大力支持，教材的主编、主审等有关人员做了大量的工作，在此表示衷心的感谢！同时，恳切希望广大读者对教材提出宝贵的意见和建议，以便修订时加以完善。

人力资源和社会保障部教材办公室

2012 年 6 月

目录

绪　论

- 了解测量学及其主要任务。
- 了解公路工程测量在公路工程建设中的作用。
- 掌握地面点位置的确定方法。
- 掌握测量工作的基本内容和工作原则。

“要想富，先修路”“公路通，百业兴”充分说明了公路在国民经济中的重要地位，公路在国家的政治、经济、军事、文化及人们日常生活和生产中起着非常重要的作用。工程测量是公路工程建设中的主要工作之一，直接影响着公路工程施工成本的控制，它贯穿公路工程建设全过程。公路桥梁与公路工程测量如图 0—1 所示。如果不正确对待或测量不够准确，将造成大量的人力、物力、财力的浪费，引起不必要的施工成本增加。因此，工程测量在公路建设中至关重要，公路工程人员必须熟悉工程测量方面的基本知识，为公路的长远发展打下坚实的基础。

图 0—1　公路桥梁与公路工程测量

一、测量学及其主要任务

1．测量学的内容

测量学是一门研究如何确定地球表面上点的位置，如何将地球表面的地貌、地物、行政和权属界线测绘成图，如何确定地球的形状和大小，以及将规划设计的点和线在实地上定位的科学。它包括两项主要工作：测绘（将地面上的地形、地物测绘到图样上）和测设（将图样上设计的构造物放样到实地上）。

测绘是指使用测量仪器和工具通过实地测量和计算得到一系列测量信息，把地球表面的地形绘成地形图或编制成数据资料，供经济建设、规划设计、科学研究和国防建设使用。

测设又称施工放样，是指把图样上规划设计好的建筑物、构造物的位置在地面上用特定的方式标定出来，作为施工的依据。

2．测量工作在工程建设中的主要任务

随着科学技术的发展，测绘科学在国民经济建设和国防建设中的作用也日益增大。测绘工作常被人们称为“建设的尖兵”，不论是国民经济建设还是国防建设，在每一项工程的勘测、设计、施工、竣工以及保养维修阶段都离不开测绘工作，而且都要求测绘工作走在前面。具体工作来说，工程测量有以下几方面的任务：

（1）测绘大比例尺地形图

把工程建设区域内的地貌和各种地物的几何形状及其空间位置按照规定的符号和比例尺绘制成图，并把工程建设所需的尺寸用数字表示出来，为规划设计提供依据。

（2）施工放样和竣工测量

把图样上设计的建筑物按照设计要求在施工现场标定出来，为施工提供依据；在工程施工中进行各种施工测量以确保施工质量。工程竣工后进行竣工测量，为工程验收、日后扩建和维修管理提供资料。

（3）变形观测

对于一些重要建筑物，在施工和运营期间，定期进行变形观测可了解建筑物的变形规律，监视其安全施工和运营。

总之，工程测量在工程建设领域有着重要的作用，所以从事工程建设的科技人员，必须掌握各类测绘仪器的使用、基本的测绘方法和手段、建筑物的施工放样技术和大比例尺地形图的测绘方法与程序等内容。

二、公路工程测量在公路工程建设中的作用

公路工程测量是测量学的一个重要组成部分，它在公路工程建设的各个阶段都起了重要的作用。

1．勘测设计阶段

在勘测设计阶段，主要是根据测量得到的数据资料进行路线选线，并进行路线的详细测绘，以便为路线设计提供准确、详细的外业资料。

当路线跨越河流时，在拟设置桥梁之处，测绘河流两岸的地形图，测定桥轴线的长度以及桥位处的河床断面，为桥梁设计方案的选择及结构设计提供必要的数据。

当路线穿越高山采用隧道工程时，测绘隧址处地形图，并测定隧道的轴线、洞口、竖井等的位置，为隧道设计提供必要的数据。

2．施工阶段

在施工阶段，首先是将设计图样中表征路线、桥涵和隧道的各项几何元素，按规定的精

度，采用先进的方法准确无误地测设于实地，以及在工程施工过程中，经常通过各种不同的测量来检查工程的进度和质量。

3．竣工阶段

工程竣工后，主要用测量来检查竣工情况，即进行竣工验收，编绘竣工图样，以满足公路工程的使用、管理、维修以及扩建的需要。

4．运营阶段

在投入使用后的运营阶段，工程测量的作用是进行一些常规检查和定期进行变形观测，以确保道路、桥梁和隧道等构造物的安全使用。

综合以上可以看出，在道路、桥梁、隧道的勘测设计、施工、竣工及养护维修的各个阶段都离不开测量技术，都需要利用测量提供的资料和图样进行规划设计，并通过测量来配合以后各项工程的施工，以保证设计意图的正确执行。

三、地面点位置的确定

测量工作的实质是确定地面点的位置，且常将其成果用各种图样资料明显而准确地表示出来，以利于进行公路规划设计或指导工程施工。确定地面某点的位置是确定它的平面位置和高低位置，即用坐标（x，y）和高程（H）来表示点位。这就需要设定一个基准面作为点位的投影面。

1．测量的基准线和基准面

（1）基准线

重力是由于地球的吸引而使物体受到的力。重力的作用线常称为铅垂线，铅垂线是测量工作的基准线。

（2）基准面

测量上确定地面点的空间位置，是采用在基准面上建立坐标系，通过对距离、角度、高差三个基本量的测量来实现的。由于测量工作是在地球表面上进行的，因此，选择其作为测量数据处理、统一坐标计算的基准面。设想一个静止的海水面向陆地延伸通过大陆和岛屿形成一个包围地球的封闭曲面，这个曲面就称为水准面。水准面是受重力影响而形成的，是一个处处与重力方向垂直的连续曲面。由于潮汐的影响，海水面有涨有落，所以水准面有无数个，其中与平均海水面相吻合的水准面称为大地水准面。大地水准面是测量工作的基准面。地球自然表面和水准面之间的关系如图 0—2 所示。

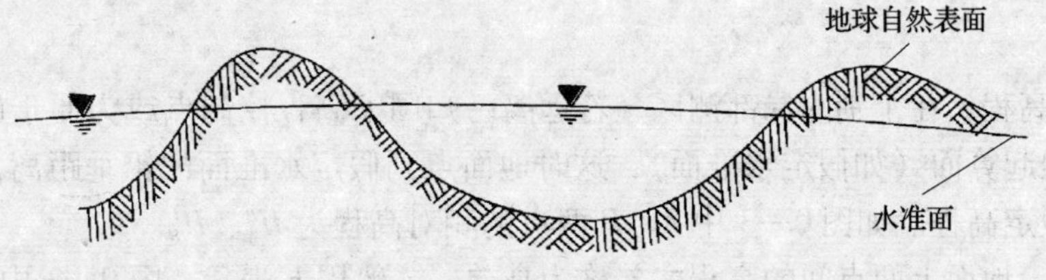

图 0—2　地表面与水准面示意图

2. 确定地面点位置的方法

确定地面点的位置是测量工作的基本任务。在三维空间中，地面点的位置需要用三个变量来确定，其中 x、y 两个变量用来确定地面点的平面位置，还有一个变量是 H，用来确定地面点的高程位置。

(1) 地面点的高程

1) 绝对高程。地面点到大地水准面的铅垂距离，称为该点的绝对高程，简称高程，一般用字母 H 表示，如图 0—3 所示。图中地面点 A、B 的高程分别为 H_A、H_B。

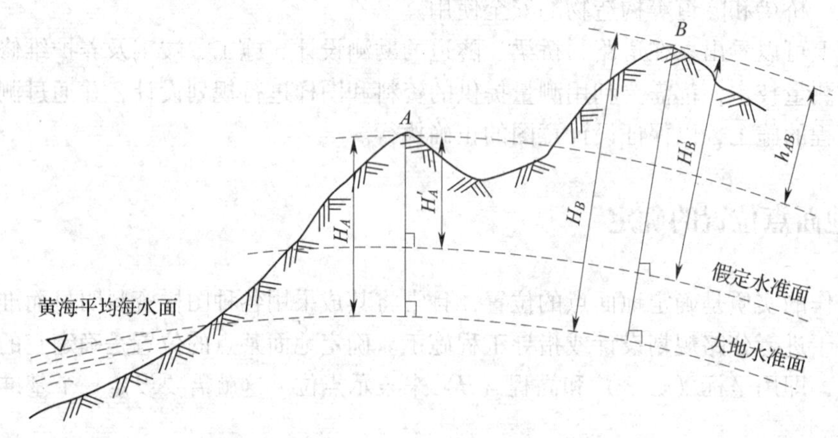

图 0—3 地面点的高程

为了建立全国统一的高程系统，我国在青岛设立验潮站，长期观测黄海海水面的高低变化取其平均值作为大地水准面的位置，将其作为全国高程的起算面（其高程为零）。在青岛验潮站附近的观象山埋设固定标志，用精密水准测量方法与验潮站所求出的平均海水面进行连测，测出其高程为 72.289 m，把它的高程作为全国高程的起算点，称为水准原点。根据这个面起算的高程称为“1956 年黄海高程系统”。

从 1987 年开始我国采用新的高程基准，采用青岛验潮站 1952—1979 年潮汐观测资料计算的平均海水面作为国家高程起算面，称为“1985 年国家高程基准”。根据新的高程基准推算的青岛水准原点高程为 72.260 m，比“1956 年黄海高程系统”的高程低 0.029 m。

2) 相对高程。在个别的局部测区，若远离已知国家高程控制点或为便于施工，也可以假设一个高程起算面（如假定水准面），这时地面点到假定水准面的铅垂距离，称为该点的相对高程或假定高程。如图 0—3 中 A、B 两点的相对高程为 H'_A、H'_B。

3) 高差。地面上两点间的高程之差称为高差，一般用 h 表示。图 0—3 中 A、B 两点间高差 h_{AB} 为

$$h_{AB}=H_B-H_A=H'_B-H'_A$$

式中，h_{AB}有正有负，下标 AB 表示 A 点至 B 点的高差。

上式也表明两点间的高差与高程起算面无关。在同一工程项目中，通常采用统一的高程起算面。

（2）地面点的坐标

1）地理坐标。当研究整个地球的形状或进行大区域范围的测量工作时，可采用如图0—4 所示的球面坐标系统来确定点的位置。地面点的坐标可用经度 λ 和纬度 φ 表示。经度 λ 和纬度 φ 称为该地面点的地理坐标。例如，北京某点 P 的地理坐标为东经 116°28′，北纬39°54′。

2）平面直角坐标。在小区域的范围内，将大地水准面作为水平面看待，由此而产生的误差不大时，便可以用平面直角坐标来代替球面坐标。根据研究分析，在以 10 km 为半径的范围内，可以用水平面代替水准面，由此产生的变形误差对一般测量工作而言，可以忽略不计。

因此，在进行一般工程项目的测量工作时，可以采用平面直角坐标系统，即将小块区域直接投射到平面上进行有关计算；在满足测量工作精度的基础上，简化计算。图 0—5 所示为一平面直角坐标系统。规定坐标纵轴为 x 轴且表示南北方向，向北为正，向南为负；横轴为 y 轴且表示东西方向，向东为正，向西为负。为了避免测区内的坐标出现负值，可将坐标原点选择在测区的西南角上。

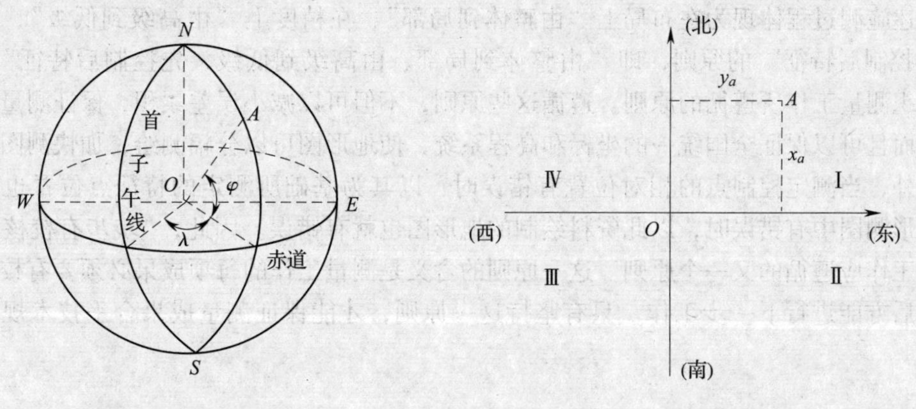

图 0—4　地理坐标　　　图 0—5　平面直角坐标

如前所述，地面点的空间位置是以投影平面上的坐标（x，y）和高程 H 决定的，而点的坐标一般是通过水平角测量和水平距离测量来确定的，点的高程是通过测定高差来确定的。所以，测角、量距和测高差是测量的三项基本工作。

四、测量的基本原则

做任何工作都必须遵循一定的原则，按一定的步骤进行，才能做到有条不紊、保质保量，测量工作也不例外。虽然测量工作的服务领域十分广泛，内容也很复杂，但概括起来不外乎两大类，即地形图测绘和施工放样。

地球表面的形态可分为地物和地貌两大类。地面上固定性物体称为地物，如河流、道路和房屋等；地面上高低起伏的形态称为地貌，如山岭、谷地和陡崖等。下面以将地物、地貌测绘到图样上为例，简单介绍测量工作的基本原则。

不论是地物还是地貌，它们的形状和大小都是由一些特征点位置决定的，这些特征点也称碎部点。测量时，主要就是测定这些特征点的平面位置和高程。图 0—6 所示为一栋房屋的平面位置图，若能确定 1、2、3、4 点的平面位置，则这栋房屋的位置也就确定了。

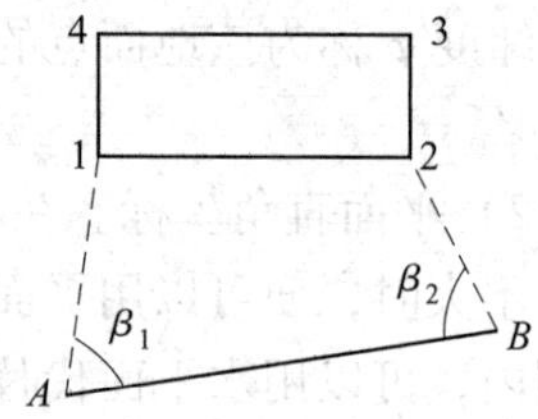

图 0—6　房屋平面位置图

测定特征点的位置，其程序通常分为两步：第一步为控制测量，即用较精确的仪器和方法测定各控制点的距离、各控制边之间的水平夹角等。设某点的坐标已知，则可计算出其他控制点的坐标，以确定其平面位置。同时还要测出各控制点的高差，设某点的高程已知，求出其他控制点的高程。第二步为地形测图，即根据控制点测定特征点的位置。在图 0—6 中，如果事先用精确的方法确定了 A、B 两点的坐标，测图时，在 A 点架设仪器，测出 1 点与 AB 边的夹角 β_1 和 1 点到 A 点的距离，则根据 A、B 两点的坐标，就可以求出 1 点的坐标，同理，可求出 2、3、4 点的坐标。有了这些坐标，就可以在图样上绘制出地形图。测量工作中，把 A、B 这样的点称为控制点，由控制测量方法得到。

上述施测过程体现为在布局上“由整体到局部”、在精度上“由高级到低级”、在次序上“先控制后特征”的原则，即“由整体到局部、由高级到低级、先控制后特征”原则，它是组织测量工作所遵循的原则。遵循这些原则，不但可以减小误差累积，保证测量成果的精度，而且可以保证全国统一的坐标和高程系统，使地形图可以分幅测绘，加快测图进度。

另外，当测定控制点的相对位置有错误时，以其为基础所测定的特征点位置也就有错误。地形测图中有错误时，以此资料绘制的地形图也就有错误。因此，“步步有校核”是组织测量工作应遵循的又一个原则。这一原则的含义是测量工作的每项成果必须要有校核，校核无误后方能进行下一步工作。只有坚持这一原则，才能保证测量成果合乎技术规范的要求。

思考与练习

1. 概念解释：测绘、测设、水准面、大地水准面、绝对高程、相对高程。
2. 数学坐标系和测量坐标系有何区别？
3. 测量的基本工作是什么？
4. 测量工作要遵循哪些基本原则？

模块一

水 准 测 量

任务一　测量两个水准点之间的高差

学习目标

- ◆ 熟悉水准测量的常用工具，如水准仪、水准尺、尺垫等的结构和使用方法。
- ◆ 熟悉水准测量的原理。
- ◆ 熟练操作 DS_3 型水准仪，且能快速、准确读出水准尺的读数。
- ◆ 掌握测量两个水准点之间高差的方法及步骤。

工作任务

公路工程施工路线一般较长，并且现场无已知水准点或已知水准点数量不足。此时，必须以国家统一高程控制网中的水准点为基础，加密水准点，实施高程引测。如图 1—1 所示，BM_A 为已知高程水准点，一般来说，公路工程施工场地平整测量中，需要在 BM_A 点附近的地面上布设两个待测点 BM_1 和 BM_2，并测算出它们的地面高程。

要想得到水准点 BM_1 和 BM_2 的高程，可以首先利用水准仪提供的水平视线，配合水准尺分别测定 BM_A 和 BM_1 之间、BM_1 和 BM_2 之间的高差，然后再根据水准点 BM_A 的已知高程，推算出 BM_1、BM_2 点的地面高程。

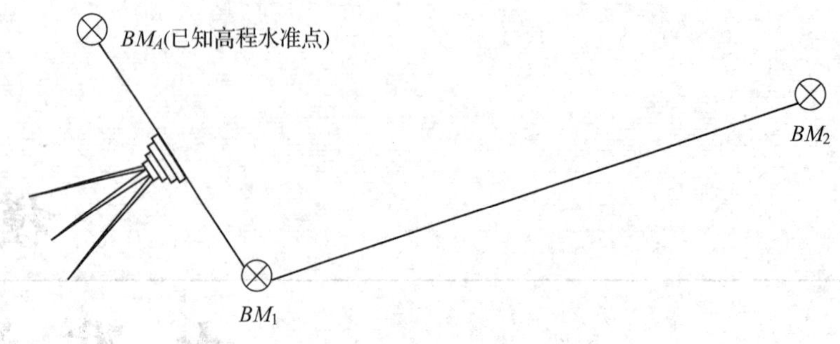

图 1—1　一个测站引测高程

一、水准仪及其构造

水准仪是水准测量的主要仪器，其全称为大地测量水准仪，按精度指标划分为 DS_{05}、DS_1、DS_3 和 DS_{10} 几个等级，如图 1—2 所示。

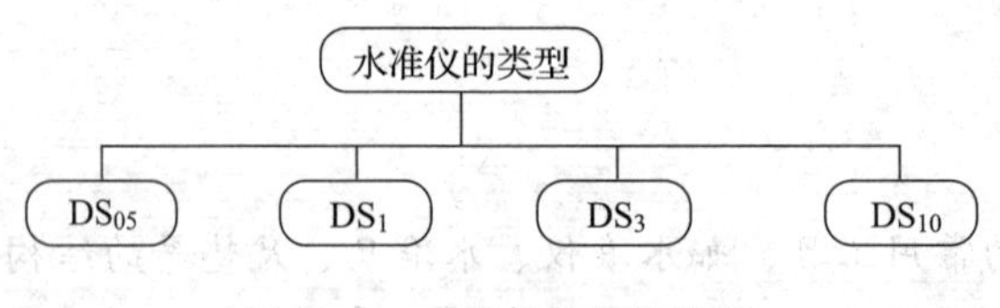

图 1—2　水准仪按精度分类

“D”和“S”表示中文“大地”和“水准仪”中“大”字和“水”字的汉语拼音的第一个字母，通常在书写时可以省略字母“D”，下标“05”“1”“3”等数字表示该类仪器的精度，即该等级仪器对应的 1 km 往返水准测量高差中误差，以 mm 为单位。DS_3 型水准仪称为普通水准仪，用于国家三等、四等水准测量及一般工程水准测量，DS_{05} 型和 DS_1 型水准仪称为精密水准仪，用于国家一等、二等精密水准测量及其他精密水准测量。本节主要介绍 DS_3 型水准仪，如图 1—3 所示。

DS_3 型水准仪主要由望远镜、水准器、基座、三脚架等部分组成。

1. 望远镜

望远镜是用来精确瞄准远处目标（标尺）和提供水平视线进行读数的设备，如图 1—4a 所示。它主要由物镜、目镜、调焦透镜及十字丝分划板等组成。

图 1—4b 所示是从目镜中看到的经过放大后的十字丝分划板上的成像。十字丝分划板是用来准确瞄准目标用的，中间一根长横丝称为中丝，与之垂直的一根丝称为竖丝，与中丝上下对称的两根短横丝称为上丝、下丝（又称视距丝）。在水准测量时，用中丝在水准尺上进行前、后视读数，用以计算高差，用上丝、下丝在水准尺上读数，用以计算水准仪至水准尺

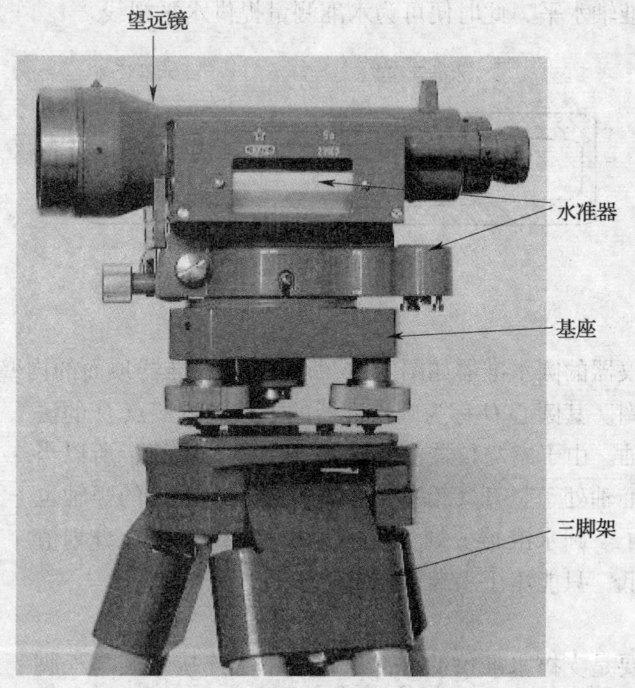

图 1—3　DS_3型水准仪实物图

的距离（视距）。物镜光心与十字丝交点的连线称为视准轴。视准轴是水准测量中用来读数的视线。

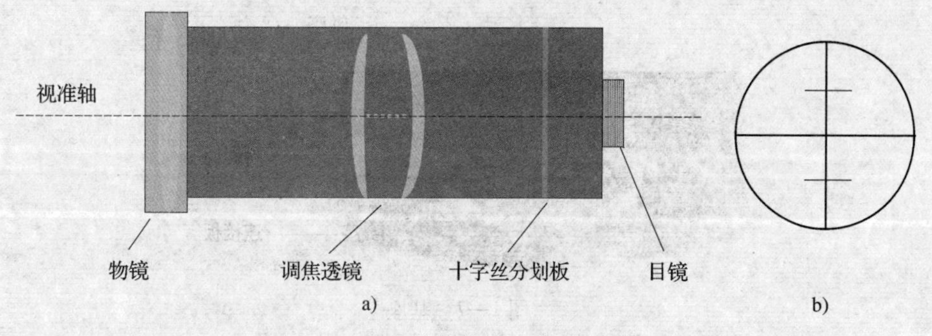

图 1—4　望远镜的结构及其目镜成像

2．水准器

水准器是用来标志视准轴是否水平或仪器竖轴是否铅直的装置，可分为管水准器和圆水准器两种。

（1）管水准器

又称水准管，是纵向内壁研磨成圆弧的玻璃管，管内装酒精或乙醚，加热密封冷却后，在管内形成一个气泡，如图 1—5 所示。装在望远镜旁边，旋转微倾螺旋可以使望远镜微微仰俯，管水准器也随之仰俯。管水准器内因气泡较轻，故其始终处于管内最高处，当气泡居中时，望远镜的视准轴水平，此时便可为水准测量提供水平视线。

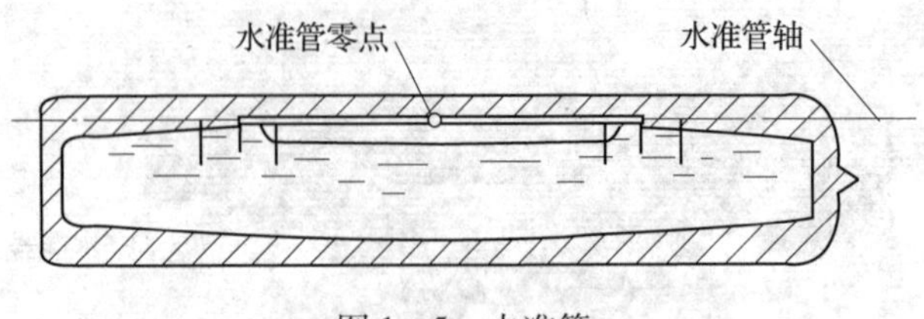

图 1—5　水准管

(2) 圆水准器

用于粗略整平仪器的圆水准器如图 1—6 所示。圆水准器顶面的内壁磨成圆球面，顶面中央刻有一个小圆圈。其圆心 O 称为圆水准器的零点，过零点 O 的法线 $L'L'$ 称为圆水准轴。由于它与仪器的旋转轴（竖轴）平行，所以当气泡居中时，圆水准轴处于竖直（铅垂）位置，表示水准仪的竖轴也大致处于竖直位置了。圆水准器分划值一般为 8′/2 mm，由于分划值较大，则灵敏度较低，只能用于水准仪的粗略整平。

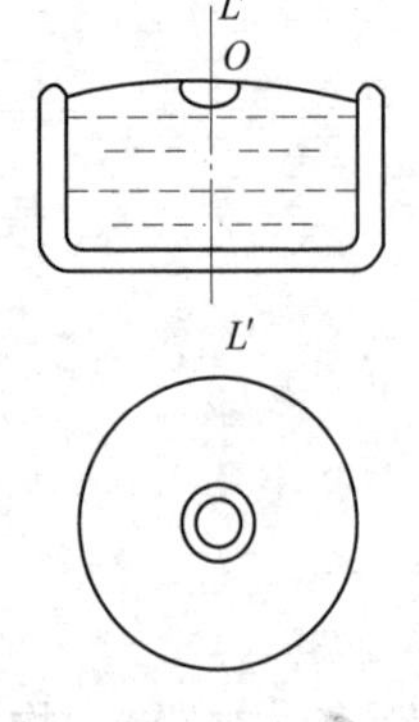

图 1—6　圆水准器

3. 基座

基座的作用主要是支撑水准仪的上部，并用中心连接螺旋与三脚架连接。基座主要由轴座、脚螺旋和连接板组成，如图 1—7 所示。基座的脚螺旋可以升降，转动脚螺旋可使水准气泡居中，从而粗略整平水准仪。通过连接螺旋可将仪器与三脚架连接。

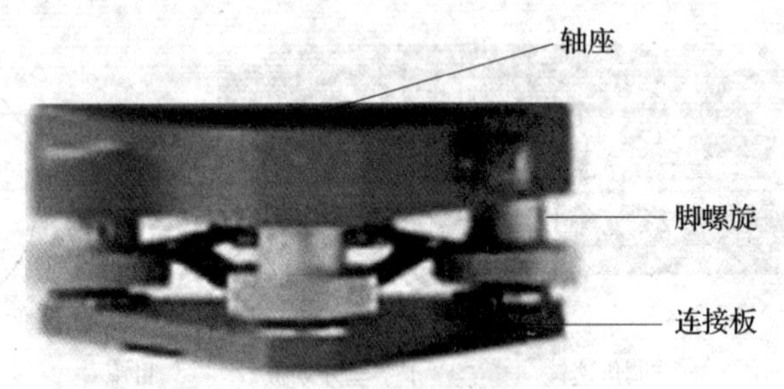

图 1—7　基座

4. 三脚架

三脚架由木材或金属制成，如图 1—8 所示。使用时，松开三脚架架腿的固定螺旋，按观测者的身高调节好三个架腿的高度，目测三脚架顶面大致水平，用脚踩实三脚架腿，使三脚架稳定、牢固。

二、水准尺、尺垫

如图 1—9 所示，在水准测量中，必备的辅助配套工具包括水准尺和尺垫。

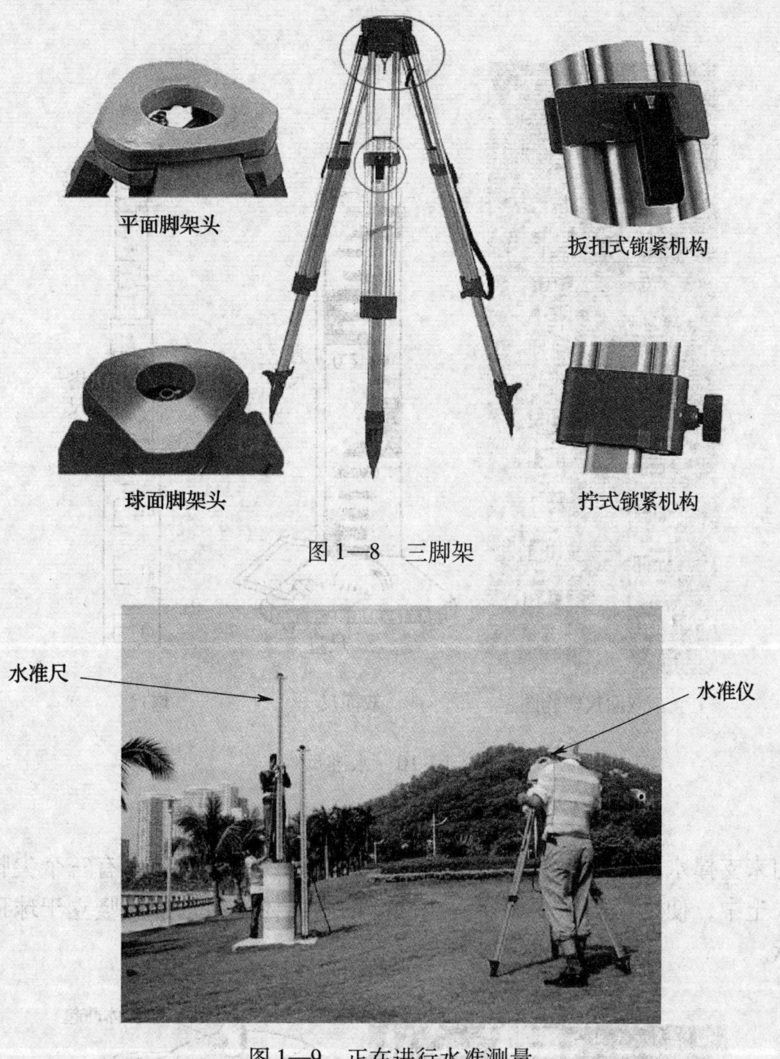

图 1—8 三脚架

图 1—9 正在进行水准测量

1. 水准尺

水准尺是水准测量时使用的标尺，常用的水准尺有双面尺和塔尺，用优质木材或玻璃钢制成，如图 1—10 所示。双面尺也称直尺，尺长 3 m，尺的双面均有刻划，一面为黑白相间，称为黑面尺（也称基本分划），尺底端起点为零；另一面为红白相间，称为红面尺（也称辅助分划），尺底端起点是一个常数，一般为 4. 687 m 或 4. 787 m。不同尺常数的两根尺子组成一对使用，利用黑、红面尺零点相差的常数可对水准测量读数进行核对。双面尺用于三等、四等精度以下的水准测量中。塔尺的形状呈塔形，由几节套接而成，其全长可达 5 m，尺的底部为零刻划，尺面以黑白间隔的分划刻划，最小分划为 1 cm 或 0. 5 cm，米和分米处注有数字，大于 1 m 的数字注记红点或黑点，点的个数表示米数。塔尺携带方便，但在连接处常会产生误差，一般用于精度较低的水准测量中。

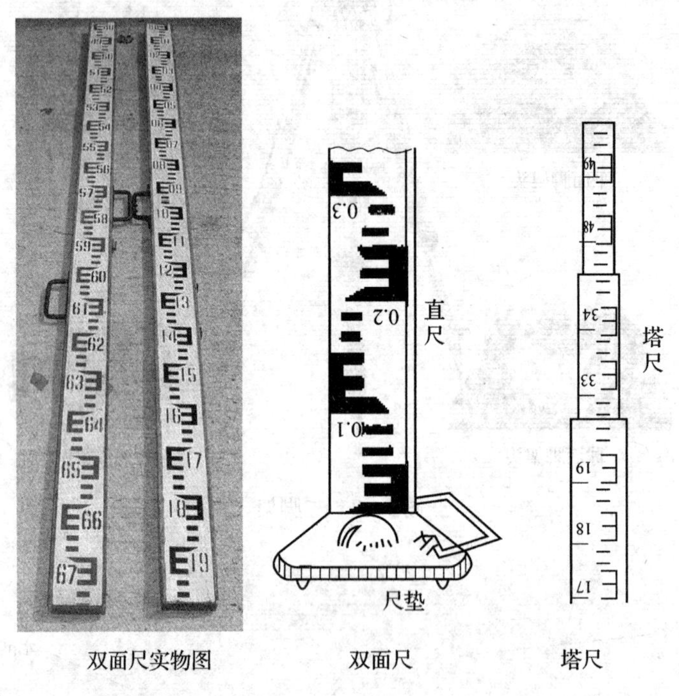

图 1—10　水准尺

2. 尺垫

尺垫是用来支撑水准尺的工具，一般由三角形的铸铁制成，下面有三个尖脚，便于使用时将尺垫踩入土中，使之稳固；上面有一个凸起的半球体，将水准尺竖立于球顶最高点，如图 1—11 所示。

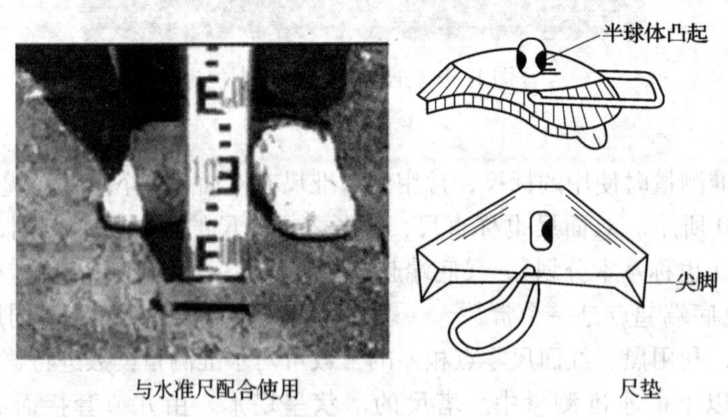

图 1—11　尺垫

在普通水准测量中，转点处应放置尺垫，以防止观测过程中水准尺下沉或位置发生变化而影响读数。

三、水准测量的原理

现以图 1—12 来说明水准测量的原理。已知图中 A 点高程为 H_A，现用水准测量方法求未知点 B 的高程 H_B。在 A、B 两点间安置水准仪，并在 A、B 两点上分别竖立水准尺，根据水准仪提供的水平视线在 A 点水准尺上的读数为 a，在 B 点水准尺上的读数为 b，则 A、B 两点间的高差为：

$$h_{AB}=a-b \tag{1—1}$$

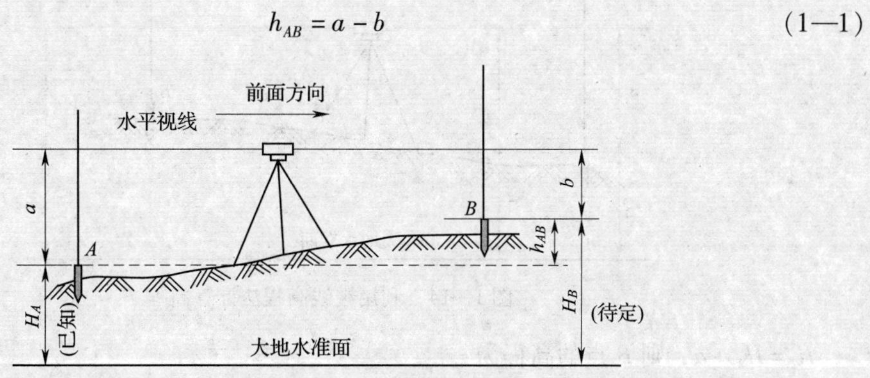

图 1—12 水准测量的原理

计算未知点高程有两种方法，即高差法和视线高程法。

1. 高差法

设水准测量是由 A 点向 B 点进行，如图 1—12 中的箭头所示，则规定 A 点为后视点，其水准尺读数 a 为后视读数，B 点为前视点，其水准尺读数 b 为前视读数。可见，两点之间的高差应为后视读数减前视读数。测得 A、B 两点间高差 h_{AB}后，则未知点 B 的高程 H_B 为：

$$H_B=H_A+h_{AB}=H_A+(a-b) \tag{1—2}$$

这种直接利用高差计算未知点 B 点高程的方法称为高差法。由高差法可知，要测量一点的高程，必须用水准仪读取前后两水准尺的读数。

【例 1—1】 如图 1—13 所示，已知 A 点高程 $H_A=452.623$ m，后视读数 $a=1.571$ m，前视读数 $b=0.685$ m，求 B 点高程。

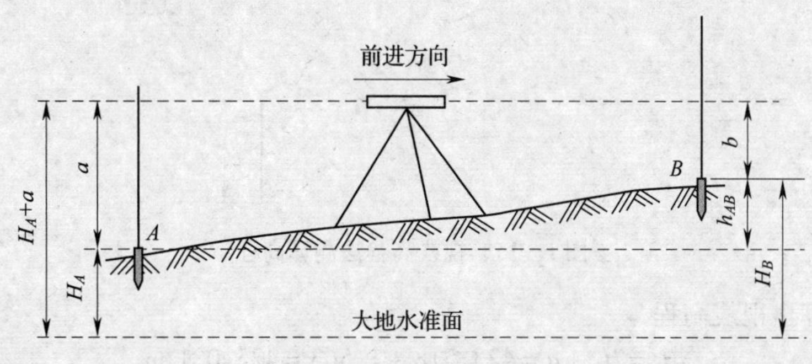

图 1—13 水准测量

解：B 点对于 A 点高差：

$$h_{AB} = 1.571 - 0.685 = 0.886 \text{ m}$$

B 点高程为：$H_B = 452.623 + 0.886 = 453.509$ m

2. 视线高程法

B 点的高程还可通过仪器的视线高程 H_i（也称为仪器高程）来计算，如图 1—14 所示。

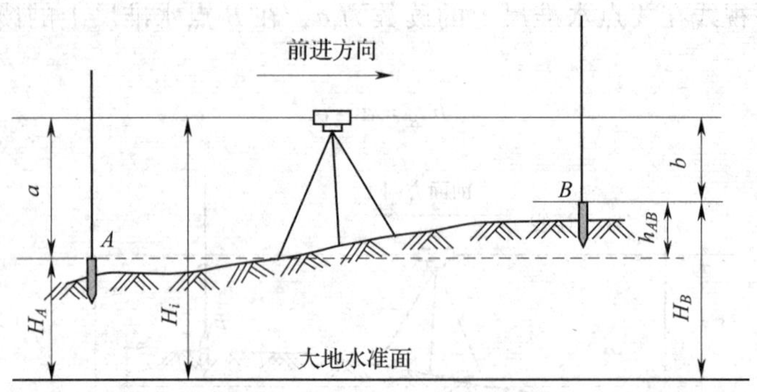

图 1—14　利用视线高程法计算高程

$H_i = H_A + a$，则 B 点的高程为：

$$H_B = H_i - b \tag{1—3}$$

这种利用仪器视线高程计算未知点 B 点高程的方法称为视线高程法。在施工测量中，有时安置一次仪器需测定多个地面点的高程，这时采用视线高程法就比较方便。

【例 1—2】 如图 1—15 所示，已知 A 点高程 $H_A = 423.518$ m，要测出相邻 1、2、3 点的高程。先测得 A 点后视读数 $a = 1.563$ m，接着在各待定点上立尺，分别测得读数 $b_1 = 0.953$ m，$b_2 = 1.152$ m，$b_3 = 1.328$ m。

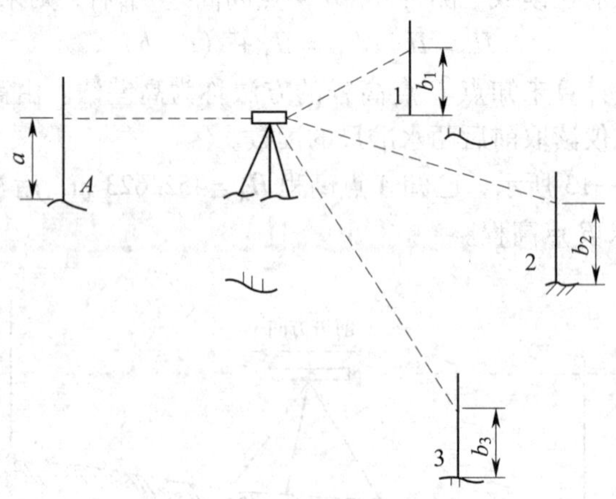

图 1—15　视线高程法测算高程

解：先计算出视线高程

$$H_i = H_A + a = 423.518 + 1.563 = 425.081 \text{ m}$$

各待定点高程分别为：

$$H_1 = H_i - b_1 = 425.081 - 0.953 = 424.128 \text{ m}$$
$$H_2 = H_i - b_2 = 425.081 - 1.152 = 423.929 \text{ m}$$
$$H_3 = H_i - b_3 = 425.081 - 1.328 = 423.753 \text{ m}$$

想一想

（1）如果 $a > b$，则高差 h_{AB} 为正，表示 B 点比 A 点高还是低呢？

（2）如果 $a < b$，则高差 h_{AB} 为负，表示 B 点比 A 点低还是高呢？

提示

在计算高差 h_{AB} 时，一定要注意 h_{AB} 下标 AB 的写法：h_{AB} 表示 A 点至 B 点的高差，h_{BA} 则表示 B 点至 A 点的高差，两个高差应该是绝对值相同但符号相反。即

$$h_{AB} = -h_{BA} \tag{1—4}$$

任务实施

下面就利用水准仪和水准尺等测量工具，测量并计算图 1—1 中的 BM_1 和 BM_2 点的高程。

一、工具准备

4～5 人为一组，每组配备：DS_3 型水准仪 1 台，水准尺 2 根，木桩（长 25～30 cm，顶面 4～6 cm 见方）2 个，大、小铁钉各 2 个，锤子 1 把，记录板 1 块（含记录表格），毛笔 1 支，红油漆、铅笔等。

二、实施步骤

1. 布设水准点

如图 1—1 所示，在已知国家水准点 BM_A 附近，分别布设两个临时水准点 BM_1、BM_2。布设时，用锤子将木桩分别打入 BM_1 和 BM_2 所在位置，桩顶面钉一半圆球形铁钉。若 BM_1、BM_2 处于混凝土路面或沥青路面，可用大铁钉打入；如在坚硬岩石等处，则凿刻记号并用红油漆标示。

2. 观测和计算

（1）测定 BM_A 和 BM_1 之间的高差

如图 1—1 所示，将仪器安置在 BM_A 和 BM_1 之间，并分别在 BM_A 和 BM_1 上竖立水准尺，然后测量 BM_A 和 BM_1 之间的高差。

现以测定 BM_A 点上的水准尺读数为例，将 DS_3 型水准仪的操作使用步骤列入表 1—1。

表 1—1 DS_3 型水准仪操作使用步骤

操作步骤	操作方法和要求	操作示意图
（1）安置仪器：将仪器与三脚架连接	① 松开三脚架腿的伸缩螺旋，将架头提升到合适的高度，然后拧紧伸缩螺旋 ② 张开三脚架，使架头大致水平，最后用中心螺旋将水准仪安置在三脚架头上。安置时用手握住仪器基座，以防仪器从架头上滑落	
（2）粗略整平：通过调节三个脚螺旋使圆水准器的气泡居中，仪器的竖轴大致铅垂，望远镜的视准轴大致水平，达到粗略整平仪器的目的	① 如图 a 所示，用双手按箭头所指方向转动脚螺旋 1 和 2，使圆水准器气泡移到两个脚螺旋连线方向的中间 ② 转动脚螺旋 3，使圆水准器气泡居中，即位于黑圆圈的中央，如图 b 所示。在粗略整平的过程中，气泡移动的方向与左手大拇指转动脚螺旋时的移动方向一致	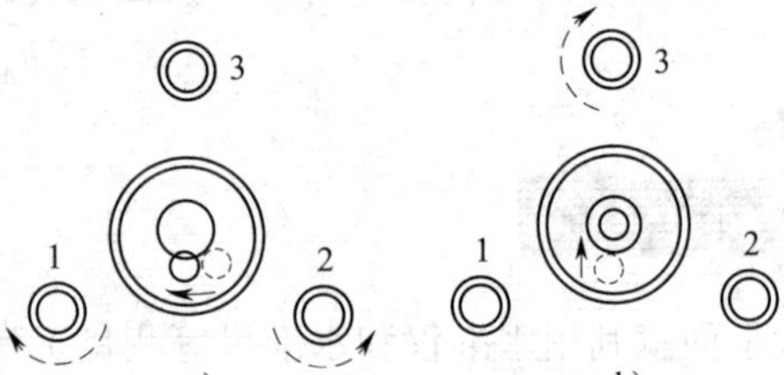 3 1 2 a) 3 1 2 b)
（3）瞄准水准尺：使望远镜中的十字丝对准水准尺	① 目镜调焦。将望远镜对着远处明亮的背景，如天空或明亮的物体等，转动目镜调焦螺旋，使望远镜内的十字丝清晰 ② 粗略瞄准。转动望远镜，用望远镜筒上方的照门和准星瞄准 BM_A 点上的水准尺 ③ 粗略进行物镜调焦，使得能够在望远镜内看到水准尺的影像；拧紧制动螺旋，转动水平微动螺旋，使十字丝对准水准尺中央或稍偏一点 ④ 消除视差。转动调焦螺旋进行仔细对光，直至观测者眼睛靠近目镜上下微微移动时，十字丝交点不会在目标影像上相对移动为止，这说明视差已被消除	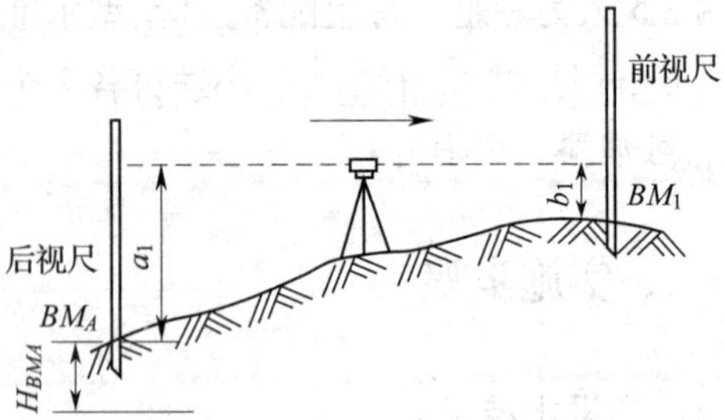 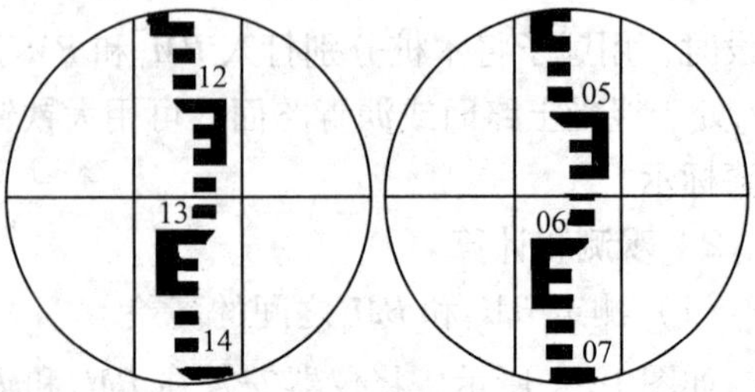 前视尺 b_1 BM_1 后视尺 a_1 BM_A H_{BMA} 12 13 14 05 06 07

续表

操作步骤	操作方法和要求	操作示意图
（4）精确整平与读数：读数前，转动微倾螺旋使符合水准器气泡的两个半边影像符合，从而使视准轴精确水平；然后通过十字丝中丝读出水准尺上的读数	①转动微倾螺旋，从气泡观察窗内看符合水准器的两端气泡半边影像是否对齐，若对齐，则说明符合水准器气泡居中。在转动微倾螺旋时要缓慢而均匀，调节微倾螺旋转动的方向与左半边气泡影像移动的方向一致，或可由外部观测气泡偏离的情况来决定 ②仪器精平后，立即通过十字丝中丝读出水准尺上的读数。读数时应从小到大进行。直接读米、分米、厘米，估读到毫米 ③读数完毕后，应立即重新检查符合水准器气泡是否仍旧居中。如居中，则读数有效，否则应重新使符合水准器气泡居中后再读数	

经实际测量，BM_A上水准尺的读数 $a_1 = 1.672$ m，前视 BM_1上水准尺的读数 $b_1 = 1.138$ m，则利用式（1—1）可计算出 BM_A、BM_1之间的高差。

$$h_1 = a_1 - b_1 = 1.672 - 1.138 = +0.534 \text{ m}$$

（2）测定 BM_1和 BM_2之间的高差

如图 1—16 所示，在 BM_1和 BM_2之间安置水准仪，并在 BM_1和 BM_2上分别竖立水准尺。得到后视读数 $a_2 = 1.547$ m，前视读数 $b_2 = 0.849$ m。则 BM_1和 BM_2的高差为：

$$h_2 = a_2 - b_2 = 1.547 - 0.849 = +0.698 \text{ m}$$

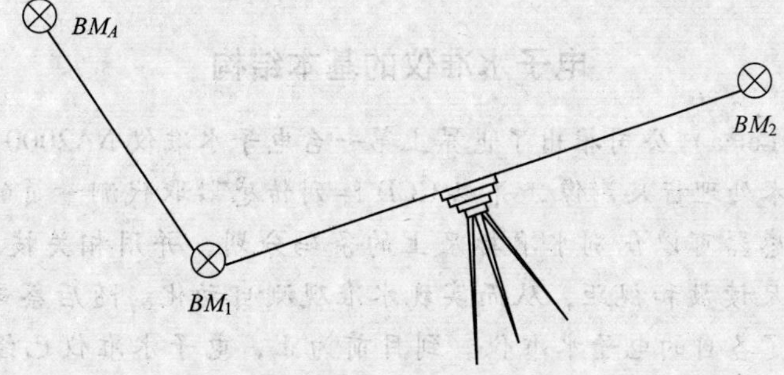

图 1—16 高程的引测

（3）计算点 BM_1 和点 BM_2 的高程

已知 BM_A 的高程为 500.000 m，利用式（1—2），可计算出 BM_1、BM_2 的高程分别为

$$H_{BM1} = H_{BMA} + h_1 = 500.000 + 0.534 = 500.534 \text{ m}$$

$$H_{BM2} = H_{BM1} + h_2 = 500.534 + 0.698 = 501.232 \text{ m}$$

将以上观测记录与计算结果填入表 1—2。

表 1—2　　水准测量记录计算表

仪器号________ 班组________ 日期________ 天气________

<table>
<tr><th rowspan="2">测站</th><th rowspan="2">点号</th><th colspan="2">水准尺读数（m）</th><th colspan="2">高差（m）</th><th rowspan="2">高程（m）</th><th rowspan="2">备 注</th></tr>
<tr><th>后视</th><th>前视</th><th>+</th><th>−</th></tr>
<tr><td rowspan="2">Ⅰ</td><td>BM_A</td><td>1.672</td><td></td><td rowspan="2">0.534</td><td rowspan="2"></td><td>500.000</td><td>已知</td></tr>
<tr><td>BM_1</td><td></td><td>1.138</td><td rowspan="2">500.534</td><td rowspan="2">求算</td></tr>
<tr><td rowspan="2">Ⅱ</td><td>BM_1</td><td>1.547</td><td></td><td rowspan="2">0.698</td><td rowspan="2"></td></tr>
<tr><td>BM_2</td><td></td><td>0.849</td><td>501.232</td><td>求算</td></tr>
</table>

观测者________ 记录者________ 计算者________

三、操作注意事项

1. 水准尺应由专人扶持，保持竖直，尺面正对仪器。
2. 架仪器时要注意前后视距大致相等。
3. 尺垫只在转点处使用。
4. 读数前一定要注意消除视差，读数时要使用十字丝的横丝，在水准尺上应从小到大进行读数。
5. 读数前符合水准器气泡要严格居中，读数完毕后还应对其进行检查确认，方可记录该读数。

电子水准仪的基本结构

1987 年徕卡（Leica）公司推出了世界上第一台电子水准仪 NA2000。在 NA2000 上首次采用数字图像技术处理标尺影像，并以 CCD 阵列传感器取代测量员的肉眼对标尺读数获得成功。这种传感器可以识别水准标尺上的条码分划，并用相关技术处理信号模型，自动显示与记录标尺读数和视距，从而实现水准观测自动化。随后蔡司、拓普康、索佳等公司也先后推出了各自的电子水准仪。到目前为止，电子水准仪已经发展到了第二代产品，仪器测量精度已经达到了一等、二等水准测量的要求。图 1—17 列出了部分电子水准仪。

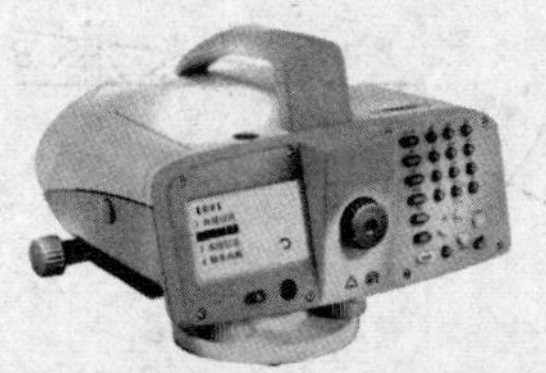
徕卡 DNA03/10

蔡司 DINI10

拓普康 DL101/102

索佳 SDL2

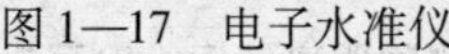
图 1—17 电子水准仪

1. 试说明水准测量的原理并绘图表示。

2. 用水准仪测定 A、B 两点之间的高差，已知 A 点高程为 $H_A=8.016$ m，A 点水准尺上的读数为 1.124 m，B 点水准尺上的读数为 1.428 m，求 A、B 两点间高差 h_{AB} 为多少？B 点高程 H_B 为多少？并绘图加以说明。

任务二 连续水准测量的实施

- 掌握连续水准测量的方法。
- 熟悉测站校核的方法。
- 能够使用水准仪在多个测站情况下测定两点间的高差。

如图 1—18 所示，要求用 DS_3 型水准仪测量出 A、B 两点之间的高差 h_{AB}，然后求算 B 点的高程。因为 A、B 两个水准点之间距离较远或地面起伏较大，安置一次仪器将无法直接测出 h_{AB}，那么，如何进行高差的观测和计算呢？

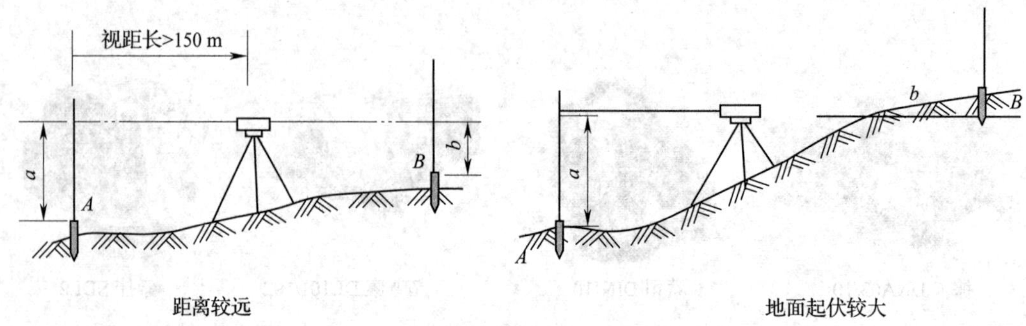

图 1—18 水准点之间距离较远、地面起伏较大的水准测量

一、连续水准测量

水准测量一般是从已知水准点开始，经过待定点测量，形成一定的水准路线，求出待定点的高程。在实际水准测量中，*A*、*B* 两点间高差可能较大或相距较远，或有障碍物遮挡视线，超过了允许的视线长度时，安置一次水准仪（一测站）将不能测定这两点间的高差。此时可将 *A* 点至 *B* 点的水准路线分成若干段，根据水准测量原理依次连续地安置水准仪来测定相邻各点间的高差，最后取各个测站高差的代数和，即求得 *A*、*B* 两点间的高差值，这种方法称为连续水准测量，如图 1—19 所示。其中，各分段点称为转点，一般用字母 *ZD* 来表示。

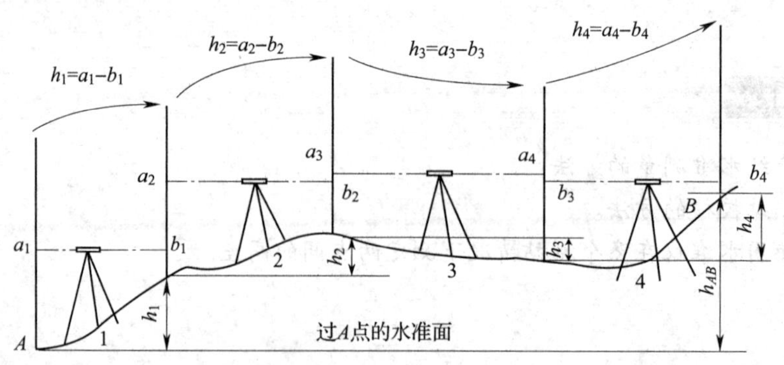

图 1—19 连续水准测量

想一想

转点在水准测量中起什么作用？

二、测站的校核

在进行连续水准测量时，若其中任何一个后视或前视读数有错误，都会影响高差的准确性。对于每一测站而言，为了校核每次水准尺读数有无差错，可采用改变仪器高的方法或双面尺法进行测站校核。

1. 改变仪器高的方法

在每一测站测量高差后，改变仪器高度（即重新安置与整平仪器），在 0.1 m 以上再测一次高差，当两次测得高差的差值在 ±5 mm 以内时，则取两次高差平均值作为该站测得的高差值。否则需要检查原因，重新观测。

2. 双面尺法

仪器高度不变，读取每一根双面尺的黑面与红面的读数。分别计算双面尺的黑面与红面读数之差，以及两个黑面尺的高差 $h_{黑}$ 与两个红面尺的高差 $h_{红}$，若同一水准尺红面与黑面（加常数后）读数之差在 ±3 mm 以内，且黑面尺高差 $h_{黑}$ 与红面尺高差 $h_{红}$ 之差不超过 ±5 mm，则取黑面、红面高差平均值作为该站测得的高差值。当两根尺子的红面、黑面零点差相差 100 mm 时，两个高差也应相差 100 mm，此时应在红面高差中加（或减）100 mm 后再与黑面高差比较。

想一想

在每站观测时，应尽量保持前后视距相等，视距可由上丝、下丝读数之差乘以 100 求得。每次读数时均应使符合水准气泡严密吻合，每个转点均应安放尺垫，但所有已知水准点和待求高程点上不能放置尺垫。

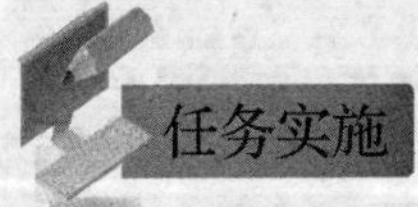

下面利用连续水准测量方法，测量并计算图 1—20 中 *B* 点的高程。

一、工具准备

4 ~5 人为一组，每组配备 DS_3型水准仪 1 台、水准尺 2 根、尺垫 1 个、记录板 1 块（含记录表）、铅笔等。

二、实施步骤

1. 布设水准点

如图 1—20 所示，在地面上布设 *A*、*B* 两个水准点，两水准点间起伏较大且距离较远；

同时，根据场地的实际情况，在 A、B 两点中间设置 3 个测站，即设立 3 个转点 ZD_1、ZD_2、ZD_3，用于传递高程。

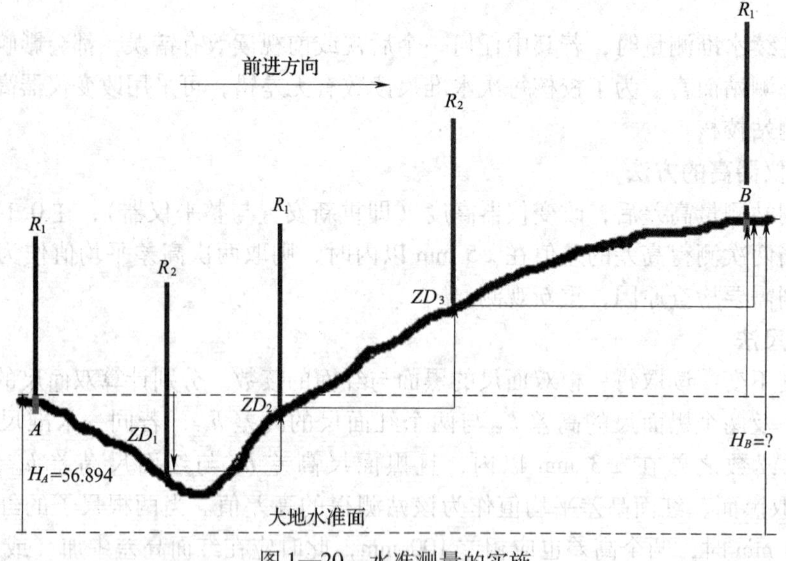

图 1—20　水准测量的实施

2. 测量 A、B 两点的高差

（1）如图 1—20 所示，将两根水准尺分别竖立在 A 点及在路线前进方向选定的转点 ZD_1 上，在能同时看到 A、ZD_1 两点所立水准尺的读数，并且距离 A、ZD_1 两点大致等距离处安置水准仪，利用脚螺旋使圆水准器气泡居中。

（2）照准 A 点上的水准尺，消除视差；调节微倾螺旋，使符合水准气泡两端的半边影像吻合，达到仪器的精确整平；通过望远镜十字丝中丝读取水准尺上的读数 $a_1 = 1.138$ m，将该结果填入表 1—3。

表 1—3　　水准测量记录表格

仪器号__________ 班组__________ 日期__________ 天气__________

测点	水准尺读数（m）		高差（m）		高程（m）	备注
	后视（a）	前视（b）	+	−		
A	1.138				56.894	A 点为已知点，高程为 56.894 m
ZD_1	1.547	1.672		0.534		
ZD_2	1.136	0.849	0.698			
ZD_3	1.157	0.928	0.208			
B		1.072	0.085		57.351	
$\sum$	4.978	4.521	0.991	0.534		
计算校核	$\sum a - \sum b = 4.978 - 4.521 = +0.457$ $\sum h = 0.991 - 0.534 = +0.457$ $H_B = H_A + \sum h = 56.894 + 0.457 = 57.351$ 校核：$H_B - H_A = \sum h = \sum a - \sum b$（计算正确）					

（3）转动望远镜照准 ZD_1 点上水准尺的读数 $b_1 = 1.672$ m，将结果填入表 1—3。

该测站高差为 $h_1 = a_1 - b_1 = 1.138 - 1.672 = -0.534$ m。

以上为一个测站的观测程序，为了保证测量的精度，有时需要采用改变仪器高法或双面尺法进行测站校核。

（4）将 A 点的水准尺前移立于 ZD_2 点，作为第二测站的前视点；翻转 ZD_1 点上水准尺的尺面，使其由第一测站的前视点变为第二测站的后视点；在 ZD_1、ZD_2 之间安置水准仪，按照一个测站的观测程序观测第二测站。

其高差为 $h_2 = a_2 - b_2 = 1.547 - 0.849 = +0.698$ m。

（5）如此连续施测，直至终点 B 为止，同样将各测站的观测结果填入表 1—3。

（6）计算 A、B 两点之间的高差和 B 点的高程。

$$h_{AB} = \sum a - \sum b = h_1 + h_2 + h_3 + h_4 = 0.457 \text{ m}$$

$$H_B = H_A + h_{AB} = 56.894 + 0.457 = 57.351 \text{ m}$$

经校核，$h_{AB} = \sum a - \sum b = 0.457$ m、$\sum h = +0.457$ m、$H_B - H_A = +0.457$ m，故计算无误。

同理，在水准测量过程中，假设共安置了 n 次仪器，则 A、B 两点间总高差为：

$$\begin{aligned} h_{AB} &= h_1 + h_2 + \cdots + h_n \\ &= (a_1 + a_2 + \cdots + a_n) - (b_1 + b_2 + \cdots + b_n) \\ &= \sum a\text{（后视读数总和）} - \sum b\text{（前视读数总和）} \end{aligned}$$

想一想

为什么 A、B 两点间的高差等于各测站后视读数之和减去前视读数之和。

三、操作注意事项

1. 为了消除或减弱误差对高差的影响，以保证高程传递的正确性，首先要选择土质坚硬稳固的地方作为转点位置，当转点处土质较软弱时，需要安放尺垫，并且在相邻测站的观测过程中，要保持转点稳定不动；其次要尽可能保持各测站的前、后视距离大致相等，同时还要通过调节前、后视距离，尽可能保持整条水准路线中的前视视距之和与后视视距之和相等。

2. 水准测量的每一测站作业看似简单重复，但其连续性和衔接性很强，测量过程不得出现转点位置的脱节；由专人记录的结果应得到观测者的认可，经检查无误后才可进行下一步观测。

3. 任何一个后视或前视读数有错误，都会影响总高差的结果，因此，对观测记录表格的高差和高程都要进行校核计算，即

$$\sum a\text{（后视读数总和）} - \sum b\text{（前视读数总和）} = \sum h\text{（各段高差总和）}$$

$$= H_{终}（终点高程）- H_{始}（始点高程）$$

但是，以上三项相等与否仅说明计算结果有无错误，而不能校核出测量过程的正误。

1. 水准测量中，什么是测站校核？
2. 根据表 1—4 所提供的数据，计算水准测量的观测高差。

表 1—4　　水准测量记录表格

测站	水准尺读数（m）		高差（m）		高程（m）	备注
	后视（a）	前视（b）	+	−		
A	1.764					
ZD_1	1.897	0.897				
ZD_2	1.126	0.935				
ZD_3	1.612	1.765				
B		0.711				
Σ						A 点为已知点，高程为 489.000 m
计算校核						

任务三　附合水准路线内业计算

- ◆ 掌握水准测量的精度要求。
- ◆ 熟悉高差闭合差的计算方法。
- ◆ 能够按照精度要求，对附合水准路线进行内业计算。

如图1—21所示，从一已知水准点BM_A出发，沿待定点1、2进行水准测量，最后测到另一个已知水准点BM_B，这种路线称为附合水准路线。如何对其进行野外数据观测呢？图1—21所示为附合水准路线的观测成果汇总，现已知起点BM_A的高程，欲推算水准点1、2、3的高程，如何进行附合水准路线的校核计算呢？

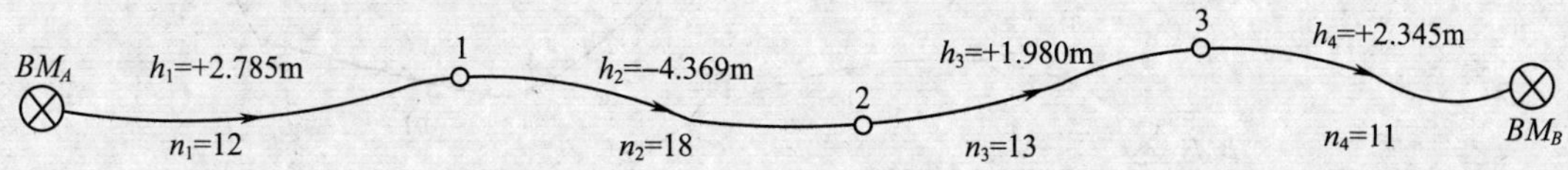

图1—21 附合水准路线测量数据

一、水准测量的精度要求

在水准测量中，由于仪器的残余误差、水准尺的长度误差和倾斜误差、水准尺读数误差、观测过程中水准器气泡不居中误差以及外界环境条件的影响，使所测得的高差数据难免存在误差。

影响水准测量精度的主要因素是水准路线的长度和测站数，长度越长或测站数越多，误差越大。在总结实践经验的基础上，规定了误差的容许范围，为了保证观测精度，对高差闭合差应做出一定的限制，即计算所得高差闭合差f_h应在规定的容许范围内。计算高差闭合差f_h不超过容许值（即$f_h \leqslant f_{h容}$）时，认为外业观测合格，否则应查明原因返工重测，直至符合要求为止。对于普通水准测量，规定容许高差闭合差（$f_{h容}$）为

$$f_{h容} = \pm 40\sqrt{L}\ (\text{mm}) \tag{1—5}$$

式中，L为水准路线总长度，以km为单位。

在山丘地区，当每千米水准路线的测站数超过16站时，容许高差闭合差可用式(1—6)计算：

$$f_{h容} = \pm 12\sqrt{n}\ (\text{mm}) \tag{1—6}$$

式中，n为水准路线的测站总数。

二、水准路线的类型及特点

水准路线是指水准测量实测时所经过的线路。根据测区已有水准点的实际情况和测量的

需要，水准路线可以布设成附合水准路线、支水准路线、闭合水准路线等形式，如图 1—22 所示。

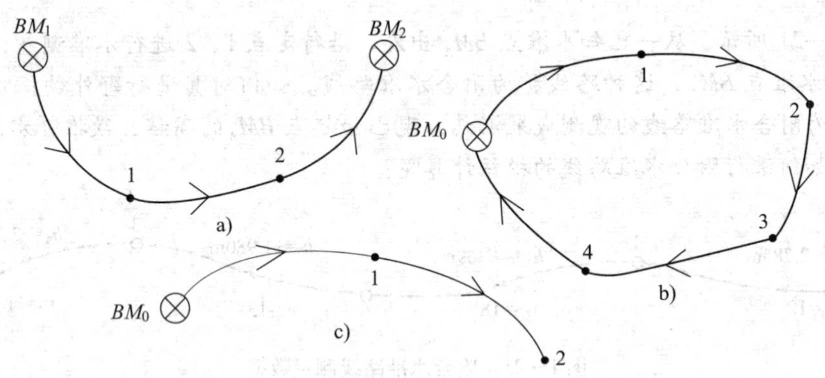

图 1—22　水准路线布设形式

a）附合水准路线　b）闭合水准路线　c）支水准路线

如图 1—22a 所示，从一个已知高程的水准点 BM_1 开始，沿路线依次测定 1、2 等点的高程，最后再附合到另一个已知高程的水准点 BM_2，这种路线称为附合水准路线。

对于附合水准路线，因为是从一已知高程的水准点出发，测到另一已知高程的水准点，从理论上来说，测得的高差总和 $\sum h_{测}$ 应等于这两点的已知高差（$\sum h_{理} = H_{终} - H_{始}$）。但实际上测得的高差总和 $\sum h_{测}$ 不会完全等于理论的数值，而存在着差值 f_h，即

$$f_h = \sum h_{测} - (H_{终} - H_{始}) \tag{1—7}$$

【例 1—3】 如图 1—23 所示，BM_A 和 BM_B 为已知水准点，按普通水准测量的方法测得的各测段观测高差和测段路线长度分别标注在路线的上、下方。求出 A、B 两点的高差闭合差 f_h。

BM_A　+1.331m　1　+1.813m　2　−1.424m　3　+1.340m　BM_B

0.60km　2.00km　1.60km　2.05km

H_A=6.543m　H_B=9.578m

图 1—23　观测成果略图

解： $\sum h_{测} = 1.331 + 1.813 - 1.424 + 1.340 = 3.060$ m

$H_{终} - H_{始} = H_B - H_A = 9.578 - 6.543 = 3.035$ m

$f_h = \sum h_{测} - (H_{终} - H_{始}) = 3.060 - 3.035 = +0.025$ m $= 25$ mm

任务实施

下面就利用附合水准测量方法，测量并计算图 1—21 中 BM_B 点的高程。

一、工具准备

4～5 人为一组，每组配备 DS_3型水准仪 1 台、水准尺 2 根、尺垫 2 个、记录板 1 块（含记录表）、计算器 1 台、铅笔等。

二、实施步骤

如图 1—21 所示，在地面上布设一条附合水准路线，已知水准点 BM_A 的高程为 56.345 m，按工作需要布设 3 个待测水准点，具体测量步骤如下。

1．一个测站的高差测量

（1）立设水准尺

以 BM_A作为后视点，在测量路线的前进方向上选取第一个转点（BM_A 点与 1 点之间的某点）作为前视点，将水准仪安置在距后视点、前视点大致等距离处，在后视点、前视点上分别竖立水准尺，转点上应安置尺垫。

（2）观测读数

按照“安置—粗平—瞄准后视尺—精平—读数—瞄准前视尺—精平—读数”的操作程序进行观测。为了提高观测精度，采用双面尺法进行测站校核，要求黑面、红面尺高差不超过 ±8 mm，取其平均值为该测站高差。观测读数后，记入表 1—5 中，并计算出高差 h_1 = +2.785 m。

2．多个测站的高差测量

当第一个测站高差测量和计算无误后，后立尺员向前转移，仪器迁至第二测站。此时，第一测站的前视点便成为第二测站的后视点，第一测站的后立尺员向前转移到的立尺位置为前视点。

按照与第一测站相同的工作程序进行第二测站的作业，依次作业至图 1—21 中的 1 点位置，记录和计算该段的高差（h_1），结果见表 1—5（注：共取了 12 个测站）。

表 1—5　BM_A～1 点间水准路线测量记录

仪器号＿＿＿＿＿＿班组＿＿＿＿＿＿＿＿日期＿＿＿＿＿＿＿天气＿＿＿＿＿＿

测站	点号	后视读数（m）		前视读数（m）		高差（m）		
		黑面	红面	黑面	红面	黑面	红面	平均
1	BM_A	2.958	7.647			+2.154	+2.158	+2.156
	a			0.804	5.489			
2	a	2.368	7.056			+1.234	+1.236	+1.235
	b			1.134	5.820			
3	b	0.228	4.914			−2.234	−2.238	−2.236
	…			2.462	7.152			

续表

测站	点号	后视读数（m）		前视读数（m）		高差（m）		
		黑面	红面	黑面	红面	黑面	红面	平均
…	…							
	…							
12	…							
	1							
Σ	h_1 = +2.785							

观测者＿＿＿＿＿＿记录者＿＿＿＿＿＿计算者＿＿＿＿＿＿

3. 附合水准路线上各点高程的观测

如图1—21所示，沿附合水准路线方向，用与上述同样的方法测量和计算1—2、2—3、3—BM_B之间的高差和测站数，转抄到图1—21和表1—6中。

表1—6　　按测站数调整高差闭合差及高程计算表

仪器号＿＿＿＿＿＿班组＿＿＿＿＿＿日期＿＿＿＿＿＿天气＿＿＿＿＿＿

测点	测站数（个）	实测高差（m）	改正数（m）	改正后的高差（m）	高程（m）	备注
BM_A					36.345	$H_{BMB}-H_{BMA}=2.694$ m $f_n=\sum h_{测}-(H_B-H_A)$ $=2.741-2.694$ $=+0.047$ m $=47$ mm $\sum n=54$ $f_{n容}=\pm 12\sqrt{n}=\pm 88$ mm $V_i=-\frac{f_h}{\sum n}n_i$
	12	+2.785	-0.010	+2.775		
1					39.120	
	18	-4.369	-0.016	-4.385		
2					34.735	
	13	+1.980	-0.011	+1.969		
3					36.704	
	11	+2.345	-0.010	+2.335		
BM_B					39.039	
Σ	54	+2.741	-0.047	+2.694		

观测者＿＿＿＿＿＿记录者＿＿＿＿＿＿计算者＿＿＿＿＿＿

4. 附合水准路线成果的校核

附合水准测量中，高差闭合差为$f_h=\sum h_{测}-\sum h_{理}$，若$f_h \leqslant f_{h容}$，便可以进行闭合差的调整和计算，否则应重测。在同一条水准路线上，可以认为观测条件是基本相同的，故在调整高差闭合差时，将高差闭合差以相反的符号，按与测站数或距离成正比的原则分配于各段观测高差中，即

$$某测段改正数(V_i)=-\left[\frac{高差闭合差(f_h)}{测站总数(\sum n)或路线全长(L)}\times 某测段测站数(n_i或某测段距离L_i)\right] \quad (1—8)$$

在平坦测区，高差闭合差应按路线的长度成正比进行分配；而在山区，因为地形复杂，水准测量时安置仪器的测站数较多，会使误差数值增加，因此，闭合差要按测站数成正比分配。将各测段的高差加上改正数，就得到改正后的高差；根据改正后的高差和起点高程，就可推算出各个中间测点的高程。计算的步骤为：

（1）计算f_h

分别计算出$\sum n=54$，$\sum h_{测}=+2.741$ m，$\sum h_{理}=39.039-36.345=+2.694$ m，再求出$f_h=\sum h_{测}-\sum h_{理}=2.741-2.694=+0.047$ m，将计算结果填入到表1—6中。

（2）计算$f_{h容}$

$f_{h容}=\pm 12\sqrt{n}=\pm 88$ mm，填入表1—6中的备注中。

（3）高差闭合差的调整

因47 mm < 88 mm，所以，可利用式（1—8）计算出每测段的高差改正数，如$V_1=-\dfrac{0.047}{54}\times 12=-0.010$ m，以此类推，填入表1—6。最后，合计所有的改正数，它的数值应与高差闭合差大小相等、符号相反。

（4）计算各点高程

先计算出各测段改正后的高差h'=各段实测高差+各段高差改正数，用"$\sum h_{测}-\sum h_{理}$"进行校核，由BM_A点高程和各测段改正后的高差分别计算各待测点高程，最后再计算BM_B点的高程并校核（校核过程略）。

三、操作注意事项

1. 在高程已知点和待定点上不能放置尺垫，尺垫只能放在转点处；各测站读完后视读数未读前视读数时不能随便移动仪器，各测点读完前视读数未读后视读数时，也不能移动尺垫；在仪器迁站时，前视点的尺垫也不能移动。

2. 温度变化不仅会引起大气折光，还会影响管水准器气泡的移动，产生气泡居中误差，因此，测量时应尽量避开不良时间段。

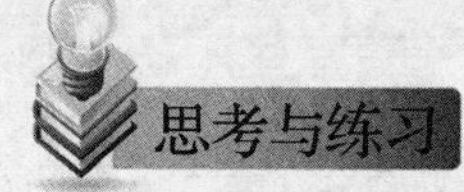

1. 普通水准路线有哪几种布设形式？试绘图说明，并写出附合水准路线高差闭合差的公式。

2. 根据附合水准路线的观测成果计算图1—24中的改正数、改正后高差及各点的高程，并记录到表1—7中。$H_{BM_6}=46.215$ m，$H_{BM_{10}}=45.330$ m。

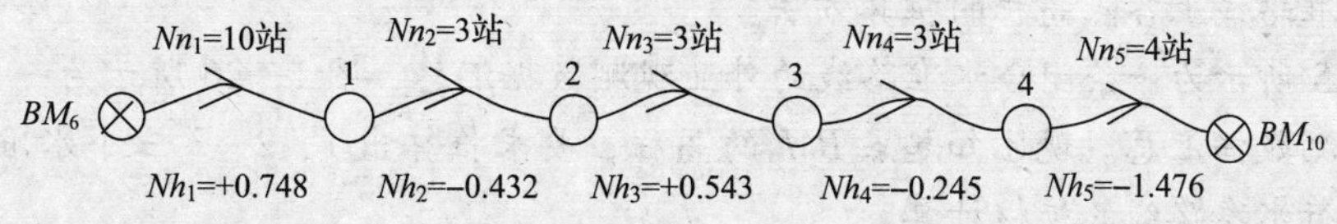

图1—24 附合水准路线观测成果

表 1—7　　　　按测站数调整高差闭合差及高程计算表

点号	测站数	测得高差（m）	改正数（mm）	改正后高差（m）	高程（m）
BM_6					46. 215
	10	+0. 748			
1					
	3	−0. 432			
2					
	3	+0. 543			
3					
	3	−0. 245			
4					
	4	−1. 476			
BM_{10}					45. 330
Σ					

任务四　闭合水准路线与支水准路线上各点高程的推算

◆ 能够布设闭合水准路线与支水准路线，并熟练测量路线中各点之间的高差。
◆ 按精度要求，对闭合水准路线和支水准路线进行校核，并计算各点的高程。

上一个任务已经学习了附合水准路线中，点的高程计算问题，本任务着重讲解闭合水准路线和支水准路线上各点高程的推算方法。

图 1—25 所示为一条闭合水准路线的外业观测数据汇总，图 1—26 所示为一条支水准路线的外业观测数据汇总。现已知起点 BM_A 的高程，要求推算出 1、2、3 三个水准点的高程，并且要求进行水准路线的校核计算。

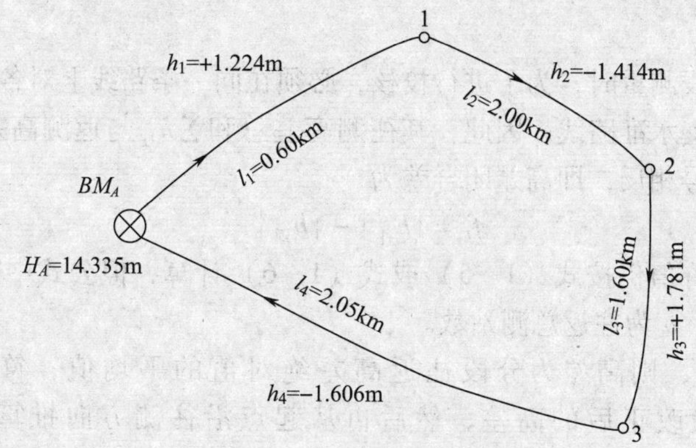

图 1—25　闭合水准路线略图

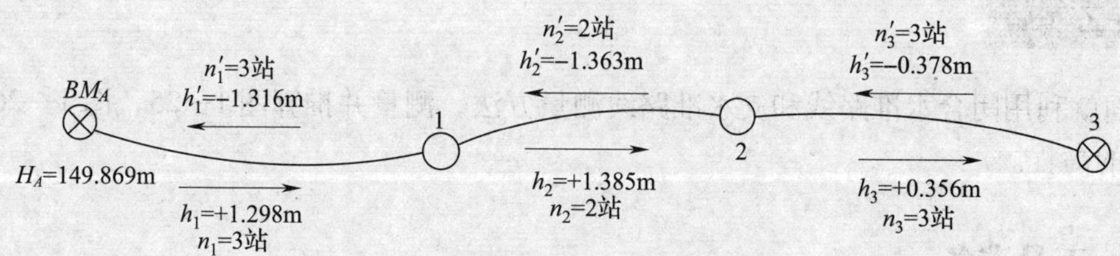

图 1—26　支水准路线略图

一、闭合水准路线

如图 1—22b 所示，从一个已知高程的水准点 BM_0 开始，沿待定高程 1、2、3 等点进行水准测量，最后再回到起始水准点 BM_0，这种水准路线称为闭合水准路线。因闭合水准路线的起点与终点为同一个点，所以，$\sum h_{理}=0$，但因各种测量误差的存在，高差闭合差一般不等于零，其数值为

$$f_h=\sum h_{测}-\sum h_{理}=(h_1+h_2+h_3+\cdots+h_n)-0=\sum h_{测} \quad (1—9)$$

闭合水准路线的外业测量方法和内业资料整理、高差闭合差的计算和调整方式均与附合水准路线基本相同。

二、支水准路线

由图 1—22c 可以看出，从已知高程的水准点 BM_0 开始，沿待测的高程点 1、2 等点进行水准测量后，既没有闭合到原来水准点，也没有附合到另一个已知水准点，这种路线称为支水准路线。

在进行支水准路线测量时，为了进行校核，必须在同一条路线上对各段高差进行往测和返测，从而构成一条支水准路线。因此，其往测高差总和$\sum h_{往}$与返测高差总和$\sum h_{返}$在理论上应该大小相等、符号相反，即高差闭合差为

$$f_h = |h_{往}| - |h_{返}| \tag{1—10}$$

高差闭合差的容许值仍按式（1—5）或式（1—6）计算，但公式中的L为支水准路线往返总长度的千米数，n为往返总测站数。

当$|f_h| \leq |f_{h容}|$时，则高差为分段往返高差绝对值的平均值，符号以往测高差为准，以此作为该测段改正后的高差，然后再从起点沿往测方向推算其他各待测点高程。

下面就利用闭合水准路线和支水准路线测量方法，测量并推算图1—25、图1—26中1、2、3点的高程。

一、工具准备

4~5人为一组，每组配备DS_3型水准仪1台、水准尺2根、尺垫2个、记录板1块（含记录表）、计算器1台、铅笔等。

二、实施步骤

1. 闭合水准路线成果的校核

如图1—25所示，在地面已知水准点BM_A周围，按工作需要布设3个待测水准点，组成闭合水准路线。

（1）外业测量

闭合水准路线的起点与终点为同一个点，它是附合水准路线的特殊情况，所以，闭合水准路线的外业工作同附合水准路线相似。图1—25所示为一闭合水准路线的外业观测数据汇总，将其有关数据填入表1—8。

（2）内业计算

1）计算f_h。依据图1—25，计算出$\sum L = 6.25$ km，$\sum h_{测} = -0.015$ m，$f_h = -15$ mm，并将计算数值填入表1—8。

2）计算$f_{h容}$。$f_{h容} = \pm 40\sqrt{L} = \pm 40 \times \sqrt{6.25} = \pm 100$ mm，填入表1—8中的辅助计算中。

表 1—8　　闭合水准路线高差调整与高程计算表

仪器号________班组________日期________天气________

点号	测段长（km）	实测高差（m）	改正数（m）	改正后高差（m）	高程（m）	备注
BM_A					14.335	
	0.60	+1.224	+0.001	+1.225		
1					15.560	
	2.00	−1.414	+0.005	−1.409		
2					14.151	
	1.60	+1.781	+0.004	+1.785		
3					15.936	
	2.05	−1.606	+0.005	−1.601		
BM_A					14.335	
辅助计算	$f_h=-15$ mm，$f_{h容}=\pm40\sqrt{L}=\pm40\times\sqrt{6.25}=\pm100$ mm 因为$\lvert f_h\rvert\leqslant\lvert f_{h容}\rvert$，所以符合精度要求					

3）高差闭合差的调整。其方法与附合水准测量相同。经过以上计算，可以看出$\lvert f_h\rvert\leqslant\lvert f_{h容}\rvert$，因此可以用式（1—8）计算出每测段的高差改正数，将结果填入表 1—8 中。对所有的改正数求和，它的数值应与高差闭合差数值相等，符号相反。

4）计算各待测点的高程。先计算出各测段改正后的高差，改正后高差 h' = 各段实测高差 + 各段高差改正数；然后根据 BM_A的高程和各测段改正后的高差，分别计算各待测点高程，将计算结果填入表 1—8 中，最后再计算 BM_A点高程，用于校核。

2．支水准路线成果的校核

图 1—26 所示为一条支水准路线，已知水准点 BM_A的高程为 149.869 m，各测段所测高差和测站数均注于图上，将图 1—26 中的数据列于表 1—9 中，就可计算出 1、2、3 点的高程。

表 1—9　　支水准路线成果整理计算表

点号	往测测站数	返测测站数	往测高差（m）	返测高差（m）	改正后高差（m）	高程（m）	备注
BM_A						149.869	已知高程
	3	3	+1.298	−1.316	+1.307		
1						151.176	
	2	2	+1.385	−1.363	+1.374		
2						152.550	
	3	3	+0.356	−0.378	+0.367		
3						152.917	
Σ	16		+3.039	−3.057			
辅助计算	$f_h=\lvert\sum h_往\rvert-\lvert\sum h_返\rvert=3.039-3.057=-0.018$ m = 18 mm $f_{h容}=\pm12\sqrt{n}=\pm12\times\sqrt{16}=\pm48$ mm 因为$\lvert f_h\rvert\leqslant\lvert f_{h容}\rvert$，故符合精度要求						

1．如图 1—27 所示，已知水准点 A 的高程 $H_A = 48.646$ m，闭合水准路线各测段测站数和高差如图所示，试在表 1—10 中计算各点的高程。

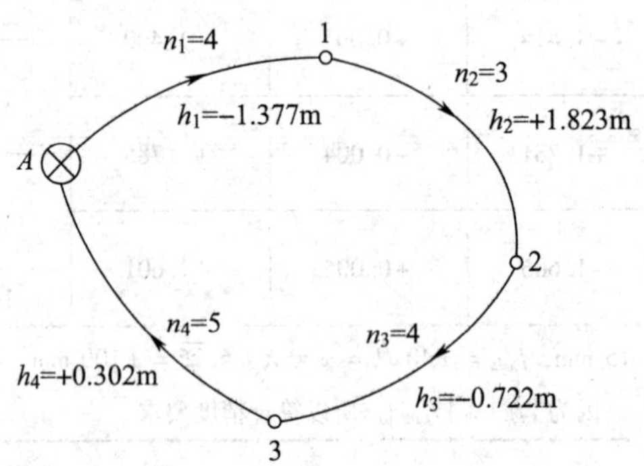

图 1—27　闭合水准路线略图

表 1—10　　闭合水准路线高差调整与高程计算表

点号	测段长（km）	实测高差（m）	改正数（m）	改正后高差（m）	高程（m）	备注
A						
1						
2						
3						
B						
辅助计算						

2．如图 1—28 所示，BM_A 为已知高程的水准点，其高程 H_A 为 45.276 m，1 点为待定高程的水准点，h_f 和 h_b 为往返测量的观测高差。往、返测的测站数共 16 站，计算 1 点的高程。

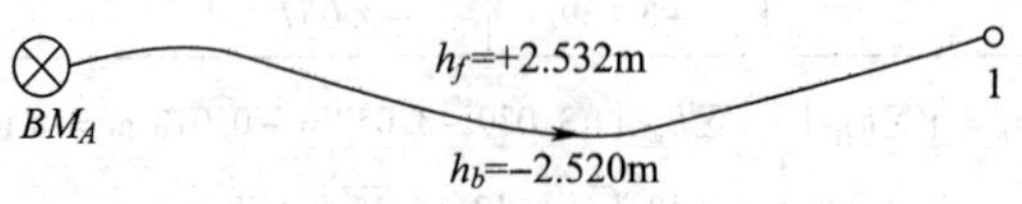

图 1—28　支水准路线测量

任务五 普通水准仪的检验与校正

◆ 了解普通水准仪主要轴线之间应满足的几何条件。

◆ 能对普通水准仪进行检验和校正。

除外界环境和人为操作因素外，影响水准测量精度的主要原因是水准仪本身的性能。由测量误差的知识可知，仪器误差属于系统误差，具有积累性和一定的规律性。如果了解水准仪的工作原理，熟悉仪器各部件的功能和各轴线之间应满足的几何关系，就能通过相应的检验并采取有效的措施减小或消除仪器误差。图1—29所示为普通水准仪的主要轴线示意图，在仪器出厂时，各轴线之间的几何关系经过了严格的检校，但由于长期使用和搬运过程中可能受振动的影响，某些部件会松动，其主要轴线间的相对位置会发生偏斜，从而影响到测量结果的精度，故测量作业前应对水准仪进行检验和校正。那么，需要检校哪些项目呢？如何进行校正操作呢？

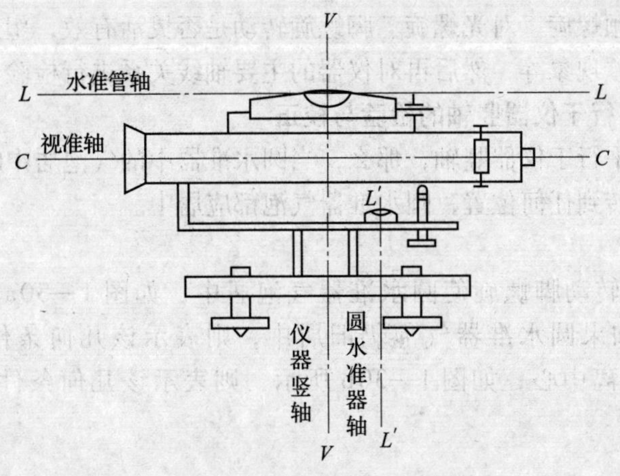

图1—29 普通水准仪的主要轴线

相关理论

如图 1—29 所示，水准仪的轴线主要有视准轴 CC、水准管轴 LL、圆水准器轴 $L'L'$、仪器竖轴 VV。

水准仪在出厂前都进行了严格的检验与校正，根据水准测量原理，水准仪必须提供一条水平视线，才能测出两点间的正确高差，因此，水准仪各轴线之间的几何关系应满足下列条件：

1. 圆水准器轴应平行于仪器竖轴（$L'L' /\!/ VV$）。
2. 十字丝中丝应垂直于仪器竖轴（即中丝应水平）。
3. 水准管轴应平行于视准轴（$LL /\!/ CC$）。

任务实施

在长期使用和运输过程中，各轴线的几何关系会发生变化，为保证测量准确，应对水准仪进行定期的检验与校正，实施工具和步骤如下：

一、工具准备

4～5 人为一组，每组配备 DS_3 型水准仪 1 台、水准尺 2 根、尺垫 2 个、钢尺 1 把、校正工具 1 套、记录板 1 块（含记录表）、计算器 1 台、铅笔、小刀等。

二、实施步骤

水准仪安置后，首先应检查三脚架是否稳固，各脚伸缩和固定是否灵活自如，仪器上的制动和微动螺旋、微倾螺旋、对光螺旋、脚螺旋转动是否灵活有效，望远镜的十字丝、物镜是否清晰，是否有视差现象等，然后再对仪器的主要轴线关系进行检验与校正。

1. 圆水准器轴平行于仪器竖轴的检验与校正

如果圆水准器轴平行于仪器竖轴，那么，当圆水准器中的气泡居中时，仪器的竖轴处于铅垂方向，这样仪器转到任何位置，圆水准器气泡都应居中。

（1）检验方法

安置水准仪后，转动脚螺旋使圆水准器气泡居中，如图 1—30a 所示，然后将仪器绕竖轴旋转 180°，如果圆水准器气泡仍旧居中，则表示该几何条件满足，不必校正。如果圆水准器气泡偏离中心，如图 1—30b 所示，则表示该几何条件不满足，仍要进行校正。

（2）校正方法

水准仪不动，旋转脚螺旋，使圆水准器气泡向圆水准器中心方向移动偏离值的一半，如

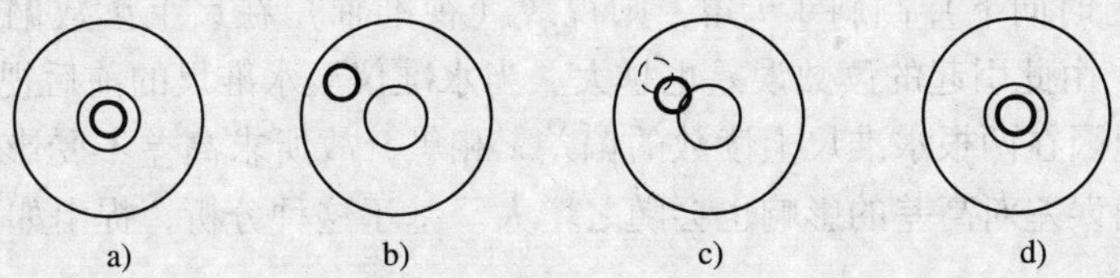

图 1—30 圆水准器的校核

图 1—30c 粗线圆圈处，然后用校正针先稍松动一下圆水准器底下中间一个大一点的连接螺钉，再分别拨动圆水准器底下的三个校正螺钉，使圆水准器气泡居中，如图 1—30d 所示。校正完毕后，应记住把中间一个连接螺钉再旋紧。

2. 十字丝中丝垂直于仪器竖轴的检验与校正

当仪器整平后，十字丝横丝应垂直于仪器竖轴，即当竖轴竖直时十字丝横丝应水平，此时，用横丝的任何部位在水准尺上都可读出相同的数值。

（1）检验方法

如图 1—31 所示，若十字丝中丝已垂直于仪器竖轴，当竖轴铅垂时，中丝应水平，则用中丝的不同部分在水准尺上读数应该是相同的。安置水准仪整平后，用十字丝交点瞄准某一明显的点状目标 M，拧紧制动螺旋，缓慢地转动微动螺旋，从望远镜中观测 M 点在左右移动时是否始终沿着中丝移动，如果始终沿着中丝移动，则表示中丝是水平的，否则需要校正。

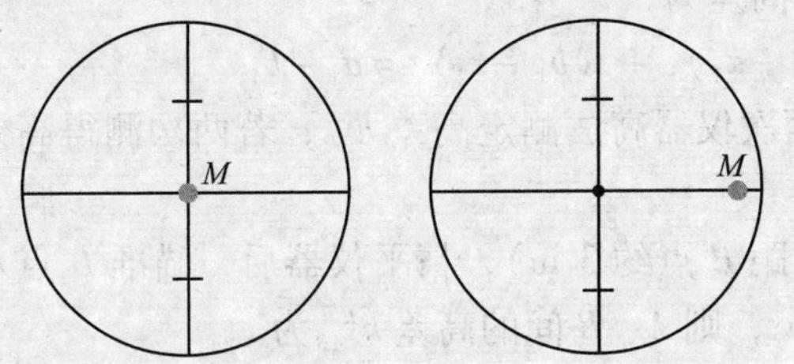

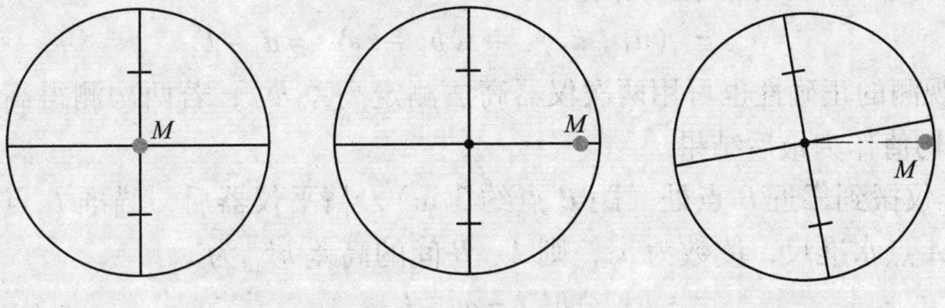

图 1—31 十字丝的检验

（2）校正方法

校正方法因十字丝装置的形式不同而异。如图 1—32 所示的形式，需旋下目镜端的十字丝环外罩，用旋具松开十字丝环的四个固定螺钉，按中丝倾斜的反方向小心地转动十字丝环，直至中丝水平，再重复检验，最后紧固十字丝环的固定螺钉，旋上十字丝环外罩。

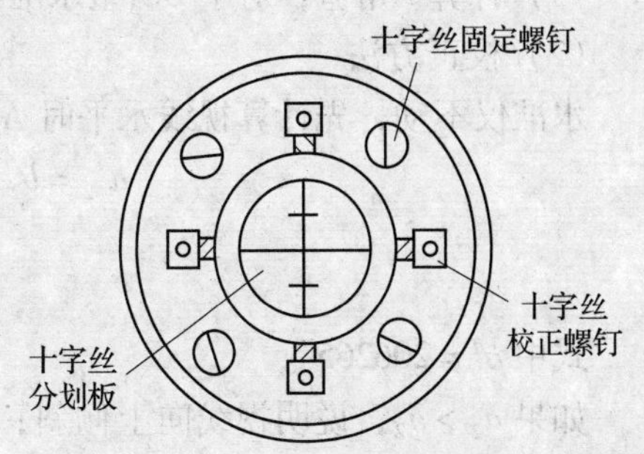

图 1—32 十字丝的校验

3. 水准管轴平行于视准轴的检验与校正

（1）检验原理与方法

设水准管轴不平行于视准轴，它们在竖直面内投影的夹角为 i，称为 i 角误差，如图 1—33 所示。当水准管气泡居中时，视准轴相对于水平线方向向上（有时向下）倾斜了 i 角，则视线（视准轴）在尺上读数偏差，随着水准尺离开水准仪越远，由此引起的读数误差也越大。当水准仪至水准尺的前后视距相等时，即使存在 i 角误差，但因在两根水准尺上读数的偏差 x 相等，故所求高差不受影响。前后视距的差距增大，则 i 角误差对高差的影响也会随之增大。基于这种分析，提出如下检验方法：

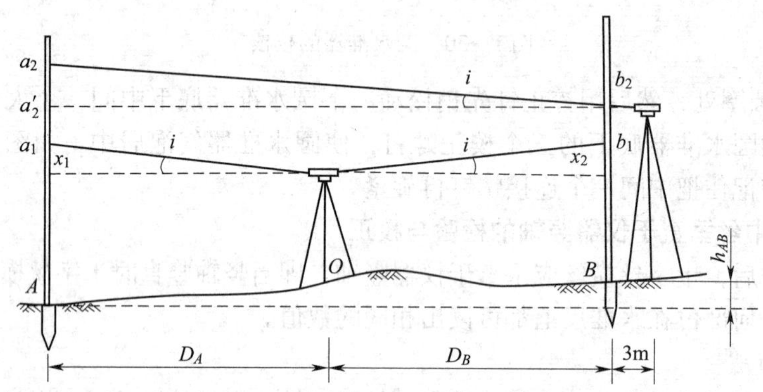

图 1—33　水准管轴平行于视准轴的校核

1）在平坦地区选择相距约 80 m 的 A、B 两点（可打下木桩或安放尺垫），并在 A、B 两点中间处选择一点 O，且使 $D_A = D_B$。

2）将水准仪安置于 O 点处，分别在 A、B 两点上竖立水准尺，读数为 a_1 和 b_1，因 $D_A = D_B$，故 $x_1 = x_2$，则 A、B 两点间正确高差为

$$h_{AB} = (a_1 - x_1) - (b_1 - x_2) = a_1 - b_1 \tag{1—11}$$

为了确保观测的正确性也可用两次仪器高法测定高差 h_{AB}，若两次测得高差之差不超过 3 mm，则取平均值作为最后结果。

3）将水准仪搬到靠近 B 点处（距 B 点约 3 m），精平仪器后，瞄准 B 点水准尺，读数为 b_2，再瞄准 A 点水准尺，读数为 a_2，则 A、B 间的高差 h'_{AB} 为

$$h'_{AB} = a_2 - b_2 \tag{1—12}$$

若 $h'_{AB} = h_{AB}$，则表明水准管轴平行于视准轴，几何条件满足。若 $h'_{AB} \neq h_{AB}$，则按式（1—14）计算 i 角值，对于 DS_3 型水准仪，如果 i 角绝对值大于 20″，则需要进行校正。

（2）校正方法

水准仪不动，先计算视线水平时 A 尺（远尺）上应有的正确读数 a'_2，即

$$a'_2 = b_2 + h_{AB} = b_2 + (a_1 - b_2) \tag{1—13}$$

$$i = \frac{a_2 - a'_2}{D_{AB}} \cdot \rho'' \tag{1—14}$$

式中 $\rho'' = 206265''$。

如果 $a_2 > a'_2$，说明视线向上倾斜；反之，向下倾斜。瞄准 A 尺，旋转微倾螺旋，使十字丝中丝对准 A 尺上的正确读数 a'_2，此时符合水准气泡就不再居中了，但视线已处于水平位置。用校正针拨动位于目镜端的水准管上、下两个校正螺钉，如图 1—34 所示，使符合水准气泡严密居中。此时，水准管轴也处于水平位置，达到了水准管轴平行于视准轴的要求。

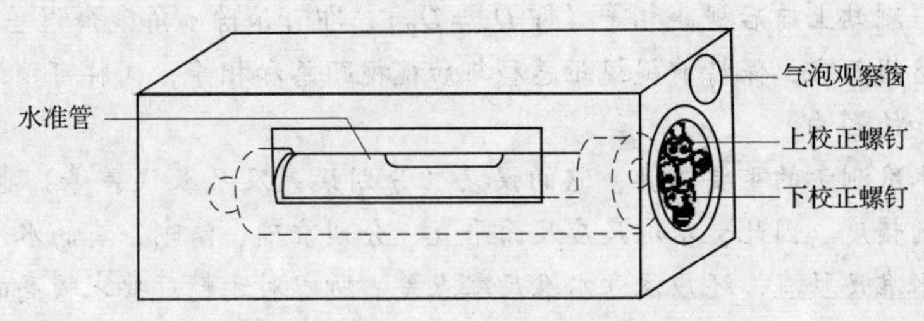

图 1—34 水准管轴的校正

校正时，应先稍松动左右两个校正螺钉，再根据气泡偏离情况，遵循“先松后紧”规则，拨动上、下两个校正螺钉，使符合水准气泡居中，校正完毕后，再重新紧固左右两个校正螺钉。

三、操作注意事项

1. 仪器检验与校正的步骤应按顺序进行，不得颠倒。每项工作要反复进行数次才能达到满意的结果。

2. 各项检验工作可由学生自己完成，但校正工作应在教师或专业人员的指导下进行；拨动校正螺钉时，要先松后紧，松紧适当；校正完毕，校正螺钉应处于稍紧状态。

水准测量的误差来源

由于使用的水准仪不可能完美无缺，观测人员的感官也有一定的局限，再加上外业观测必定要受到外界环境的影响，使水准测量中不可避免地存在误差。为了保证应有的观测精度，测量人员应对水准测量误差产生的原因以及如何控制误差在最小限度的方法有所了解。尤其要避免读数错误、错记读数、碰动三脚架或尺垫等观测错误。

水准测量误差按其来源可分为仪器误差、观测与操作者的误差以及外界环境的影响等三个方面。

一、仪器误差

水准仪使用前，应按规定进行水准仪的检验与校正，以保证各轴线满足条件。但由于仪器检验与校正不甚完善以及其他方面的影响，使仪器尚存在一些残余误差，其中最主要的是水准管轴不完全平行于视准轴的误差（又称为 i 角残余误差）。这个 i 角残余误差对高差的影响为 Δh，即

$$\Delta h = x_1 - x_2 = \frac{i''}{\rho''}D_A - \frac{i''}{\rho''}D_B = \frac{i''}{\rho''}(D_A - D_B) \tag{1—15}$$

式中 $(D_A - D_B)$ 为前后视距之差；x_1，x_2 为 i 角残余误差对读数的影响。

若保持同一测站上前后视距相等（即 $D_A=D_B$），即可消除 i 角残余误差对高差的影响。对于一条水准路线而言，保持前视视距总和与后视视距总和相等，同样可消除 i 角残余误差对路线高差总和的影响。

水准尺是水准测量的重要工具，它的误差（分划误差及尺长误差等）也影响着水准尺的读数及高差的精度。因此，水准尺应尺面平直，分划准确、清晰，有的水准尺上安装有圆水准器，便于水准尺竖直，还应注意水准尺零点差。所以对于精度要求较高的水准测量，水准尺也应进行检定。

二、观测与操作者的误差

1. 水准尺读数误差

此项误差主要由观测者瞄准误差、符合水准气泡居中误差以及估读误差等综合影响所致，这是一项不可避免的偶然误差。对于 DS_3 型水准仪，望远镜放大率 V 一般为 28 倍，水准管分划值 $\tau=\frac{20''}{2}$ mm，当视距 $D=100$ m 时，其照准误差 m_1 和符合水准气泡居中误差 m_2 可由下式计算：

$$m_1=\pm\frac{60''}{V}\cdot\frac{D}{\rho''}=\pm\frac{60''}{28}\times\frac{100\times10^3}{206265''}=\pm1.04\ \text{mm}$$

$$m_2=\pm\frac{0.15\tau}{2\rho''}D=\pm\frac{0.15\times20''}{2\times2\times206265''}\times100\times10^3=\pm0.365\ \text{mm}$$

若取估读误差 $m_3=\pm1.0$ mm，则水准尺上读数误差为

$$m=\sqrt{{m_1}^2+{m_2}^2+{m_3}^2}=\pm1.49\ \text{mm}$$

因此观测者应认真读数与操作，以尽量减少此项误差的影响。

2. 水准尺竖立不直（倾斜）的误差

根据水准测量的原理，水准尺必须竖直立在点上，否则总会使水准尺上读数增大。这种影响随着视线的抬高（即读数增大），其影响也随之增大。例如，水准尺竖立不直，倾斜角 $\alpha=3°$，视线离开尺底（即尺上读数）为 2 m，则对读数影响为

$$\delta=2\ 000\times(1-\cos\theta)\approx2.7\ \text{mm}$$

因此，一般在水准尺上安装有圆水准器，扶尺者操作时应注意使尺上圆水准器气泡居中，表明水准尺竖直。如果水准尺上没有安装圆水准器，可采用摇尺法，使水准尺缓缓地向前、后倾斜，当观测者读取到最小读数时，即为水准尺竖直时的读数，水准尺左右倾斜可由仪器观测者指挥司尺员纠正。

3. 水准仪与尺垫下沉误差

有时，水准仪或尺垫处地面土质松软，以致水准仪或尺垫由于自重随安置时间延长而下沉（也可能回弹上升）。为了减少此类误差影响，观测与操作者应选择坚实地面安置水准仪和尺垫，并踩实三脚架和尺垫，观测时力求迅速，以减少安置时间。对于精度要求较高的水准测量，采取一定的观测程序（后—前—前—后），可以减弱水准仪下沉误差对高差的影响，采取往测与返测观测并取其高差平均值，可以减弱尺垫下沉误差对高差的影响。

三、外界环境的影响

1．地球曲率和大气折光的影响

根据分析与研究，地球曲率和大气折光对水准尺读数的综合影响 f 用式（1—16）表示。

$$f=(1-K)\frac{D^2}{2R}\approx 0.43\frac{D^2}{R} \tag{1—16}$$

式中 D 为水准仪至水准尺的距离；R 为地球的半径；K 为大气折光系数，一般取0.14。

若 $D=100$ m，$R=6\ 371$ km，则 $f=0.7$ mm。这说明在水准测量中，即使视距很短，也应当考虑地球曲率和大气折光对读数的影响。

由式（1—16）推得，地球曲率和大气折光对两点间高差的影响 δ_f 为

$$\delta_f=f_A-f_B=\frac{0.43}{R}(D_A^2-D_B^2) \tag{1—17}$$

式中：$(D_A^2-D_B^2)$ 为水准仪至 A、B 两点视距平方之差。显然，当 $D_A=D_B$ 时，则 $\delta_f=0$，表明保持前后视距相等可以消除地球曲率和大气折光对水准测量高差的影响。

2．大气温度（日光）和风力的影响

当大气温度变化或日光直射水准仪时，由于仪器受热不均匀，会影响仪器轴线间的正常几何关系，如水准仪气泡偏离中心或三脚架扭转等现象。所以水准测量时若水准仪被阳光直晒应打伞防晒，风力较大时应暂停水准测量。

四、水准测量注意事项

水准测量是一项集观测、记录及扶尺为一体的测量工作，只有全体参加人员认真负责，按规定要求仔细观测与操作，才能取得良好的成果。归纳起来应注意如下几点：

1．观测

（1）观测前应认真按要求检校水准仪，检视水准尺。

（2）仪器应安置在土质坚实处，并踩实三脚架。

（3）水准仪至前、后视水准尺的视距应尽可能相等。

（4）每次读数前，注意消除视差，只有当符合水准气泡居中后才能读数，读数应迅速、果断、准确，特别应认真估读毫米数。

（5）晴好天气，仪器应打伞防晒，操作时应细心认真，做到“人不离开仪器”，使之安全。

（6）只有当一测站记录计算合格后方能搬站，搬站时先检查仪器连接螺旋是否紧固，一只手扶托仪器，另一只手握住脚架稳步前进。

2．记录

（1）认真记录，边记边复报数字，准确无误地记入记录手簿相应栏内，严禁伪造和转抄。

（2）字体要端正、清楚，不准连环涂改，不准用橡皮擦改，如按规定可以改正时，应在原数字上画线后再在上方重写。

（3）每站应当场计算，检查符合要求后，才能通知观测者搬站。

3．扶尺

（1）扶尺员应认真竖立水准尺，注意保持尺上圆水准器气泡居中。

（2）转点应选择土质坚实处，并将尺垫踩实。

（3）水准仪搬站时，应注意保护好原前视点尺垫位置不受碰动。

1. DS_3型水准仪有哪几条主要轴线？它们之间应满足哪些几何条件？为什么？

2. 水准测量中为什么要求前后视距相等？

3. 在对DS_3型微倾水准仪进行检校时，先将水准仪安置在A和B两立尺点中间，使气泡严格居中，分别读得两尺读数为$a_1 = 1.573$ m，$b_1 = 1.415$ m，然后将仪器搬到A尺附近，使气泡居中，读得$a_2 = 1.834$ m，$b_2 = 1.696$ m。

试求：（1）正确高差是多少？（2）水准管轴是否平行视准轴？（3）若不平行，应如何校正？

模块二

角度测量

任务一 经纬仪角度测量

学习目标

- 熟悉 DJ_6 光学经纬仪的基本构造。
- 掌握经纬仪的读数方法。
- 掌握 DJ_6 光学经纬仪测回法测算水平角的方法和步骤。

工作任务

前面一个模块已经学习过水准测量，也就是地面点高程的测量方法。传统的定位方法是通过高程、角度和距离三个要素来实现的，那么角度是如何测量的呢？

如图 2—1 所示，*A*、*O*、*B* 为地面上高程不同的三个点，要如何测得水平角∠*AOB* 的度数呢？

相关理论

角度测量的常规仪器是经纬仪。经纬仪既可测量水平角又可测量竖直角。

图 2—1　用经纬仪测量水平角

一、光学经纬仪的基本构造

我国光学经纬仪按其精度等级划分有 DJ_{07}、DJ_1、DJ_2及 DJ_6等几种，DJ 分别为“大地测量”和“经纬仪”的汉字拼音第一个字母，其下标数字 07、1、2、6 分别为该仪器一测回方向观测中误差的秒数。在公路测量中常用 DJ_6型光学经纬仪，其结构如图 2—2 所示。

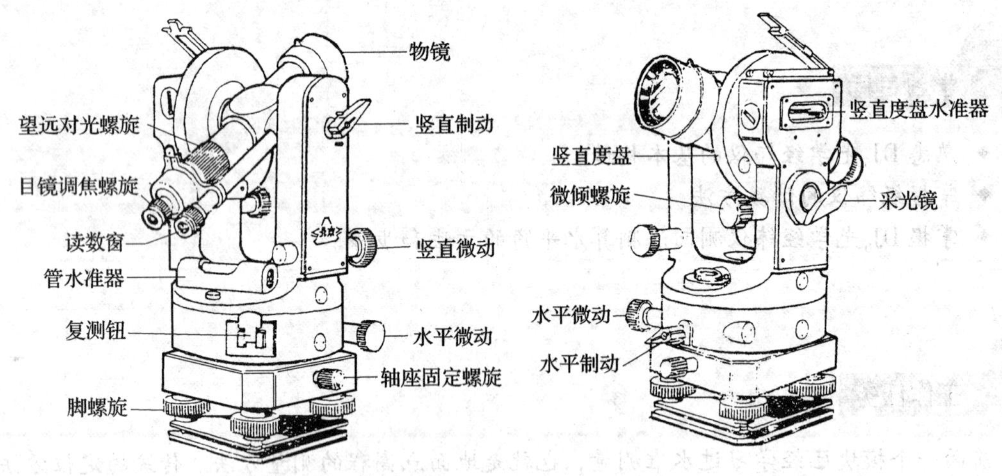

图 2—2　DJ_6型光学经纬仪

根据测角原理，光学经纬仪的构造包括以下装置：

1．照准部

照准部为经纬仪上部可转动的部分，由望远镜、竖直度盘、水准器、竖轴等组成。

（1）望远镜

望远镜用于精确瞄准目标。它在支架上可绕横轴在竖直面内做仰俯转动，并由望远镜制动钮和望远镜微动螺旋控制。经纬仪的望远镜与水准仪的望远镜相同，由物镜、调焦镜、十字丝分划板、目镜和固定它们的镜筒组成。望远镜的放大倍率一般为 20～40 倍。

（2）竖直度盘

竖直度盘用于观测竖直角。它是由光学玻璃制成的圆盘，安装在横轴的一端，并随望远镜一起转动。其竖直度盘同侧的支架上设有竖盘指标水准管，当竖盘指标水准管水平时，竖盘指标即处于正确位置。

（3）水准器

照准部上设有一个管水准器和一个圆水准器，与脚螺旋配合，用于整平仪器。圆水准器用做粗平，管水准器用于精平。

（4）竖轴

照准部的旋转轴即为仪器的竖轴，竖轴插入竖轴轴套中，该轴套下端与轴座固定连接，置于基座内，并用轴座固定螺旋紧固，使用仪器时切勿松动该螺旋，以防仪器分离坠落。照准部可绕竖轴在水平方向旋转，并由水平制动螺旋和水平微动螺旋控制。

2．水平度盘

水平度盘是由光学玻璃制成的圆环，圆环上刻有0°～360°的等间隔分划线，并按顺时针方向加以注记，有的经纬仪在度盘两刻度线正中间加刻一短分划线。两相邻分划间的弧长所对圆心角称为度盘分划值，通常为1°或30′。

水平度盘通过外轴装在基座中心的套轴内，并用中心锁紧螺旋使之紧固。

当照准部转动时，水平度盘并不随之转动。若需要将水平度盘安置在某一读数的位置，可拨动专门的机构。DJ_6型光学经纬仪变动（配置）水平度盘位置的机构有以下两种形式：

（1）度盘变换手轮

先按下度盘变换手轮下的保险手柄，将手轮推压进去并转动，就可将水平度盘转到需要的读数位置上。此时，将手松开手轮退出，注意把保险手柄倒回。有的经纬仪装有一小轮，称为位置轮，与水平度盘相连，使用时先打开位置轮护盖，转动位置轮，度盘也随之转动（照准部不动），转到需要的水平度盘读数位置为止，最后盖上护盖。

（2）复测钮（扳手）

如图2—2所示，当复测钮扳下时，水平度盘与照准部结合在一起，两者一起转动，此时照准部转动时度盘读数不变。不需要一起转动时，将复测钮扳上，水平度盘就与照准部脱开。例如，要求经纬仪望远镜瞄准某一已知点时水平度盘读数应为0°00′00″，此时先把复测钮扳上，转动照准部，使水平度盘读数为0°00′00″，然后把复测钮扳下，转动照准部，将望远镜瞄准某一已知点，其水平度盘读数就是0°00′00″。观测开始时，复测钮应扳上。

3．基座

基座是支撑整个仪器的底座，并借助基座的中心螺母和三脚架上的中心连接螺旋，将仪器与三脚架固定连接在一起。

基座上有三个脚螺旋，用来整平仪器。水平度盘的旋转轴套套在竖轴轴套外面，拧紧轴套固定螺旋，可将仪器固定在基座上；松开该固定螺旋，可将仪器从基座中提出，便于置换照准标牌，但平时或作业时务必将基座上的固定螺旋拧紧，不得随意松动。

二、经纬仪的读数设备及读数方法

DJ_6型光学经纬仪的读数设备包括度盘、光路系统及测微器。当光线通过一组棱镜和透镜作用后，将光学玻璃度盘上的分划成像放大，反映到望远镜旁的读数显微镜内，利用光学测微器进行读数。各种DJ_6型光学经纬仪的读数装置不完全相同，其相应读数方法也有所不同，可归纳为两大类。

1. 分微尺读数装置及其读数方法

分微尺读数装置是显微镜读数窗与物镜上设置的一个带有分微尺的分划板，度盘上的分划线经读数显微镜物镜放大后成像于分微尺上。分微尺1°的分划间隔长度正好等于度盘的一格，即1°的宽度。图2—3所示是读数显微镜内看到的度盘和分微尺的影像，上面注有“水平”（或H）的窗口为水平度盘读数窗，下面注有“竖直”（或V）的窗口为竖直度盘读数窗，其中长线和大号数字为度盘上分划线影像及其注记，短线和小号数字为分微尺上的分划线及其注记。每个读数窗内的分微尺分成60小格，每小格代表1′，每10小格注有小号数字，表示10′的倍数。因此，分微尺可直接读到1′，估读到0.1′。

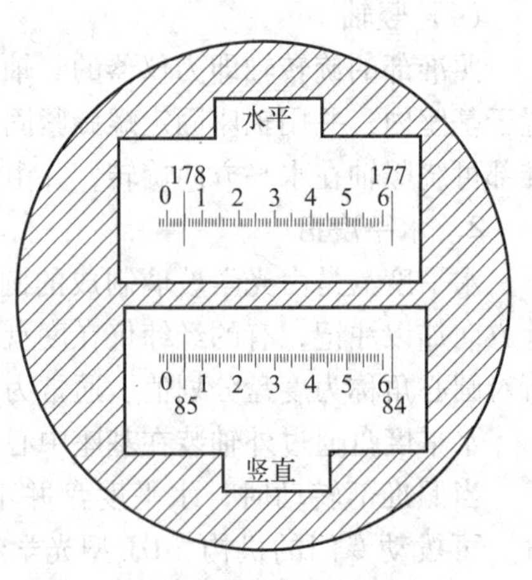

图2—3　DJ_6型经纬仪读数窗（一）

分微尺上的0分划线是读数指标线，它所指的度盘上的位置就是应该读数的地方。例如，图2—3水平度盘读数窗中，分微尺上的0分划线已过178°，此时水平度盘的读数肯定比178°多一点，所多的数值要看0分划线到度盘178°分划线之间有多少个小格来确定，显然由图2—3看出，所多的数值为05.0′（估读至0.1′）。因此，水平度盘整个读数为178°+05.0′=178°05.0′（记录及计算时可写成178°05′00″）。

同理，图2—3中竖直度盘整个读数为85°+06.3′=85°06.3′（记录及计算时可写成85°06′18″）。

实际在读数时，只要看哪根度盘分划线位于分微尺到划线内，则读数中的度数就是此度盘分划线的注记数，读数中的分数就是这根分划线所指的分微尺上的数值。可见分微尺读数装置的作用就是读出小于度盘最小分划值（例如1°）的尾数值，它的读数精度受显微镜放大率与分微尺长度的限制。南京1002厂生产的DJ_6型光学经纬仪和德国蔡司厂生产的Zeiss 030型光学经纬仪均属于此类读数装置。

2. 单平板玻璃测微器装置及其读数方法

单平板玻璃测微器装置主要由平板玻璃、测微尺、测微轮及传动装置组成。单平板玻璃与测微尺用金属机构连在一起，当转动测微轮时，单平板玻璃与测微尺一起绕同一轴转动。从读数显微镜中看到，当平板玻璃转动时，度盘分划线的影像也随之移动，当读数窗上的双指标线精确地夹准度盘某分划线像时，其分划线移动的角值可在测微尺上根据单指标读出。

如图 2—4 所示的读数窗，上部窗为测微尺像，中部窗为竖直度盘分划像，下部窗为水平度盘分划像。读数窗中单指标线为测微器指标线，双指标线为度盘指标线。度盘最小分划值为 30′，测微尺共有 30 大格，一大格分划值为 1′，一大格又分为 3 小分格，则一小格分划值为 20″。

读数前，应先转动测微轮，使度盘双指标线夹准（平分）某一度盘分划线像，读出度数和 30′的整分数。如在图 2—4a 中，双指标线夹准水平度盘 15°00′分划线像，读出 15°00′，再读出测微尺窗中单指标线所指出的测微尺上的读数为 12′00″，两者合起来就是整个水平度盘读数为 15°00′ + 12′00″ = 15°12′00″（或 15°12. 0′）。同理，在图 2—4b 中，读出竖直度盘读数为 91°00′ + 18′06″ = 91°18′06″（或 91°18. 1′）。北京光学仪器厂生产的红旗Ⅱ型光学经纬仪和瑞士威特厂生产的 WILD T1 型光学经纬仪均属此类读数装置。

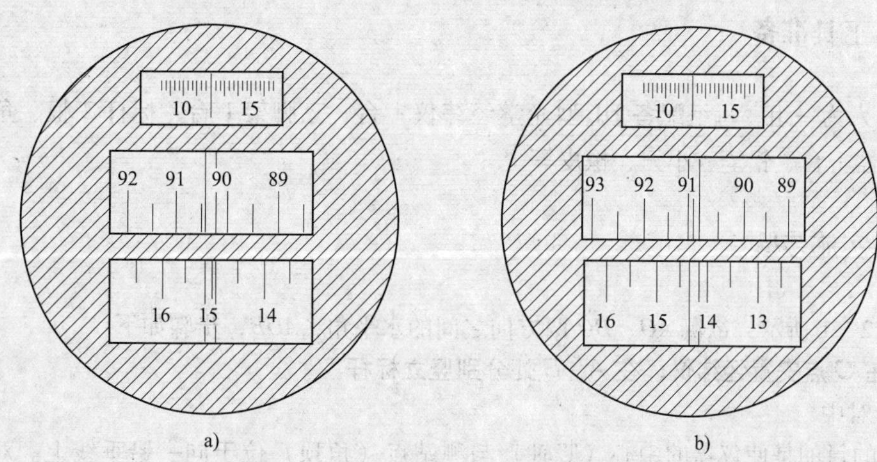

图 2—4　DJ_6型光学经纬仪读数窗（二）

三、水平角测量原理

如图 2—5 所示，A、O、B 为地面上高程不同的三个点，沿铅垂线方向投影到水平面 P 上，得到相应 A_1、O_1、B_1点，则水平投影线 O_1A_1 与 O_1B_1 构成的夹角 β，称为地面方向线 OA 与 OB 两方向线间的水平角。所以，水平角就是地面上某点到两目标的方向线铅垂投影在水平面上所成的角度，其取值是 0° ~360°。

为了测定水平角的大小，设想在 O 点铅垂线上任一处 O_2 点水平安置一个带有顺时针均匀刻划的水平度盘，通过左方向 OA 和右方向 OB 各作一竖直面与水平度盘平面相交，在度盘上截取相应的读数为 a 和 b（见图 2—5），则水平角 β 为右方向读数 b 减去左方向读数 a，即$\beta = b - a$。

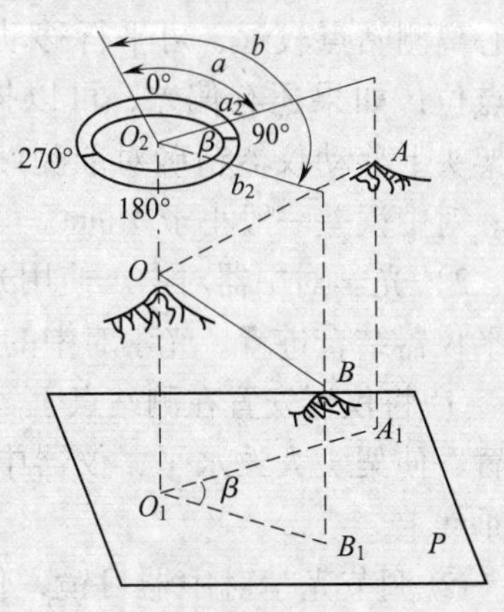

图 2—5　水平角测量原理

提示

由于水平度盘是顺时针刻划注记的，所以计算水平角时总是用右目标的读数减去左目标的读数。如果不够减，则应在右目标的读数上加上360°，再减去左目标的读数，绝不可以倒过来减。

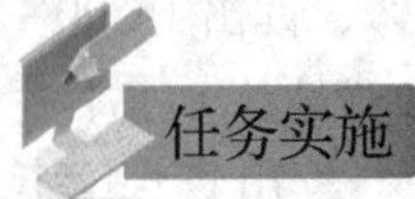

任务实施

下面就利用经纬仪等测量工具，测量并计算图2—1中水平角∠*AOB*的度数。

一、工具准备

4~5人为一组，每组配备DJ_6型光学经纬仪1台、三脚架1台、标杆2根、角度记录表、计算器1台、铅笔、小刀、橡皮等。

二、实施步骤

如图2—1所示，欲测*AO*、*BO*两方向之间的水平角∠*AOB*，步骤如下：

1．在*O*点安置经纬仪，在*A*、*B*处分别竖立标杆

（1）对中

对中的目的是使仪器的中心（竖轴）与测站点（角顶）位于同一铅垂线上。对中的方法有两种：垂球对中、光学对中器对中。

1）垂球对中。如图2—6所示，首先根据观测者身高调整好三脚架腿的长度，把三脚架张开，架在测站点上，使高度适宜，架头大致水平。将仪器取出放在三脚架上，旋紧连接螺旋，挂上垂球，使垂球尖接近地面点位。如果垂球中心离测站点较远，可平行移动三脚架使垂球大致对准点位；如果还有偏差，可以把连接螺旋稍微松开，在架头上移动仪器精确对准测站点，旋紧连接螺旋即可。对中误差一般小于3 mm。

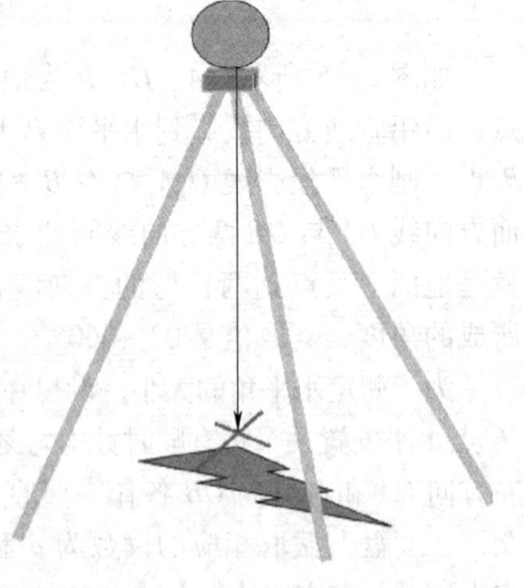

图2—6　垂球对中

2）光学对中器对中。使用光学对中器对中，应与整平仪器结合进行。光学对中的方法步骤如下：

① 将仪器安置在测站点上，三个脚螺旋调至中间位置，使架头大致水平，仪器中心大致处于测站点的铅垂线上。

② 调节光学对中器目镜，使视场中的分划清晰，再推拉整个对中器镜筒进行调焦，使地面标志点的影像清晰。

③ 旋转脚螺旋使光学对中器对准测站点的标志。

④ 保证三脚架的着地点位不动，通过伸缩三脚架使圆水准器气泡居中。

⑤ 转动脚螺旋使水准管精确居中，精平仪器。

⑥ 再检查仪器是否精确对中，如果测站点偏离光学对中器中心，可稍微松开三脚架连接螺旋，在架头上平移仪器对中。

⑦ 重新检查仪器，直到完全对中和整平为止。

(2) 整平

整平可使竖轴居于铅垂位置，整平时要先用脚螺旋使圆水准器气泡居中，以粗略整平，再用管水准器精确整平。

1）转动仪器照准部，使照准部水准管轴平行于任意两个脚螺旋的连线（见图2—7a）。

提示

用双手同时向内或向外等量转动这两个脚螺旋使气泡居中，气泡移动的方向与左手大拇指移动的方向一致。

2）将照准部转动90°（见图2—7b），使照准部水准管轴垂直于原来两个脚螺旋的连线位置，调整第三个脚螺旋使水准管气泡居中。

整平一般需要反复进行2~3次，直至管水准器在任一方向上气泡都居中为止。

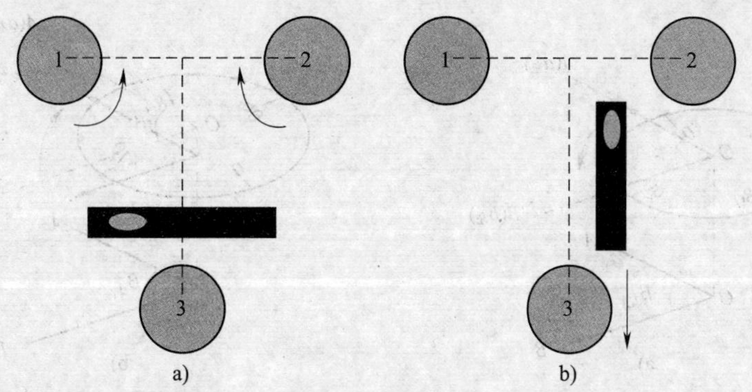

图2—7 整平

(3) 瞄准

如图2—1所示，以盘左位置照准左侧目标 A。目镜对光，即将望远镜对向明亮的背景，调目镜调焦螺旋，使十字丝清晰；粗略瞄准，即旋转照准部，通过望远镜上的粗瞄准器对准目标，旋紧水平及竖直制动螺旋；物镜对光，即转动物镜调焦螺旋至目标的成像清晰并消除视差；精确瞄准，即旋转竖直微动螺旋和水平微动螺旋，使目标成像的几何中心与十字丝的几何中心（竖丝）重合，目标则被精确瞄准。

(4) 读数

图 2—8 所示为通过读数显微镜看到的影像。分微尺有 60 个分划，度盘分划经过光路系统放大后，其 1°的间隔与分微尺的长度相等。即相当于把 1°又细分为 60 格，每格代表 1′，估读到 0.1′。读数时，打开并转动反光镜，使读数显微镜内亮度适中，调节读数显微镜目镜，使分划线清晰，然后先读取位于分微尺中度盘分划线的注记度数，再以度盘分划线为指标，在分微尺上读取分数，估读秒数，两者相加即得度盘读数。

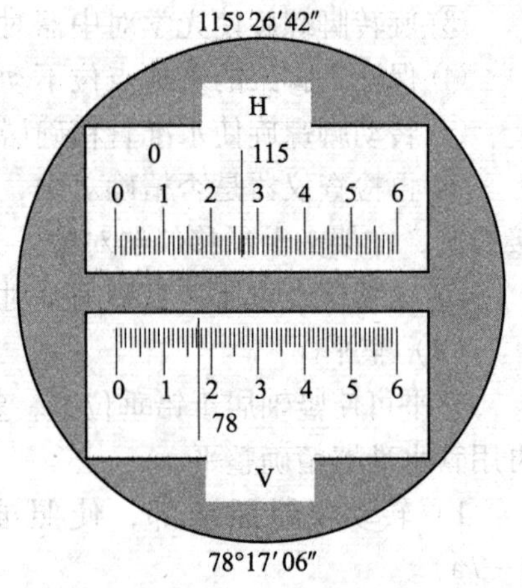

图 2—8　分微尺测微器读数

如图 2—8 所示的水平度盘读数为 115°26′42″，即为图 2—1 中左侧目标 A 的盘左水平度盘读数 $b_{左}$；其竖直度盘读数为 78°17′06″。

2. 测回法测角

经纬仪有正镜测量和倒镜测量两种测量内容。竖盘在望远镜视准轴的左侧，称为盘左，也称正镜；竖盘在视准轴方向的右侧，称为盘右，也称倒镜。测回法适用于观测两个方向之间的单个水平角。

欲测出地面上两方向间的水平角 β，可按下列步骤进行观测：

(1) 盘左位置，瞄准左边的目标 A 点，如图 2—9a 所示。配置度盘在 0°或稍大于 0°，读数 $a_{左}$记于手簿。

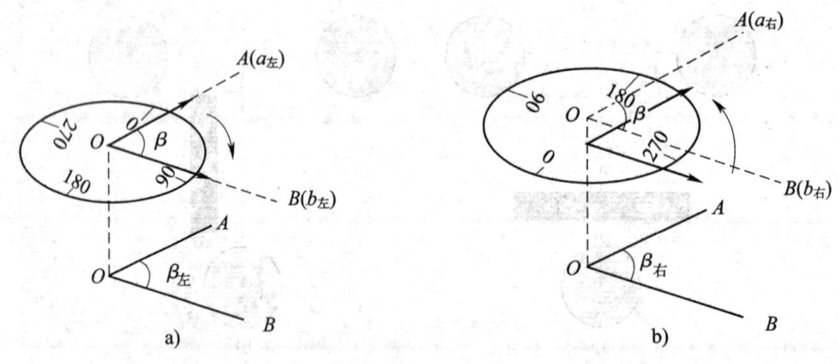

图 2—9　测回法观测水平角

(2) 顺时针旋转望远镜，瞄准右边的目标 B 点，读数 $b_{左}$记于手簿。

以上为上半测回，得半测回角值 $\beta_{左}=b_{左}-a_{左}$。

(3) 倒转望远镜，盘右位置，逆时针旋转照准部，瞄准右边的目标 B 点，如图 2—9b 所示。读数 $b_{右}$记录。

(4) 逆时针旋转照准部，瞄准左边的目标 A 点，读数 $a_{右}$，并记录。

以上为下半测回，得半测回角值 $\beta_{右}=b_{右}-a_{右}$。

则一测回角值

$$\beta=(\beta_{左}+\beta_{右})/2 \tag{2—1}$$

提示

记录时，分、秒一般都要记两位。

计算时，取平均值的原则是“奇进偶不进”。

当测角精度要求较高时，须观测 n 个测回。为了消除度盘刻划不均匀的误差，每个测回应按差值 $\frac{180°}{n}$ 变换度盘起始位置。如观测两个测回，第一测回起始方向为0°，第二测回起始方向应为90°。

观测结果应及时记入手簿，并进行计算，记录格式及计算见表2—1。若上、下半测回角值之差超过 ±40″，则应检查原因甚至重测。

表2—1　　测回法观测水平角记录手簿

测站	目标	镜位	水平度盘读数	半测回角值	一测回平均值	备注
			° ′ ″	° ′ ″	° ′ ″	
O	A	左	0 10 24	36 32 12	36 32 15	
	B		36 42 36			
	A	右	180 10 36	36 32 18		
	B		216 42 54			

三、操作注意事项

1. 仪器安置高度要和观测者的身高相适应，三脚架要踩实，仪器与三脚架连接要牢固，操作仪器时不要用手扶三脚架；转动照准部和望远镜之前，应先松开制动螺旋，使用各种螺旋时用力要轻。

2. 精确对中，特别是对短边测角，对中要求应更严格。

3. 整平仪器后，仪器转动到任意位置时，管水准器气泡偏离中央不能超过1格；当一测回内照准部水准管气泡偏离中央超过1格时，则需重新整平、重新观测。

4. 标杆要竖直，立点要准确，要尽可能用十字丝交点瞄准标杆底部。

5. 读数要准确，不要混淆水平度盘和竖直度盘的读数。

6. 记录要清晰，并当场计算；计算上、下半测回角值时，均用右侧目标读数减去左侧目标读数。右侧目标读数小于左侧目标读数时，应将右侧目标读数加上360°再减。

全圆测回法

前面讲过的测回法主要用于观测两个方向之间的单个水平角。那么，对两个以上目标方向的水平角进行观测时用什么方法呢？这时通常采用全圆测回法。全圆测回法也称全圆方向法，它是以某一个目标作为起始方向（又称零方向），依次观测出其余各个目标相对于起始方向的方向值，然后根据方向值计算水平角值。

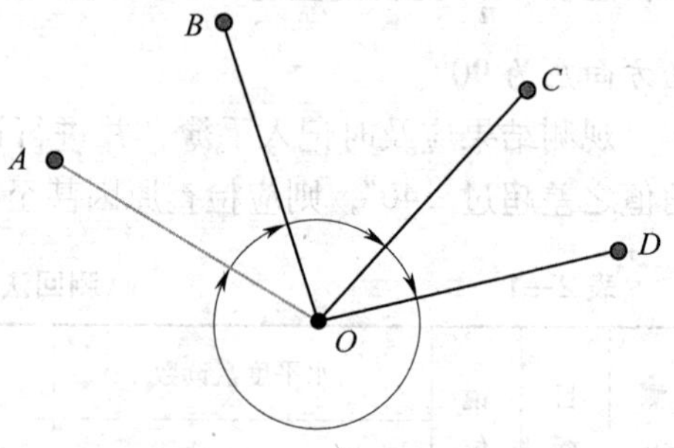

图 2—10　全圆测回法观测水平角

如图 2—10 所示，设 O 为测站点，A、B、C、D 为观测目标，用全圆测回法观测各方向间的水平角，其操作步骤如下：

一、观测步骤

1. 将仪器安置于测站点 O 上，对中、整平。

2. 选与 O 点相对较远的目标点 A 作为零方向。

3. 用盘左位置，照准目标点 A，配置度盘的起始读数。读取该读数，记入手簿中。

4. 顺时针方向转动照准部，依次照准 B、C、D，读取相应水平度盘读数，记入手簿中。

5. 为了检查观测过程中水平度盘有无变动，需顺时针方向瞄回零方向 A，读取水平度盘读数，记入手簿。这一步称为归零，两次零方向读数之差称为半测回归零差。使用 DJ_6 型光学经纬仪观测，半测回归零差不应大于 18″。如果半测回归零差超限，应立即查明原因重测。

步骤 3 ~ 5 为上半测回，可见上半测回的观测次序为 A—B—C—D—A。

6. 倒转望远镜成盘右位置，逆时针转动照准部，照准零方向 A，读取读数，记入手簿中。

7. 逆时针方向转动照准部，依次照准目标 D、C、B，读取相应水平度盘读数，记入观测手簿中。

8. 逆时针方向瞄回零目标点 A，读取水平度盘读数记入手簿，并计算归零误差是否超限，其限差规定同上半测回。步骤 6 ~ 8 为下半测回，可见下半测回的观测顺序为 A—D—C—B—A。

上、下半测回合起来称为一测回，表 2—2 为全圆测回法观测记录表。

表 2—2 **全圆测回法观测记录表**

测站	目标	盘左 L	盘右 R	平均读数 = （左 + 右 ±180）/2	归零后方向值	各测回归零方向平均值	水平角值
		° ′ ″	° ′ ″	(0 01 15)	° ′ ″	° ′ ″	° ′ ″
O	A	0 01 06	180 01 12	0 01 09	0 00 00	0 00 00	71 50 42
	B	71 52 06	251 52 00	71 52 03	71 50 48	71 50 42	73 38 47
	C	145 30 48	325 30 48	145 30 48	145 29 33	145 29 29	64 41 25
	D	210 12 12	30 12 06	210 12 09	210 10 54	210 10 54	
	A	0 01 24	180 01 18	0 01 21			
				90 01 26			
O	A	90 01 24	270 01 18	90 01 21	0 00 00		
	B	161 52 06	341 52 00	161 52 03	71 50 37		
	C	235 30 54	55 30 48	235 30 51	145 29 25		
	D	300 12 24	120 12 18	300 12 21	210 10 55		
	A	90 01 36	270 01 24	90 01 30			

二、全圆测回法的计算及限差规定

1. 2C 的计算及限差规定

2C 是两倍视准轴误差，它在数值上等于一测回同一方向的盘左读数 L 与盘右读数（R ±180°）之差，即

$$2C = L - (R \pm 180°) \tag{2—2}$$

如果观测目标大致在水平方向，则 2C 值应该为一常数。但在实际观测中，由于观测误差的产生不可避免，各方向的 2C 值不可能相等，它们之间的差值，称为 2C 变动范围。规范规定 DJ_2 型光学经纬仪的 2C 变动范围不应超过 13″；对于 DJ_6 型光学经纬仪，2C 变动范围的大小仅供观测者自检，不作限差规定。

2. 计算各方向读数的平均值

取每一方向盘左读数与盘右读数 ±180°的平均值，作为该方向的平均读数。

$$平均读数 = 1/2 \times [盘左读数 + (盘右读数 \pm 180°)] \tag{2—3}$$

3. 各测回同一方向归零方向值的计算

将零方向的平均读数自减化为 0°00′00″，其他各目标的平均读数都减去零方向的平均读数，得到各方向的归零方向值，即

$$归零方向值 = 平均读数 - 零方向平均读数 \tag{2—4}$$

如果进行多个测回观测，同一方向各测回观测得到的归零方向值理论上应该相等，它们

之间的差值称为同一方向各测回归零值之差，规范规定，DJ_6型光学经纬仪同一方向各测回归零值之差不应大于24″，DJ_2型光学经纬仪不应大于9″。

4. 各测回平均归零方向值的计算

将各测回同一方向的归零方向值相加并除以测回数，即得该方向各测回平均归零方向值。

5. 水平角计算

将组成该角的两方向的方向值相减即可求得该水平角。

1. DJ_6型光学经纬仪由哪几个部分组成？
2. 经纬仪安置包括哪两个内容？怎样进行？目的何在？
3. 试述测回法操作步骤、记录及计算方法。
4. 表2—3为测回法测水平角记录表，计算前后半测回角值和平均值。

表2—3　　测回法测水平角记录表

测站	测回	测点	镜位	读数	角值	平均值	备注
				° ′ ″	° ′ ″	° ′ ″	
A	1	*B*	左	5 10 12			
		C		95 23 54			
		B	右	185 10 18			
		C		275 23 48			

任务二　竖直角测量

◆ 掌握利用经纬仪测量竖直角的方法。
◆ 掌握竖直角的观测和计算方法。

如图 2—11 所示，A、B 两点起伏较大，如何测得 A、B 两点间的高差呢？高程测量常采用水准测量、三角高程测量等。水准测量一般适用于地面起伏较小的测区，测量精度高；三角高程测量时测量出两点间的水平距离和竖直角后，再利用三角函数公式计算两点间的高差，虽然测量精度比水准测量低，但在地面起伏较大的测区常常采用此法测算高程。那么，通常采取什么方法观测竖直角呢？

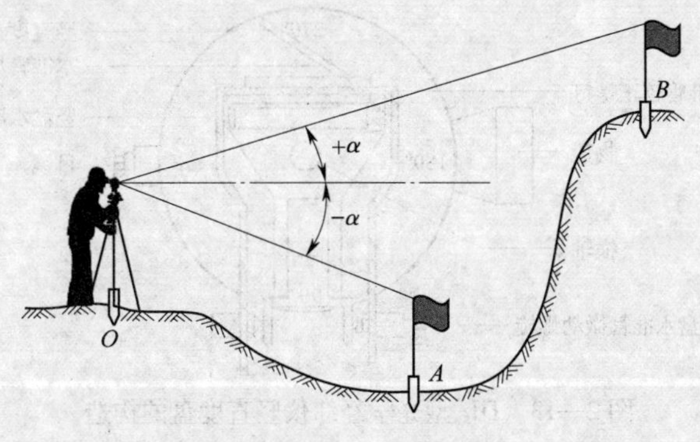

图 2—11 竖直角

一、竖直角测量的概念

在同一竖直面内，地面某点至目标的方向线与水平视线间的夹角称为竖直角，简称竖角。如图 2—12 所示，目标的方向线在水平视线的上方，竖直角为正（$+\alpha$），称为仰角；目标的方向线在水平视线的下方，竖直角为负（$-\alpha$），称为俯角。所以竖直角的取值为 $-90° \sim 90°$。

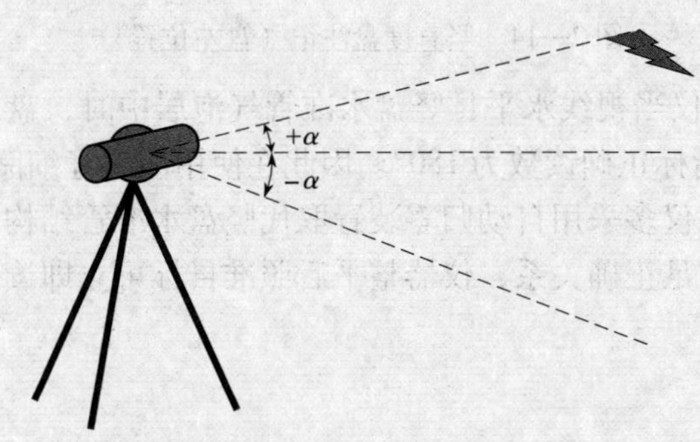

图 2—12 竖直角

二、竖盘的构造

图 2—13 所示为 DJ_6型光学经纬仪竖直度盘的构造示意图。竖直度盘固定在望远镜横轴的一端，望远镜在竖直面内的转动带动竖盘一起转动。竖盘指标同竖盘水准管连接在一起，不随望远镜转动而转动，只有通过调节竖盘水准管微动螺旋，才能使竖盘指标与竖盘水准管（气泡）一起做微小移动。在正常情况下，当竖盘水准管气泡居中时，竖盘指标就处于正确的位置。所以每次竖盘读数前，均应先调节竖盘水准管气泡居中。

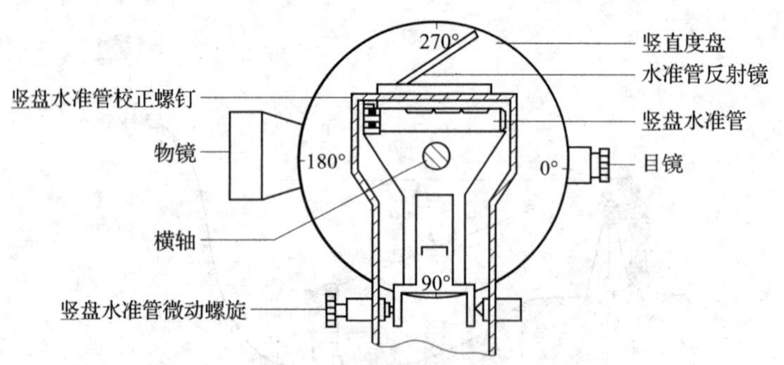

图 2—13　DJ_6 型光学经纬仪竖直度盘的构造

竖直度盘是玻璃圆盘，分划与水平度盘相似，但其注记形式较多，对于 DJ_6型光学经纬仪，竖盘刻度通常有 0°～360°顺时针和逆时针注记两种形式，如图 2—14 所示。当视线水平（视准轴水平），竖盘水准管气泡居中时，竖盘盘左位置竖盘指标正确读数为 90°；同理，当视线水平且竖盘水准管气泡居中时，竖盘盘右位置竖盘指标正确读数为 270°。

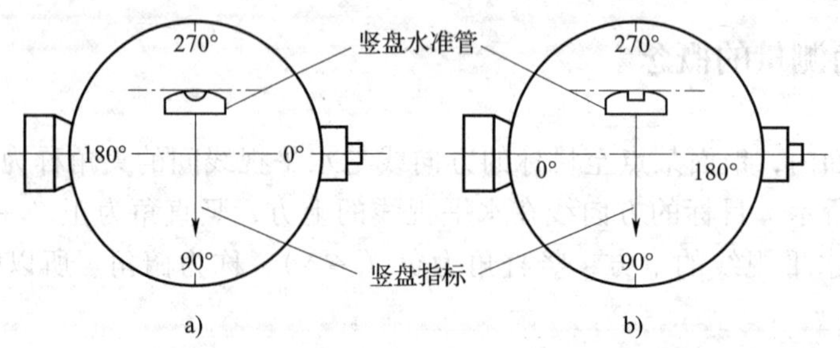

图 2—14　竖直度盘注记（盘左位置）

有些 DJ_6型光学经纬仪当视线水平且竖盘水准管气泡居中时，盘左位置竖盘指标正确读数为 0°，盘右位置竖盘指标正确读数为 180°。因此在使用前应仔细阅读仪器使用说明书。

目前新型的光学经纬仪多采用自动归零装置取代竖盘水准管结构与功能，它能自动调整光路，使竖盘及其指标满足正确关系，仪器整平后照准目标可立即读取竖盘读数。

下面利用经纬仪等测量工具，测量并计算图 2—11 中竖直角 α 的度数。

一、工具准备

4～5 人为一组，每组配备 DJ_6型光学经纬仪 1 台、三脚架 1 台、标杆 2 根、竖直角记录表、记录板 1 块、计算器 1 台、铅笔、小刀、橡皮等。

二、实施步骤

1．竖直角的观测

在经纬仪竖直度盘上，由于水平视线的读数是固定的，所以只要读出照准目标时倾斜视线的竖盘读数，即可求算出竖直角值。但为了消除仪器误差的影响，同样需要用盘左、盘右观测。以盘左照准目标，如果是指标带水准器的仪器，必须通过旋转指标微动螺旋使水准器气泡居中，然后读取竖盘读数 L，称为上半测回；将望远镜倒转，以盘右用同样方法照准同一目标，使指标水准气泡居中后，读取竖盘读数 R，称为下半测回。

2．竖直角的计算

竖盘注记形式不同，则根据竖盘读数计算竖直角的公式也不同。本节仅以表 2—4 的竖盘形式为例，加以说明。

表 2—4　竖直度盘与竖直角计算

竖盘位置	视线水平	视线向上（仰角）
盘左	270° 180°　0° 90°	270° 180°　$\alpha_{左}$ 0° 90° $\alpha_{左}$　L $\alpha_{左}=90°-L$
盘右	90° 0°　180° 270°	90° 180°　$\alpha_{右}$ 0° 270° R $\alpha_{右}$ $\alpha_{右}=R-270°$

由表2—4看出：盘左位置时，望远镜视线向上（仰角）瞄准目标，竖盘水准管气泡居中，其竖盘正确读数为L，根据竖直角测量原理，则盘左位置时竖直角$\alpha_{左}$为

$$\alpha_{左}=90°-L \tag{2—5}$$

同理，盘右位置时，竖盘水准管气泡居中，竖盘正确读数为R，则盘右位置时竖直角$\alpha_{右}$为

$$\alpha_{右}=R-270° \tag{2—6}$$

将盘左、盘右位置的两个竖直角取平均，即得竖直角α计算公式为

$$\alpha=\frac{1}{2}(\alpha_{左}+\alpha_{右})=\frac{1}{2}[(R-L)-180°] \tag{2—7}$$

式（2—5）、式（2—6）和式（2—7）同样适用于视线向下（俯角）时的情况，此时α为负。

【例2—1】 某经纬仪竖盘注记形式如下所述，将它安置在测站点O，瞄准目标P，盘左时竖盘读数是112°37′24″，盘右时竖盘读数是247°22′48″。试求目标P的竖直角？（竖盘盘左的注记形式：度盘顺时针刻划，物镜端为180°，目镜端为0°，指标指向90°位置）

解：经纬仪竖盘为顺时针注记

$$\alpha_{左}=90°-L=90°-112°37'24''=-22°37'24''$$

$$\alpha_{右}=R-270°=247°22'48''-270°=-22°37'12''$$

$$\alpha=\frac{1}{2}(\alpha_{左}+\alpha_{右})=\frac{1}{2}\times(-22°37'24''-22°37'12'')$$

$$=-22°37'18''$$

在实际测量工作中，可以按照以下两条规则确定任何一种竖盘注记形式（盘左或盘右）竖直角计算公式：

（1）若抬高望远镜时，竖盘读数增加，则竖直角为

$$\alpha=瞄准目标竖盘读数-视线水平时竖盘读数$$

（2）若抬高望远镜时，竖盘读数减少，则竖直角为

$$\alpha=视线水平时竖盘读数-瞄准目标竖盘读数$$

3. 竖盘指标差的计算

由上述讨论可知，望远镜视线水平且竖盘水准管气泡居中时，竖盘指标的正确读数应是90°的整倍数。但是由于竖盘水准管与竖盘读数指标的关系难以完全正确，当视线水平且竖盘水准管气泡居中时的竖盘读数与应有的竖盘指标正确读数（即90°的整倍数）有一个小的角度差x，称为竖盘指标差，即竖盘指标偏离正确位置引起的差值。竖盘指标差x本身有正负号，一般规定当竖盘读数指标偏移方向与竖盘注记方向一致时，x取正号，反之x取负号。如图2—15所示的竖盘注记与指标偏移方向一致，竖盘指标差x取正号。

由于表2—4中的竖盘是顺时针方向注记，按照上述规则并顾及竖盘指标差x，得到

$$\alpha_{左}=90°-L+x \tag{2—8}$$

$$\alpha_{右}=R-270°-x \tag{2—9}$$

两者取平均得竖直角α为

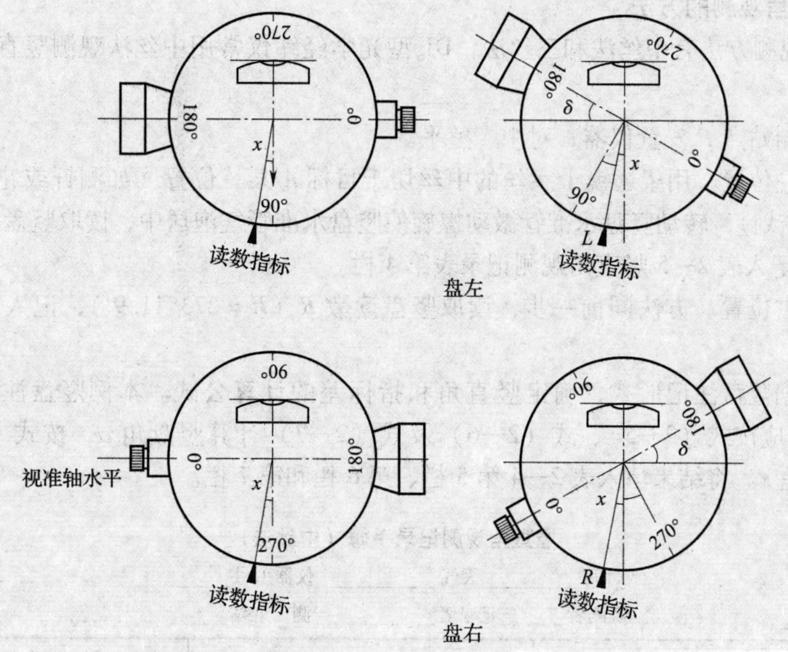

图 2—15　竖盘指标差

$$\alpha = \frac{1}{2}（\alpha_{左} + \alpha_{右}）= \frac{1}{2}［（R - L）- 180°］\quad（2—10）$$

可见，式（2—7）与式（2—10）计算竖直角 α 的公式相同。说明采用盘左、盘右位置观测取平均计算得到的竖直角，其角值不受竖盘指标差的影响。

若将式（2—8）减去式（2—9），则得

$$x = \frac{1}{2}［（L + R）- 360°］\quad（2—11）$$

式（2—11）为图 2—15 竖盘注记形式的竖盘指标差计算公式。

【例 2—2】 用经纬仪（逆时针方向注记）观测某一目标的竖直角，测得盘左读数为 71°45′24″，盘右读数为 288°16′22″，计算竖直角及指标差。

解：经纬仪竖盘为逆时针注记。

$$\alpha_{左} = L - 90° = 71°45'24'' - 90° = -18°14'36''$$

$$\alpha_{右} = 270° - R = 270° - 288°14'22'' = -18°14'22''$$

$$\alpha = \frac{1}{2}（\alpha_{左} + \alpha_{右}）= \frac{1}{2} \times（-18°14'36'' - 18°14'22''）$$

$$= -18°14'29''$$

经纬仪指标差：

$$x = \frac{1}{2}［（L + R）- 360°］= \frac{1}{2} \times［（71°45'24'' + 288°16'22''）- 360°］$$

$$= 53''$$

4．竖直角观测的方法

竖直角观测方法有中丝法和三丝法，DJ_6型光学经纬仪常用中丝法观测竖直角，其方法如下：

（1）在测站点 P 安置仪器，对中、整平。

（2）盘左位置。用望远镜十字丝的中丝切于目标 A 某一位置（如测钎或花杆顶部，或水准尺某一分划），转动竖盘水准管微动螺旋使竖盘水准管气泡居中，读取竖盘读数 L（$L=86°47.8'$），记入表 2—5 竖直角观测记录表第 4 栏。

（3）盘右位置。方法同前一步，读取竖盘读数 R（$R=273°11.9'$），记入表 2—5 第 4 栏。

（4）根据竖盘注记形式，确定竖直角和指标差的计算公式。本例竖盘注记形式如图 2—14a 所示，应按式（2—5）、式（2—6）及式（2—7）计算竖盘角 α，按式（2—11）计算竖盘指标差 x。将结果填入表 2—4 第 5 栏、第 6 栏和第 7 栏。

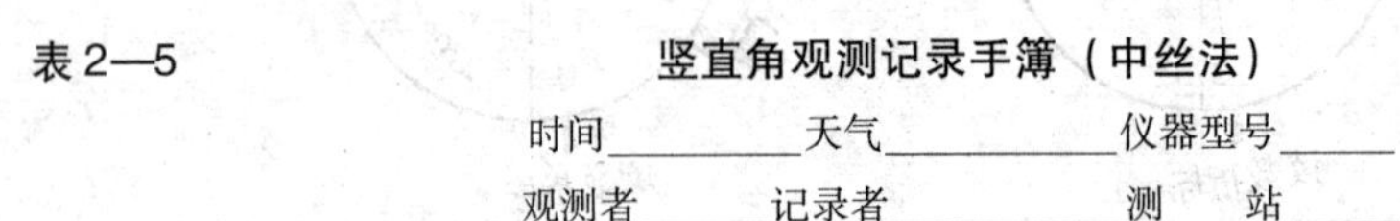
表 2—5　竖直角观测记录手簿（中丝法）

时间______天气______仪器型号______

观测者______记录者______测　站______

测站	目标	竖盘位置	竖盘读数 ° ′ ″	竖直角		竖盘指标差/″	备注
				半测回 ° ′ ″	一测回 ° ′ ″		
P	A	左	86 47 48	+3 12 12	+3 12 03	−9	270° 80° 0° 90° (盘左注记)
		右	273 11 54	+3 11 54			
	B	左	97 25 42	−7 25 42	−7 25 54	−12	
		右	262 33 54	−7 26 06			

竖盘指标差 x 值对同一台仪器在某一段时间内连续观测的变化应该很小，可以视为定值。但由于仪器误差、观测误差及外界条件的影响，使计算出的竖盘指标差发生变化。通常规范规定了指标差变化的容许范围，如城市测量规范规定 DJ_6型光学经纬仪观测竖直角竖盘指标差变化范围的限差为 25″，同方向各测回竖直角互差的限差为 25″，若超限，则应重测。

DJ_2型光学经纬仪简介

DJ_2型光学经纬仪（简称 J_2型）属于精密光学经纬仪，用于较高精度的角度测量。图 2—16 所示为苏州光学仪器厂生产的 DJ_2型光学经纬仪。国内已有多家仪器厂生产

DJ_2型光学经纬仪，国外如德国蔡司厂的010、瑞士威特厂的T_2等均属于DJ_2型光学经纬仪。

一、DJ_2型光学经纬仪的特点

DJ_2型光学经纬仪之所以比DJ_6型光学经纬仪观测精度高是因为其照准部水准管的灵敏度较高，度盘格值较小以及读数设备较为精密，此外还有轴系及望远镜放大倍数等方面均与DJ_6型经纬仪有所不同。在读数设备方面有两个特点。

（1）DJ_2型光学经纬仪采用对径符合读数法，相当于利用度盘上相差180°的两个指标读数求其平均值，故可消除偏心误差的影响，同时也提高了读数的精度。

（2）DJ_2型光学经纬仪在读数显微镜中只能看到水平度盘或竖直度盘中的一种影像，读数时，须通过换像手轮（图2—16中的10）选择所需的度盘影像。

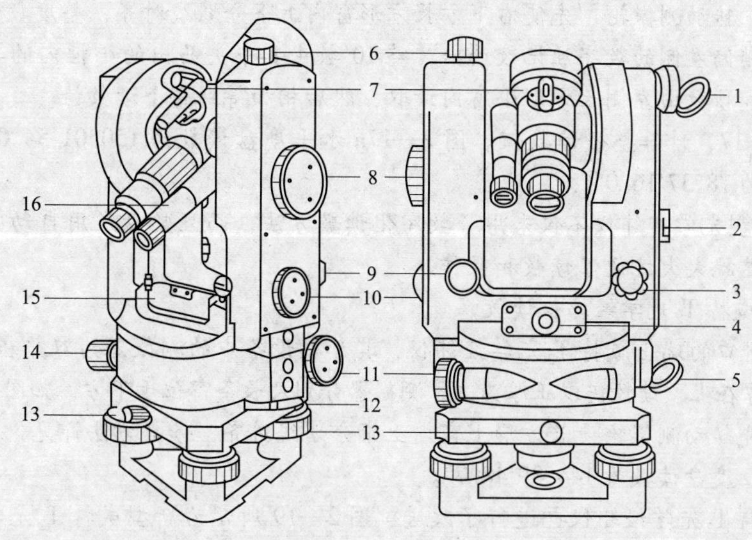

图2—16　DJ_2型光学经纬仪

1—竖盘照明镜　2—竖盘水准管观测镜　3—竖盘水准管微动螺旋　4—光学对中器
5—水平度盘照明镜　6—望远镜制动螺旋　7—光学瞄准器　8—测微轮　9—望远镜微动螺旋
10—换像手轮　11—照准部微动螺旋　12—水平度盘变换手轮　13—纵轴套固定螺旋
14—照准部制动螺旋　15—照准部水准管（水平度盘水准管）　16—读数显微镜

二、DJ_2型光学经纬仪的读数方法

（1）苏光DJ_{2A}型光学经纬仪读数

目前国产的苏光DJ_{2A}型光学经纬仪采用了数字化读数。其读数显微镜视场如图2—17所示，其中右下方长方形窗为正、倒像度盘分划影像（图2—17中所表示正倒像度盘分划影像已重合对齐）。右上方长方形窗（有注记）为度盘分划的度数，中间凸出小框中的数字表示整10′数值（如图2—17a、b中分别表示00′和30′），左侧长方形小窗（有分划）为测微器分划影像，每小格代表1″，小窗左侧注记为分数，右侧注记为10″的整倍数。小窗中一根长横线为指标线。

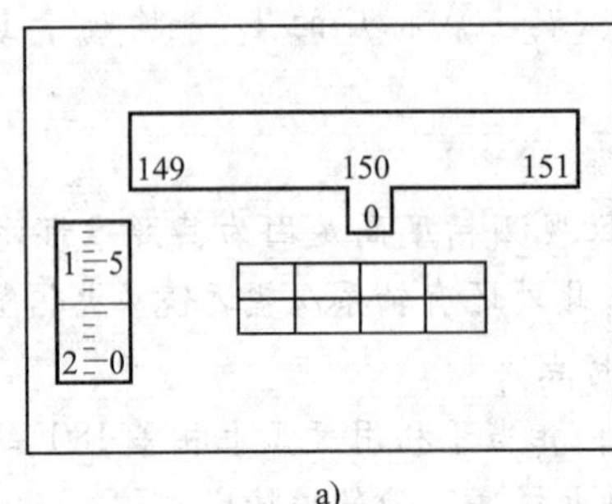

a)

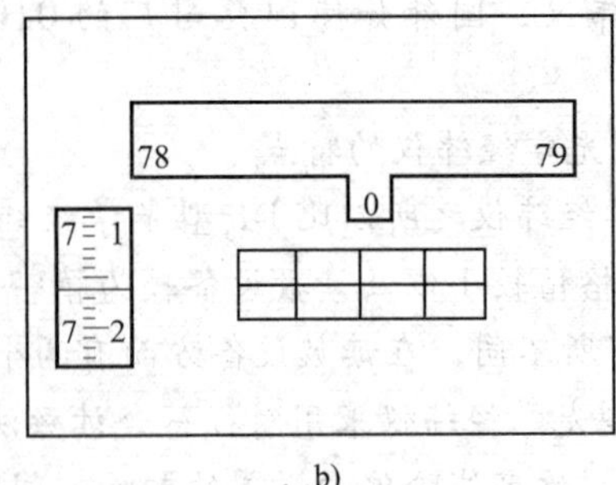

b)

图 2—17　DJ_{2A} 型光学经纬仪读数

a）水平度盘读数　b）竖直度盘读数

读数方法：转动测微轮，先使右下方长方形窗内上下分划线对齐，整度数由右上方长方形窗内中央或稍偏左侧的数字注记数读出，整 10′数由其中央凸出的小框内的数字读取；余下的个位分数和秒数由左侧长方形小窗内读取，然后相加得到整个读数值。

对照图 2—17，计算整个读数值。图 2—17a 水平度盘读数为 150°01′54.0″，图 2—17b 竖直度盘读数为 78°37′16.0″。

目前，DJ_2 型光学经纬仪不仅采用了数字化读数方法，而且竖盘采用自动归零装置取代竖盘水准管，这就大大方便了读数和操作。

（2）瑞士威特 T_2 光学经纬仪读数

我国早年进口的瑞士威特 T_2 光学经纬仪，其读数设备中的测微器为双平板玻璃测微器，正像在下，倒像在上，读数仍以正像为主，测微器分划尺长条窗位于下方，如图 2—18 所示。

读数前，先转动测微轮使长方形上窗内上下分划线对齐，读数方法详见仪器说明书。如图 2—18 所示，度盘读数为 144°39′48.7″。

近年来威特 T_2 光学经纬仪也进行了改进，图 2—19 所示为新型威特 T_2 光学经纬仪读数窗，读数更为简便直观。在图 2—19 中，当转动测微轮使最上部长方形小窗中上、下分划线对齐后，中间大窗内注记为度盘度数，其十位分数由“▽”指出，下部小窗为测微器分划尺读数值。图 2—19 度盘读数为 94°12′44.4″。

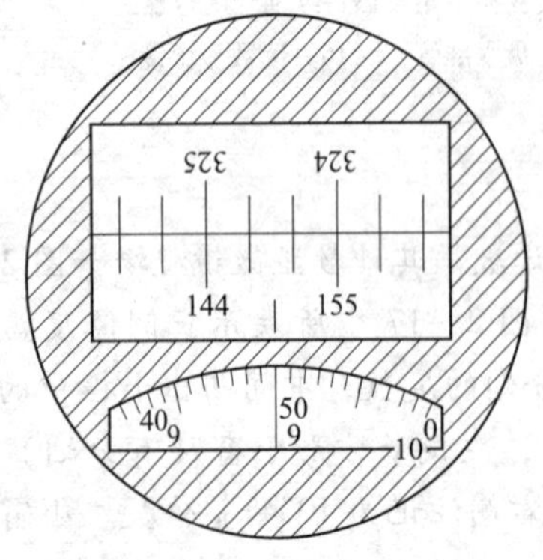

图 2—18　威特 T_2 光学经纬仪读数

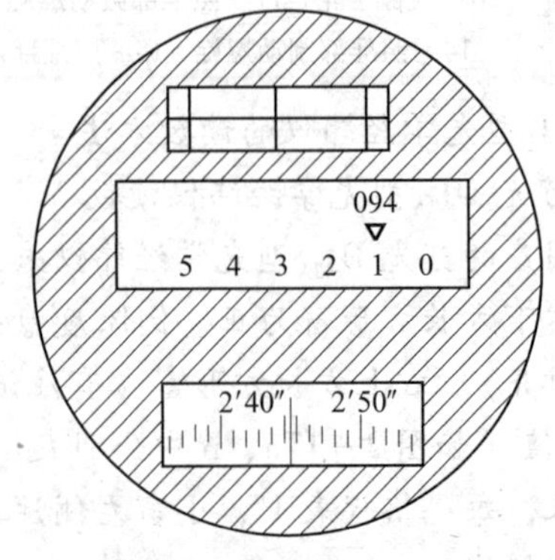

图 2—19　新型威特 T_2 光学经纬仪读数窗

1. 用经纬仪瞄准同一竖直视准面内不同高度的两点，水平度盘上的读数是否相同？此时在竖直度盘上的两读数差是否就是竖直角？为什么？

2. 何谓竖盘指标差？如何消除竖盘指标差？

3. 用 DJ_6 型光学经纬仪进行竖直角测量，其观测数据填在表 2—6 中，计算竖直角和指标差（竖盘按顺时针注记，望远镜上仰读数减少）。

表 2—6　　竖直角测量观测数据

测站	测点	镜位	竖盘读数	角值	正倒镜平均值	指标差
			° ′	° ′	° ′	° ′
A	B	左	85 54			
		右	274 08			
	C	左	93 50			
		右	266 12			

任务三　角度测量误差分析与经纬仪的校验

- 熟悉光学经纬仪应满足的主要轴线关系。
- 能够对经纬仪进行检验与校正。
- 学会分析和处理角度的测量误差。

使用经纬仪测量水平角和竖直角都存在误差。试根据仪器的构造及测角原理，分析产生角度测量误差的原因，并进行光学经纬仪的检验与校正。

一、光学经纬仪应满足的主要条件

如图 2—20 所示，经纬仪的主要轴线有望远镜视准轴 *CC*、仪器旋转轴竖轴 *VV*、望远镜旋转轴横轴 *HH* 及水准管轴 *LL*。

根据角度测量原理，这些轴线之间应满足以下条件：

（1）照准部水准管轴应垂直于竖轴（$LL \perp VV$）。

（2）望远镜的视准轴应垂直于横轴（$CC \perp HH$）。

（3）横轴应垂直于竖轴（$HH \perp VV$）。

另外，经纬仪还应满足十字丝竖丝垂直于横轴、竖盘不存在指标差、光学对中器的视准轴与竖轴重合等条件。

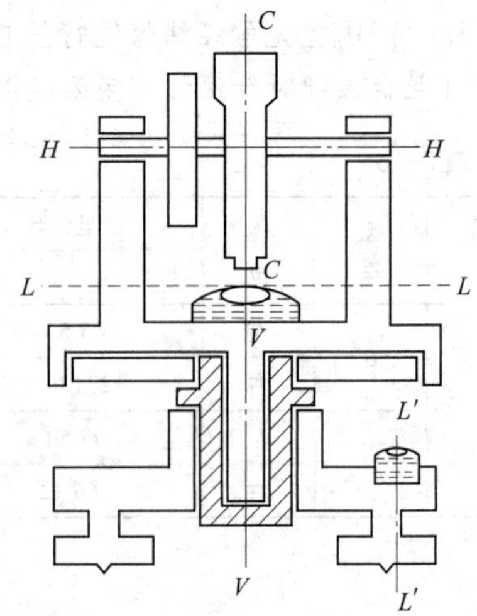

图 2—20　经纬仪轴线应满足的条件

二、光学经纬仪的检验与校正顺序

经纬仪检验的目的是检查各种轴线关系是否正确，如果不正确，且偏差超过了允许的范围，则需校正。检验和校正应按一定的顺序进行，其原则是：如果某一项未校正好，会影响其他项目的检验时，则先校正这一项；如果要校正不同项目的同一部位，则会相互影响，在这种情况下，应将重要的项目放在最后检验，以保证其条件不被破坏。光学经纬仪的检验与校正顺序为：照准部水准管轴的检验与校正、十字丝竖丝的检验与校正、视准轴的检验与校正、横轴的检验与校正、竖盘指标差的检验与校正。

一、工具准备

4 ~ 5 人为一组，每组配备 DJ_6 型光学经纬仪 1 台、仪器校正工具 1 套、记录板 1 块（含记录表格若干）、铅笔、小刀、橡皮等。

二、实施步骤

1. 分析角度测量误差产生的原因

（1）仪器误差

仪器误差一般都是系统性的，可以在工作中通过一定的方法予以消除或减小。

仪器误差主要包括两个方面：一是由于仪器的几何轴线检校不完善（残余误差）而引起的误差，如视准轴不垂直于横轴的误差（视准轴误差），横轴不垂直于竖轴的误差（横轴不水平误差）等。二是由于仪器制造与加工不完善而引起的误差，如照准部偏心差、度盘刻划不均匀误差等。这些误差影响可以通过适当的观测方法和相应的措施加以消除或减弱。

1）视准轴误差的影响。视准轴误差是由于视准轴不垂直横轴引起的水平方向读数误差。由于盘左、盘右观测时该误差的符号相反，因此，可采用盘左、盘右观测取平均值的方法加以消除。

2）横轴误差。横轴误差是由于横轴与竖轴不垂直，当仪器整平后竖轴即处于铅直位置，而横轴不水平，则引起水平方向读数存在误差。由于盘左、盘右观测同一目标时的水平方向读数误差大小相等、方向相反，所以，也可以采用盘左、盘右观测取平均值的方法加以消除。

3）竖轴误差。竖轴误差是由于水准管轴不垂直竖轴，或水准管轴不水平而引起的误差。由于竖轴在竖直方向上偏离了一个角度，从而引起横轴倾斜及水平度盘倾斜、视准轴旋转面倾斜，产生测角误差。这种误差不能用正镜、倒镜取平均值的方法消除，因此，测量前应严格检校仪器，观测时仔细整平。

4）度盘偏心差。如图 2—21 所示，经纬仪的照准部旋转中心 O_1 与水平度盘分划中心 O 理论上应该完全重合。但由于仪器误差的影响，实际上它们不会完全重合，存在照准部偏心误差。

若 O_1 和 O 重合，瞄准 A、B 目标时正确读数为 a_L、b_L、a_R、b_R。若不重合，其读数为 a'_L，b'_L，a'_R,b'_R，与正确读数差为 x_a，x_b。在正镜、倒镜时，指标线在水平度盘上的读数具有对称性，因此，度盘偏心差也可用盘左、盘右观测取平均值的方法加以消除。

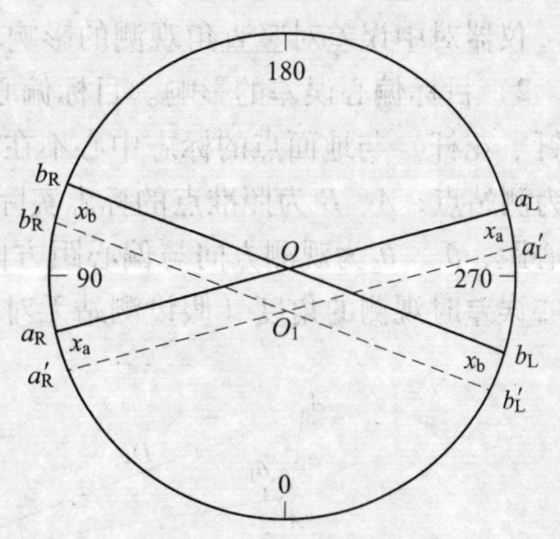

图 2—21 度盘偏心差

5）度盘刻划不均匀误差。由于仪器度盘刻划不均匀引起的方向读数误差，可通过配置度盘各测回起始读数的方法，使读数均匀地分布在度盘各个区间而予以减小。

6）竖盘指标差。由于竖盘指标水准管工作状态不正确，导致竖盘指标没有处在正确位置，产生竖盘读数误差。通过校正仪器，理论上可使竖盘指标处于正确位置，但校正会存在残余误差。可采用盘左、盘右观测取平均值的方法对竖盘指标差加以消除。

（2）观测误差

1）对中误差。如图 2—22 所示，O 为测站中心，O'为仪器中心。由于对中不准确，O、O'不在同一铅垂线上。设 $OO'=e$（偏心距），θ 为偏心角，即观测方向与偏心距 e 方向的夹角。

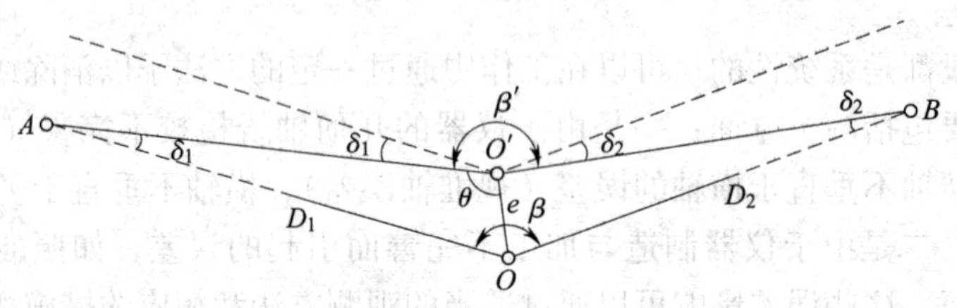

图 2—22　仪器对中误差影响

由图 2—22 可知

$$\beta=\beta'-(\delta_1+\delta_2) \tag{2—12}$$

$$\delta_1=\frac{e\sin\theta}{D_1}\rho$$

$$\delta_2=-\frac{e\sin(\beta'+\theta)}{D_2}\rho$$

分析式（2—12）可知：

① 当 β' 和 θ 一定时，δ_1、δ_2 与偏心距 e 成正比，即偏心距越大，则 $\Delta\beta$ 越大。

② 当 e 和 θ 一定时，$\Delta\beta$ 与所测角的边长 D_1，D_2 成反比，即边长越短，$\Delta\beta$ 越大，表明对短边测角必须十分注意仪器的对中。

仪器对中误差对竖直角观测的影响较小，可忽略不计。

2）目标偏心误差的影响。目标偏心误差的影响是由于目标照准点上所竖立的标志（如测钎、花杆）与地面点的标志中心不在同一铅垂线上所引起的测角误差。如图 2—23 所示，O 为测站点，A、B 为照准点的标志实际中心，A'、B' 为目标照准点的中心，e_1、e_2 为目标的偏心距，θ_1、θ_2 为观测方向与偏心距方向的夹角，称为偏心角，β 为正确角度，β' 为有目标偏心误差时观测的角度（假设测站无对中误差），则目标偏心对方向观测值的影响分别为

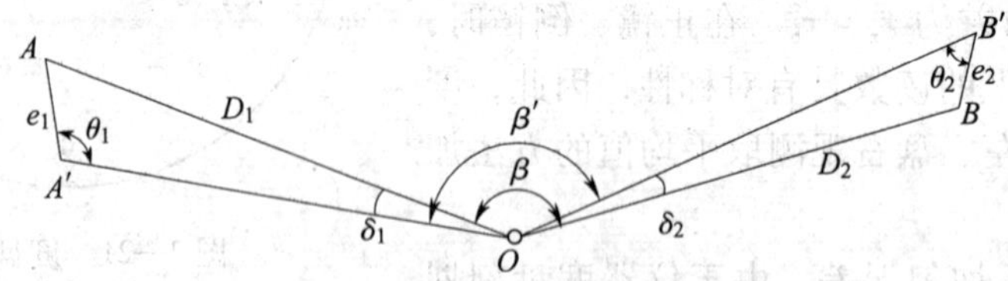

图 2—23　目标偏心误差影响

$$\delta_1=\frac{e_1\sin\theta_1}{D_1}\rho$$

$$\delta_2=\frac{e_2\sin\theta_2}{D_2}\rho \tag{2—13}$$

故目标偏心误差对水平角的影响 $\Delta\beta'$ 为

$$\Delta\beta' = \beta' - \beta = \delta_1 - \delta_2 = \rho \left(\frac{e_1 \sin\theta_1}{D_1} - \frac{e_2 \sin\theta_2}{D_2}\right) \tag{2—14}$$

由式（2—13）和式（2—14）看出，目标偏心误差对水平方向的影响与 e 成正比，与边长成反比。因此观测时应尽量瞄准花杆底部，花杆要尽量竖直，在边长较短时，更应特别注意花杆是否竖直。

3）瞄准误差。影响照准精度的因素很多，主要因素有望远镜的放大率、目标和照准标志的形状及大小、目标影像的亮度和清晰度、人眼的判断能力等。所以，尽管观测者认真仔细地照准目标，但仍不可避免地存在照准误差，故此项误差无法消除，只能注意改善影响照准精度的多项因素，仔细完成照准操作，方可减小此项误差的影响。

4）读数误差。读数误差主要取决于仪器的读数设备。DJ_6 型光学经纬仪的估读误差一般不超过测微器最小格值的1/10，即6″。为使读数误差控制在上述范围内，观测中必须仔细操作，照明亮度应均匀，读数显微镜应仔细调焦，准确估读，否则读数误差将会较大。

(3）外界条件的影响

外界条件的影响因素很多，也比较复杂。外界条件对测角的主要影响如下：

1）温度变化会影响仪器（如视准轴位置）的正常状态。

2）大风会影响仪器和目标的稳定。

3）大气折光会导致视线改变方向。

4）大气透明度（如雾气）会影响照准精度。

5）地面不坚实、车辆的振动等会影响仪器的稳定。

这些因素都会给测角的精度带来影响。要完全避免这些影响是不可能的，但如果选择有利的观测时间和避开不利的外界条件，并采取相应的措施，可以使这些外界条件的影响降低到较小的程度。

2．光学经纬仪的检验与校正

(1）照准部水准管轴的检验与校正

1）检验。如图2—24 所示，先将仪器粗略整平后，使水准管平行于一对相邻的脚螺旋，并用这对脚螺旋使水准管气泡居中，这时水准管轴 LL 已居于水平位置。如果水准管轴不垂直于竖轴，如图2—24a 所示，则竖轴 VV 不在铅垂位置。将照准部平转180°，则水准管轴偏离水平位置，气泡也不再居中，如图2—24b 所示。如果水准管轴与竖轴不垂直的偏差为 α，则将照准部平转180°后，水准管轴相对水平位置的偏移量为 2α。

2）校正。如图2—24c 所示，调节脚螺旋使气泡退回原偏移量的一半，则竖轴处于铅垂位置；再用校正工具升高或降低水准管的一端，使气泡居中，则水准管轴垂直于竖轴，如图2—24d 所示。

水准管校正装置的构造如图2—25 所示，如果要使水准管的右端降低，则先顺时针转动下边的螺旋，再顺时针转动上边的螺旋；反之，则先逆时针转动上边的螺旋，再逆时针转动下边的螺旋。

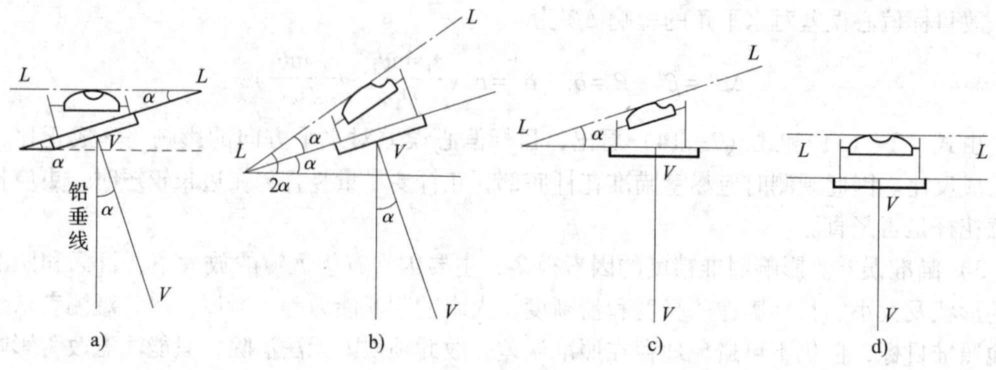

图 2—24　水准管轴的检验

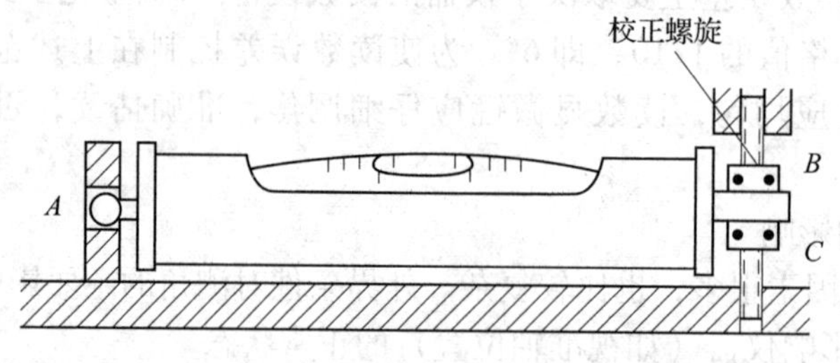

图 2—25　水准管轴的校正

（2）十字丝竖丝的检验与校正

1）检验。整平仪器后，用十字丝交点精确瞄准一清晰目标点，旋紧水平制动螺旋和望远镜制动螺旋，再用望远镜微动螺旋使望远镜上下移动，若目标点始终在竖丝上移动，表明十字丝竖丝垂直横轴，否则应进行校正。

2）校正。旋下目镜处的护盖，微微松开十字丝环的四个压环螺钉，转动十字丝环，直至望远镜上下移动，目标点始终沿竖丝移动，再将压环螺钉拧紧。

（3）视准轴的检验与校正

1）检验

① 如图 2—26 所示，在平坦的地面上，选相距 60 m 左右的 A、B 两点，在 A、B 两点的中点 O 安置经纬仪，在 A 点竖一标志，在 B 点横放一刻有毫米分划的直尺，使其 A、B 方向垂直，标志和直尺的安放高度大致与仪器相等。

② 以盘左位置瞄准 A 点标志，固定照准部，倒转望远镜对准 B 点处直尺，在直尺上读得读数为 B_1。

③ 以盘右位置瞄准 A 点标志，固定照准部，倒转望远镜对准 B 点处直尺，在直尺上读得读数为 B_2。

如果 $B_1 = B_2$，则说明视准轴垂直于横轴，否则就需进行校正。

2）校正。由 B_2 向 B_1 方向量出 B_1B_2 长度的 1/4 得 B_3 点，此时 OB_3 便垂直于横轴。打开望远镜护盖，用校正针先稍松上、下的十字丝校正螺钉，再拨动左、右两个校正螺钉，一松一紧，左右移动十字丝分划板，使十字丝交点对准 B_3。此项检验与校正也要反复进行。

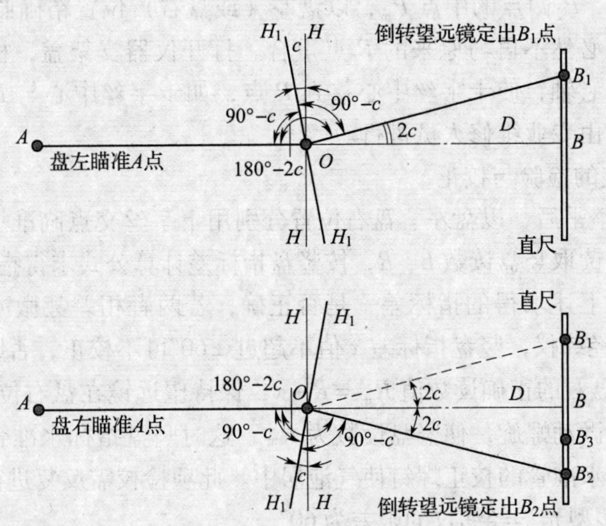

图 2—26　视准轴的检验与校正

（4）横轴的检验与校正

1）检验

① 在离墙面大约 20 m 处安置经纬仪，如图 2—27 所示，以盘左位置照准墙面上高处一目标点 P，固定照准部。将望远镜向下转至水平位置，根据十字丝交点在墙壁上定出 P_1点。

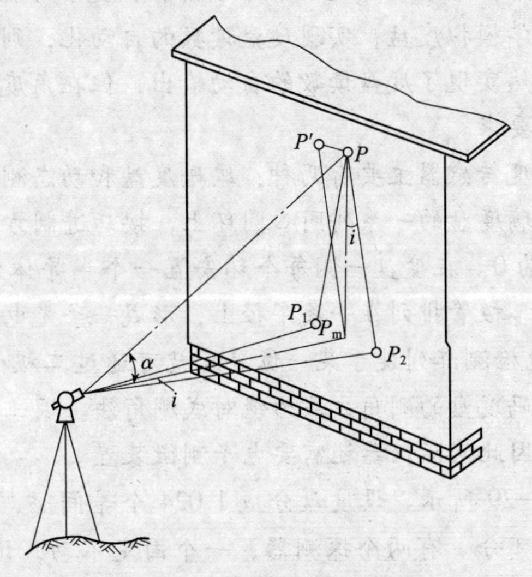

图 2—27　横轴的检验与校正

② 以盘右位置瞄准 P 点，固定照准部，将望远镜向下转至水平位置，在墙壁上定出 P_2点。

如果 P_1点与 P_2点重合，说明条件满足；否则，说明条件不满足，横轴不垂直于竖轴，需进行校正。

2）校正。取 P_1、P_2 两点的中点 P_m，以盘左（或盘右）位置精确照准 P_m 点，抬高望远镜，此时十字丝交点必然不再与原来的 P 点重合。打开仪器支架盖，松开横轴偏心套的三颗固定螺钉，拨动偏心轴，使十字丝中心移到 P 点，如十字丝中心与 P 点重合，说明检校正确。这项校正一般由专业维修人员进行。

（5）竖盘指标差的检验与校正

1）检验。仪器整平后，以盘左、盘右位置分别用十字丝交点瞄准一个明显目标，当竖盘水准管气泡居中时读取竖盘读数 L、R，按竖盘指标差计算公式求得指标差 x。一般要观测另一明显目标，验证上述求得的指标差 x 是否正确，若两者相差甚微或相同，证明检验无误。对于 DJ_6 型光学经纬仪，竖盘指标差 x 值不超过 $\pm 60''$ 可不校正，否则应进行校正。

2）校正。计算盘右的正确读数值 $R_{正} = R - x$，保持望远镜在盘右位置瞄准原目标不变，旋转竖盘指标水准管微动螺旋，使竖盘读数为 $R_{正}$，这时竖盘指标水准管气泡不再居中，用校正针拨动竖盘指标水准管的校正螺钉使气泡居中。此项检校需反复进行，直至指标差 x 不超过限差值为止。DJ_6 型光学经纬仪的限差为 $60''$。

电子经纬仪简介

在光学经纬仪照准部中，读数系统是一个非常精密和复杂的光学系统，但人工读数也很麻烦，用电子度盘替代光学模拟度盘，实现度盘读数的自动化，则成为电子经纬仪。

在电子经纬仪中，虽然实现了度盘读数的自动输出，但在角度观测的操作方法上，基本上沿用光学经纬仪的一般要求。

用于电子经纬仪的角度传感器主要有两种：编码度盘和动态测角系统。编码度盘测角原理如图 2—28 所示。在玻璃度盘的一系列同心圆环上，按二进制方式设置透光和不透光的区域。设透光为 1，不透光为 0。在度盘一侧每个环安置一个半导体发光二极管，度盘的另一侧安置光电二极管。所有二极管排列在一条半径上，形成一条光电检测阵列。N 个环相当于把全圆划分为 2^N 份，光电检测阵列处于某一位置后就可通过二极管的高低电位列求得这时度盘上的读数。显然，编码度盘的测角方法为绝对式测角法。因工艺问题，N 不能太大，度盘的分辨率就不可能高，因此实际仪器还需要电子测微装置。

动态测角原理如图 2—29 所示。设度盘分成 1 024 个等间隔，每个间隔对应 φ_0 角，每个间隔又分反光和透光两部分。有两个探测器，一个固定不动，记为 L_S；另一个随照准部转动，记为 L_R。开机后度盘一直均匀转动。设待测角为：

$$\varphi = n \cdot \varphi_0 + \Delta\varphi \tag{2—15}$$

与此相应，任一分划通过两个探测器的时间间隔为：

$$T = nT_0 + \Delta T \tag{2—16}$$

由于 φ_0 已知，而相位差 $\Delta\varphi$ 可以通过精测 ΔT 后计算得到，因而可实现高精度的测量。

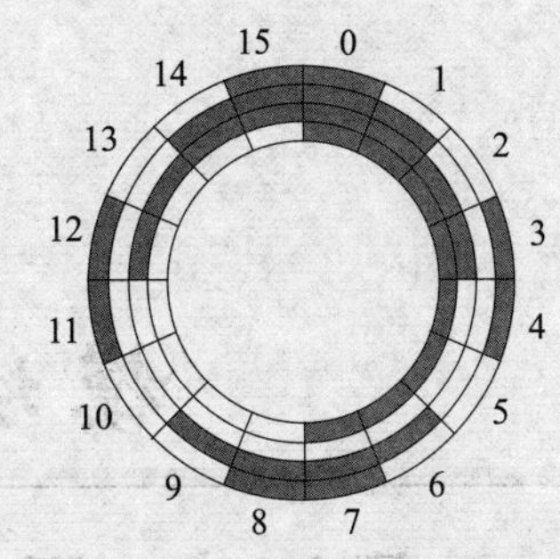

图 2—28 编码度盘测角原理

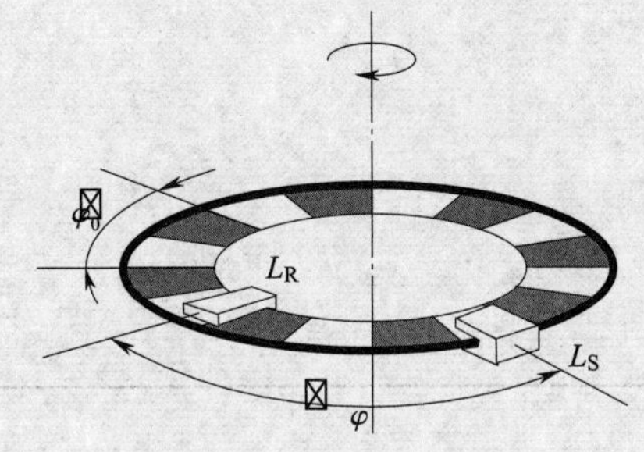

图 2—29 动态测角原理

思考与练习

1. 光学经纬仪有哪些主要轴线？各轴线之间应满足什么条件？
2. 简析产生角度测量误差的原因，并简述减小或消除其误差的方法。

模块三

距离测量

任务一　钢 尺 量 距

- 熟悉丈量距离的常用工具，如钢尺、皮尺等，能够正确使用这些工具。
- 掌握平坦地面钢尺量距的一般方法。
- 掌握倾斜地面丈量距离的方法和步骤。
- 掌握距离丈量精度、丈量结果的计算方法。
- 了解钢尺精密量距的方法。

工作任务

如图3—1所示的闭合导线有五条边，在对导线各边进行直线定线后，要求采用钢尺量距的一般方法丈量各导线边的长度。

丈量是用标准长度与被测长度进行比较，从而获得待测距离的直接量距方法，常用的丈量工具有钢尺、皮尺等，其中钢尺量距是丈量工作的基本内容。按照精度不同，钢尺量距又可分为一般量距和精密量距。在测区范围较小且要求精度不高时，可用钢尺或皮尺采取一般量距的方法，往、返丈量各导线边的水平距离，当量距的相对误差不大于1/200时，取往、返测量结果的平均值作为所测导线边的长度即可。

图3—1　闭合导线

一、丈量距离的常用工具

1. 钢尺

钢尺又称钢卷尺，为薄钢制成的带状尺，钢尺可以卷放在圆形的尺壳内，也可以卷放在金属的尺架上，如图 3—2 所示。钢尺长度有 20 m、30 m 及 50 m 等数种，其基本分划为厘米，最小分划为毫米。在每分米和每米的分划线处，有相应的注记。由于尺上零点位置的不同，有端点尺和刻线尺的区分。端点尺是以尺的最外端作为尺的零点，如图 3—2a 所示，当从建筑物墙边开始丈量时，使用端点尺是非常方便的。刻线尺是以尺前端的一刻划线作为尺长的零点，如图 3—2b 所示，用钢尺测量时，尺要沿着所测长度，不利用磨损的零刻线，读数时视线要与尺面垂直。使用钢尺时必须注意钢尺的零点位置，以免发生错误。

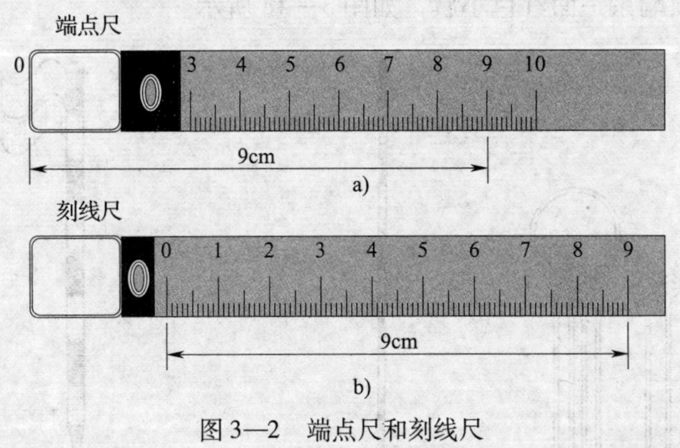

图 3—2 端点尺和刻线尺

2. 皮尺

皮尺是用麻线织成的带状尺，不用时卷入皮壳或塑料壳内，如图 3—3a 所示。皮尺长度有 30 m 和 50 m 等数种，其基本分划为厘米，尺端铜环的外端为尺子的零点，整米、整分米处均有注记，如图 3—3b 所示。皮尺的伸缩较大，只能用于较低精度的量距工作。

二、辅助工具

1. 测钎

测钎由长为 20 ~ 30 cm 的粗铁丝制成，上端成环状，下端磨尖，用时插入地面，如图 3—4a 所示，一般 6 根或 11 根为一组。测量时，用于标定尺端点位置和计算整尺段数，也可作为仪器瞄准时的标志。

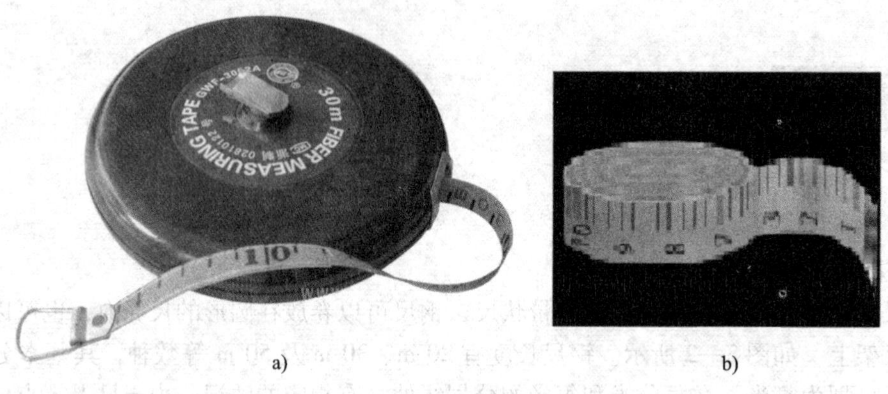

a)　　b)

图 3—3　皮尺

2. 标杆

标杆长 2 ~ 3 m，用圆木或合金制成，下端装有锥形铁脚，杆身上涂以长为 20 cm 相间的红、白油漆，因此又称花杆，用来标定点位和直线定线，如图 3—4b 所示。为了便于观测，有时还在标杆顶端系一面红色小旗，如图 3—4c 所示。

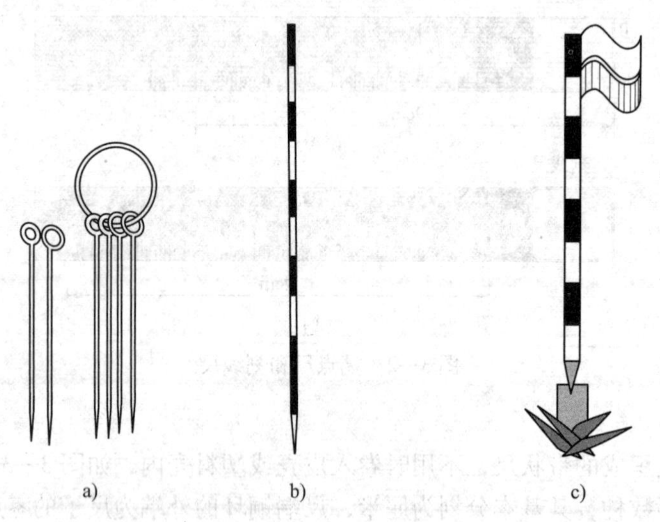

a)　　b)　　c)

图 3—4　丈量距离的辅助工具

a）测钎　b）标杆　c）系红旗标杆

此外，在精密丈量距离时，为了测定丈量时的环境温度和钢尺两端的拉力，还需要温度计和弹簧秤等辅助工具。

任务实施

下面采用钢尺和皮尺等丈量工具，测量并计算图 3—1 中各导线边的长度。

一、工具准备

4～5 人为一组，每组配备钢尺或皮尺各 1 副、标杆 3～4 根、测钎 1 组、计算器 1 台、记录板 1 块（含记录表格）、铅笔、粉笔、记号笔等。

二、实施步骤

1. 定线

当两个地面点之间的距离较长或地势起伏较大时，为便于量距，可分成几段进行丈量。即在两点连线的方向上竖立几根标杆，既可标定直线的方向和位置，又可作为分段丈量的依据。这种把多根标杆标定在已知直线上的工作称为直线定线，简称定线。直线定线的方法主要有目估定线和经纬仪定线，用钢尺按一般方法量距时，常用目估定线，其操作方法如下：

如图 3—5 所示，A、B 为地面上待测距离的两个端点，现要在 A、B 直线上定出 1、2 等点。先在 A、B 点竖立标杆，甲站在 A 点标杆后约 1 m 处，用眼自 A 点标杆的一侧照准 B 点标杆的同一侧形成视线，乙按甲的指挥左右移动标杆，当标杆的同一侧移入甲的视线时甲喊“好”，乙在标杆处插上测钎即为 1 点。同法可定出相继的点。直线定线一般应由远到近，即先定点 1，再定点 2；如果需将 AB 直线延长，也可按上述方法将 1、2 等点定在 AB 的延长线上。

图 3—5　两点间目估定线

2. 平坦地面距离的一般丈量

（1）丈量方法

如图 3—6 所示，1、2、3 三点为定线时标定出的节点，每相邻两节点间的长度均小于一个尺段长。

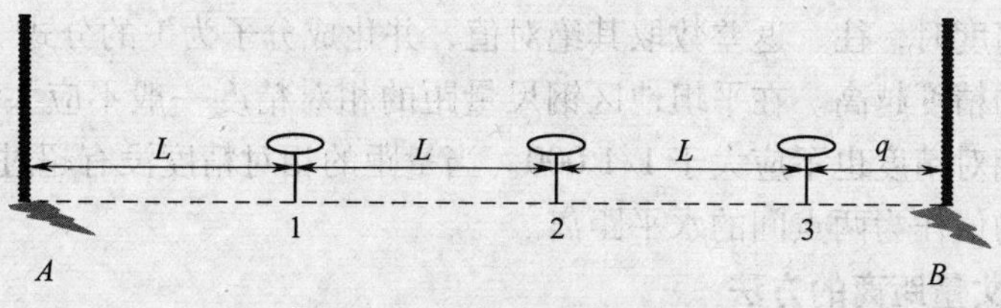

图 3—6　平坦地面丈量方法

丈量距离时，后司尺员拿着钢尺的零点一端在起点 A 处，并在 A 点插上一根测钎，前司尺员拿着钢尺的末端和一组测钎，沿直线方向行至定线点 1 处时，后司尺员将钢尺的零分划对准起点 A，前司尺员控制钢尺通过地面上的定线点 1 后，两人同时将钢尺拉紧、拉平、拉稳时，前司尺员立即将一根测钎垂直插入钢尺整尺段处的地面，完成第一尺段的丈量。然后，后司尺员拔起 A 处测钎，两人共同把尺子提离地面前进，当后司尺员到达前司尺员所插的测钎处时停住，前司尺员沿直线方向行至定线点 2 处，重复上述操作，量完第二尺段。如此依次前进，直到终点 B。最后一段的距离一般不会是一整尺段的长度，称为余长。丈量余长时，前司尺员将钢尺某一整刻划对准 B 点，由后司尺员利用钢尺的前端部位读出毫米数，两人的前后读数差即为不足一整尺的余长。

在丈量过程中每量毕一尺段后，后司尺员都必须及时拔测钎（不含最后量余长时的一根测钎），量至终点时，手中的测钎数即为整尺段数。

（2）距离计算

地面上两点间的水平距离按式（3—1）计算

$$D = nL + q \tag{3—1}$$

式中 D——两点间的水平距离，m；

L——钢尺一整尺的长度，m；

n——丈量的整尺段数；

q——不足一整尺段的余长，m。

在图 3—6 中，丈量数据为 $L = 30$ m，$n = 3$，$q = 15.8$ m，则

$$D_{AB} = nL + q = 3 \times 30 + 15.8 = 105.8 \text{ m}$$

为了校核和提高丈量精度，一段距离采用整尺法至少要丈量两次，通常用同一钢尺往、返各丈量一次。图 3—6 中，由 A 点量到 B 点称为往测，由 B 点量到 A 点则称为返测。在符合精度要求时，取往、返测量距离的平均数作为最后的丈量结果。

为了防止丈量错误和提高量距精度，距离要往、返丈量。上述介绍的方法为往测，返测时要重新进行定线。把往返丈量所得距离的差数除以往、返测距离的平均值，称为距离丈量的相对精度，或称相对误差。即

$$K = \frac{|D_{往} - D_{返}|}{D_{平均}} \tag{3—2}$$

例如：距离 AB，往测时为 155.642 m，返测时为 155.594 m，则量距相对精度为

$$K = \frac{|155.642 - 155.594|}{(155.642 + 155.594)/2} = \frac{0.048}{155.618} = \frac{1}{3\,200}$$

在计算相对精度时，往、返差数取其绝对值，并化成分子为 1 的分式。相对精度的分母越大，说明量距的精度越高。在平坦地区钢尺量距的相对精度一般不应大于 1/3 000；在量距困难地区，其相对精度也不应大于 1/1 000。当量距的相对精度没有超过规定时，可取往、返测量结果的平均值作为两点间的水平距离。

3. 倾斜地面丈量距离的方法

（1）平量法

当倾斜地面地势起伏不大时，可将钢尺水平拉直丈量，如图 3—7 所示。尺子的水平情况可由第三人在侧旁适当位置用目估判定。一般使尺子一端靠地，另一端用重球线紧靠尺子的某分划，使重球自由下坠，其尖端在地面上击出的印子作为该分划的水平投影位置。各测段丈量结果总和即为 AB 水平距离。

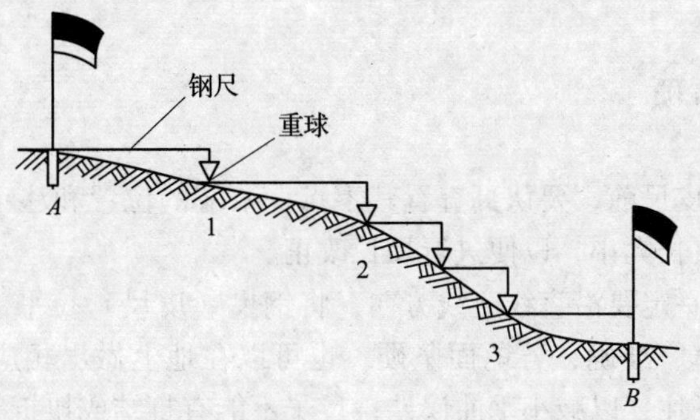

图 3—7 平量法

（2）斜量法

如果 A、B 两点间有较大的高差，但地面坡度比较均匀，大致呈一倾斜面，如图 3—8 所示，则可沿地面丈量倾斜距离 l，用水准仪测定两点间的高差 h，按式（3—3）或式（3—4）计算水平距离 D 为

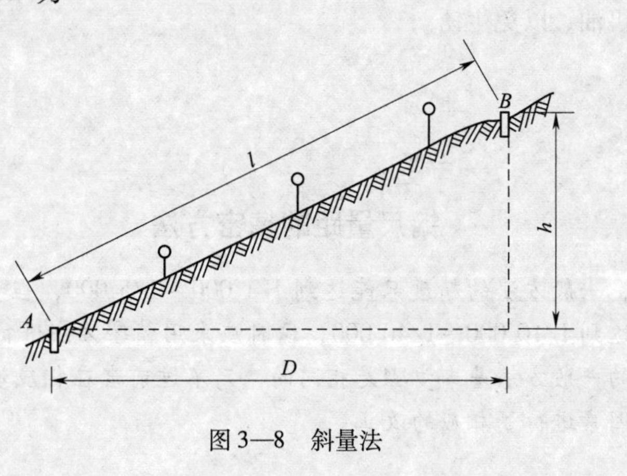

图 3—8 斜量法

$$D=\sqrt{l^2-h^2} \tag{3—3}$$

$$D=l+\Delta l_h=l-\frac{h^2}{2l} \tag{3—4}$$

式中，Δl_h 为量距时的高差改正（或称倾斜改正）。

【例 3—1】 用 30 m 长的钢尺往返丈量 A、B 两点间的水平距离，丈量结果分别为：往测 4 个整尺段，余长为 9. 98 m；返测 4 个整尺段，余长为 10. 02 m。计算 A、B 两点间的水平距离 D_{AB} 及其相对误差 K。

解： $D_{AB}=nL+q=4\times30+9.98=129.98$ m

$$D_{BA}=nL+q=4\times30+10.02=130.02\ \text{m}$$

$$D_{平均}=\frac{1}{2}（D_{AB}+D_{BA}）=\frac{1}{2}\times（129.98+130.02）=130.00\ \text{m}$$

$$K=\frac{|D_{AB}-D_{BA}|}{D_{平均}}=\frac{|129.98-130.02|}{130.00}=\frac{0.04}{130.00}=\frac{1}{3\ 250}$$

三、操作注意事项

1. 在使用钢尺或皮尺前，要认真查看其零点、末端的位置和注记情况，有时还要检定在一定条件下的实际尺长大小，以便进行尺长改正。

2. 丈量距离时，一定要沿直线定线方向，将钢尺（皮尺）拉平、拉直、拉稳，且拉力要均匀；测钎要插竖直、准确，若地面坚硬，也可以在地上做出相应记号；尺子整段悬空时，中间应有人将其托住，以减小垂曲误差；尺子不能有打结或扭折等现象。

3. 避免读错和听错数字，例如把“9”看成“6”，或把“4”和“10”听错；丈量最后一段余长时，要注意尺面的注记方向，不要错读。

4. 使用钢尺时，不得在地面上拖行，更不能被车辆碾压或行人践踏；拉尺时，不可生拉硬拽；收尺时，尺面不能有卷曲扭缠现象，摇柄不能逆转；收放钢尺时应避免将手划伤。

5. 钢尺使用完毕，要及时用软布擦去灰尘；如遭雨水浸泡，要待晾干后方可收尺，还要在钢尺表面涂上机油，以免生锈。

钢尺量距的精密方法

用钢尺量距时，一般方法的精度只能达到1/1 000 ~ 1/5 000，当量距精度要求较高时，例如要求量距精度达到1/10 000 ~ 1/40 000，这时应采用精密方法进行丈量。钢尺量距的精密方法与钢尺量距的一般方法基本步骤是相同的，只不过前者在相应步骤中采用了较精密的方法并对一些影响因素进行了相应的改正。

1. 钢尺检定

钢尺因刻划误差、使用中的变形、丈量时温度变化和拉力不同的影响，其实际长度往往不等于尺上所注的长度即名义长度。因此，丈量时应对钢尺进行检定，求出在标准温度和标准拉力下的实际长度，以便对丈量结果加以改正。在一定的拉力下，用以温度 t 为变量的函数式来表示尺长 l_t，这就是尺长方程式，其一般形式为

$$l_t=l_0+\Delta l+\alpha（t-t_0）l_0 \qquad (3—5)$$

式中 l_t——钢尺在温度 t（℃）时的实际长度；

l_0——钢尺的名义长度；

Δl——尺长改正数；

α——钢尺的膨胀系数，其值约为 $1.25\times10^{-5}/℃$；

t_0——钢尺检定时的温度（一般取 20℃）；

t——钢尺量距时的温度。

每根钢尺都应有尺长方程式，用以对丈量结果进行改正，尺长方程式中的尺长改正数 Δl 要通过钢尺检定，与标准长度相比较而求得。

2. 定线

确定了距离丈量的两个端点后，即开始直线定线工作。由于目估定线精度较低，在钢尺精密量距时，必须用经纬仪定线，如图 3—9 所示。

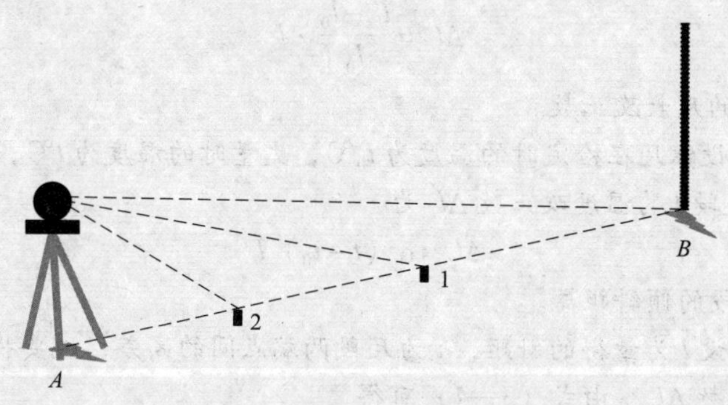

图 3—9 经纬仪定线

3. 量距

用检定过的钢尺精密丈量 AB 两点间的距离，丈量小组一般由五人组成，两人拉尺，两人读数，一人指挥兼记录数据和读取温度。精密丈量可用两根钢尺或一根钢尺往返丈量，并在丈量前把钢尺引张 0.5 h，使钢尺温度与空气温度一致。丈量方法如下：

(1) 前尺手持钢尺的零端至第一尺段的前端点，将弹簧秤挂在钢尺的前端。后尺手持钢尺的末端至第一尺段的起点。

(2) 前后尺手同时用标准拉力（鉴定钢尺时所用的拉力）紧贴桩顶的十字线拉紧钢尺。

(3) 当钢尺稳定后前读尺员发出“预备”的口令，后读尺员将钢尺整厘米刻划线对准十字线中心，待钢尺稳定后发出“好”的口令，这时前后读尺员同时读出读数，记录员记录读数并计算测段的长度以及记录测量时的温度。

(4) 每一尺段需丈量三次，每次应移动钢尺的位置改变钢尺的厘米刻划，三次丈量的长度之差一般不超过 1 ~ 2 mm，否则应加测第四次，若在容许范围内取三次结果的平均值作为尺段的长度。

(5) 按照以上丈量方法继续丈量第二段、第三段等，直到直线段的终点，往测结束。

(6) 按照以上丈量方法由直线段的终点返测到起点，完成一个测回。

4. 测定相邻桩顶间的高差

上述所量的距离是相邻桩顶点间的倾斜距离，为了改算成水平距离，要用水准测量的方法测出各桩顶间的高差，以便进行倾斜改正。水准测量宜在量距前或量距后往、返观测一次，以资检核。相邻两桩顶往、返所测高差之差，一般不得超过 ±10 mm，如在限差以内，取其平均值作为观测的成果。

5. 成果计算

精密量距中，将每一尺段丈量结果经过尺长改正、温度改正和倾斜改正换算成水平距离，并求其总和，得到直线往测或返测的全长。如相对精度符合要求，则取往、返测平均值作为最后成果。

(1) 尺段长度的计算

1) 尺长改正。钢尺在标准拉力、标准温度下的实际长度为 l'，它与钢尺的名义长度 l_0 的差数 Δl 即为整尺段的尺长改正数，设某线段的实际测量值为 l，则有

$$\Delta l_d = \frac{l' - l_0}{l_0} \cdot l \tag{3—6}$$

式中 Δl_d——尺段的尺长改正数。

2) 温度改正。设钢尺在检定时的温度为 t_0℃，丈量时的温度为 t℃，钢尺的线膨胀系数为 α，则丈量一个尺段 l 的温度改正数 Δl_t 为

$$\Delta l_t = \alpha (t - t_0) l \tag{3—7}$$

式中 l——尺段的倾斜距离。

3) 倾斜改正。设 l 为量得的斜距，h 为尺段两端点间的高差，现要将 l 改算成水平距离 D，故要加倾斜改正数 Δl_h，由式（3—4）可得

$$\Delta l_h = -\frac{h^2}{2l} \tag{3—8}$$

可见，倾斜改正数恒为负值。

(2) 计算全长

将测得的结果加上上述三项改正，即得所量距离长度，即

$$D = l + \Delta l_d + \Delta l_t + \Delta l_h \tag{3—9}$$

上述计算往返丈量分别进行，如果量距相对误差在限差范围之内，则取往返测丈量平均值作为距离丈量的最后结果。

1. 什么叫直线定线？量距时为什么要进行直线定线？如何进行直线定线？

2. 用钢尺丈量一直线，往返丈量的长度分别为 84. 387 m、84. 396 m，规定相对误差不大于 1/7 000，计算该测量成果是否满足精度要求。

3. 现用钢尺丈量了 AB、CD 两段水平距离。AB 段往测为 246. 68 m，返测为 246. 60 m；CD 段往测为 358. 25 m，返测为 358. 25 m，问两段距离丈量精度是否相同？如果不同，哪段丈量精度高？为什么？

任务二 视距测量

学习目标

◆ 能够使用经纬仪进行碎部测量。

◆ 掌握经纬仪视距测量的方法。

工作任务

模块二已经讲解过使用经纬仪测量角度的方法，实际上用经纬仪还可以间接测出两点间的距离。主要是用经纬仪望远镜内十字丝分划板上的视距丝，根据几何光学原理，测定两点间的水平距离。这也是一种距离测量方法，在测量学中称为视距测量。

如图 3—10 所示，在施工场地内正确选择碎部点，然后用经纬仪测出碎部点的平面位置和高程。经纬仪测绘法是按极坐标定点进行测绘，观测时先将经纬仪安置在测站上，用经纬仪测定碎部点的方向与已知方向之间的夹角，并测定碎部点与测站点的距离及碎部点的高程。

本任务要求测量图 3—10 中，房子的高程和控制点 A 到碎部点之间的距离。

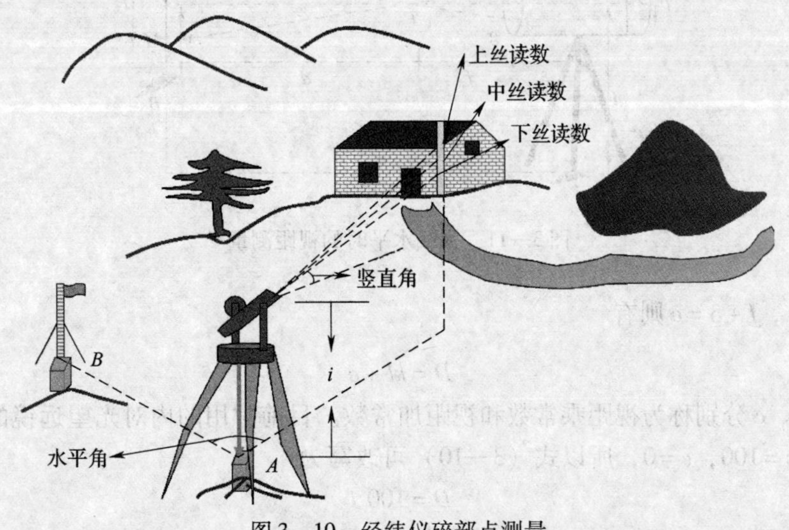

图 3—10 经纬仪碎部点测量

一、视距测量原理

视距测量是一种间接光学测距方法，它利用望远镜内视距丝装置，根据几何光学原理同时测定距离和高差。这种方法具有操作简便、迅速，不受地形限制等优点，虽然精度较低（普通视距测量的相对精度为1/200～1/300），但能满足测定一般碎部点的要求，因此被广泛用于地形碎部测量中，也可用于检核其他方法量距可能发生的粗差。

1．视线水平时的距离与高差公式

如图3—11所示，欲测定A、B两点间的水平距离D及高差h，可在A点安置经纬仪，B点立视距尺，设望远镜视线水平，瞄准B点视距尺，此时视线与视距尺相垂直。若尺上M、G点成像在十字丝分划板上的两根视距丝m、g处，那么尺上MG的长度可由上、下视距丝读数之差求得。上、下视距丝读数之差称为视距间隔或尺间隔。

图3—11中，由相似三角形$\triangle mgF$与$\triangle MGF$可得：

$$\frac{d}{l}=\frac{f}{p}，所以\ d=\frac{f}{p}l。$$

由图可以看出：$D=d+f+\delta$，则A、B两点间的水平距离为：

$$D=\frac{f}{p}l+f+\delta$$

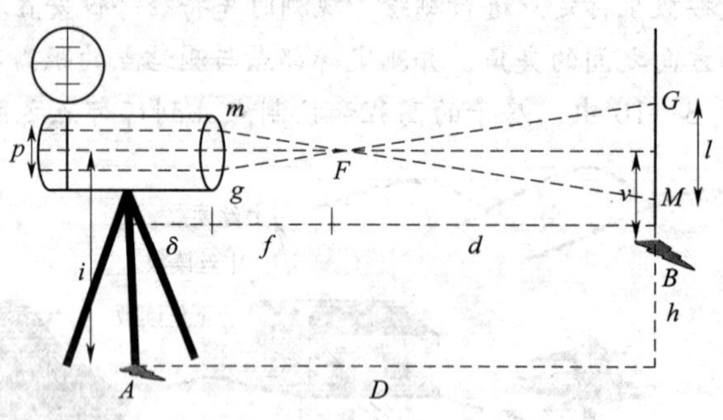

图3—11　视线水平时的视距测量

令$\frac{f}{p}=k$，$f+\delta=c$则有

$$D=kl+c \tag{3—10}$$

式中：k、c分别称为视距乘常数和视距加常数。目前常用的内对光望远镜的视距常数，设计时已使$k=100$，$c=0$，所以式（3—10）可改写为

$$D=100\ l \tag{3—11}$$

同时，由图3—11可知，A、B的高差为

$$h = i - v \tag{3—12}$$

式中：i 为仪器高，即桩顶到仪器横轴的高度；v 为瞄准目标高，即十字丝中丝在尺上的读数。

2. 视线倾斜时的距离与高差公式

在地面起伏较大的地区进行视距测量时，只有使视线倾斜才能读取视距间隔，如图 3—12 所示。这时视线不垂直于视距尺，因此，式（3—11）和式（3—12）不能适用。下面介绍视线倾斜时水平距离与高差的计算公式。

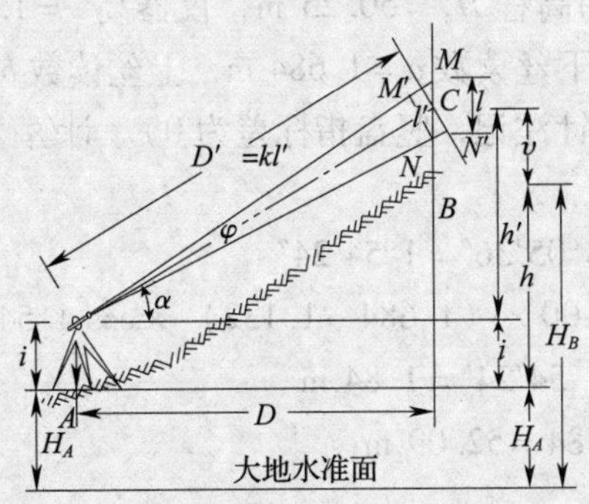

图 3—12 视线倾斜时的视距测量

如图 3—12 所示，将仪器安置于 A 点，在 B 点竖立视距尺，照准视距尺时，视线的竖直角为 α，其上、下视距丝在视距尺上所截得的尺间隔为 MN。若能把视线倾斜时的尺间隔换算成视线垂直于视距尺时的尺间隔 $M'N'$，就可用式（3—11）计算倾斜距离 D'，再根据 D' 和竖直角 α，算出水平距离 D 和高差 h。

在$\triangle MM'C$ 和$\triangle NN'C$ 中，由于 $1/2\varphi$ 角很小（约为 17′），故可将$\angle MM'C$ 和$\angle NN'C$ 近似地看成直角，而$\angle MCM' = \angle NCN' = \alpha$，因此

$$M'N' = M'C + CN' = MC \cdot \cos\alpha + CN \cdot \cos\alpha = MN \cdot \cos\alpha$$

设 MN 为 l，$M'N'$为 l'，则

$$l' = l \cdot \cos\alpha$$

根据式（3—11），可得倾斜距离

$$D' = kl' = kl\cos\alpha \tag{3—13}$$

由图中看出，A、B 两点间的水平距离

$$D = D'\cos\alpha = kl\cos^2\alpha \tag{3—14}$$

又由图 3—12 可得 A、B 两点的高差

$$h = h' + i - v$$

式中，h'为中丝读数处与横轴之间的高差，称为高差主值，可按式（3—15）计算

$$h' = D'\sin\alpha = kl\cos\alpha\sin\alpha$$

$$= \frac{1}{2}kl\sin2\alpha \tag{3—15}$$

所以：

$$h = \frac{1}{2}kl\sin 2\alpha - i + v \qquad (3—16)$$

如果 A 点的高程 H_A 为已知，可得 B 点的高程为

$$H_B = H_A + h$$

$$H_B = H_A + \frac{1}{2}kl\sin\alpha + i - v \qquad (3—17)$$

式（3—15）、式（3—16）是视距测量的基本公式。

【例 3—2】 设测站点 A 的高程 $H_A = 50.25$ m，仪器高 $i = 1.43$ m，观测竖直角时以中丝切准尺面使 $v = 1.43$ m，此时下丝读数 $a = 1.684$ m，上丝读数 $b = 1.132$ m，竖直度盘盘左读数 $L = 88°05'36''$（竖盘为顺时针注记，竖盘指标差为 0）。计算 A 点到 B 点的平距 D 及 B 点的高程 H_B。

解： $\alpha = 90° - L = 90° - 88°05'36'' = 1°54'24''$

$D = 100（a - b）\cos^2\alpha = 100 \times（1.684 - 1.132）\times \cos^2 1°54'24'' = 55.14$ m

$h_{AB} = D\tan\alpha = 55.14 \times \tan 1°54'24'' = 1.84$ m

$H_B = H_A + h_{AB} = 50.25 + 1.84 = 52.09$ m

下面就利用经纬仪等测量工具，测量并计算图 3—10 房子的高程和控制点 A 到碎部点之间的距离。

一、工具准备

4 ~ 5 人为一组，每组配备 DS_6 型光学经纬仪 1 台、平板 1 套、塔尺 1 根、钢尺 1 副、标杆 2 根、量角器 1 个、计算器 1 台、铅笔、小刀、橡皮等。

二、实施步骤

经纬仪测绘法的操作步骤如下：

1. 零方向的确定及水平角读数

（1）零方向的确定

1）安置经纬仪。仪器安置于控制点（测站）A 上，量取仪器高 i，填入表 3—1，并在测站附近架设平板作为测图的工作台。

2）定向。盘左瞄准另一控制点 B，调整水平度盘读数为 $0°00'00''$，作为起始方向即零方向。

（2）水平角读数

1）跑尺。在碎部点上立尺的工作通常称为跑尺。立尺前，立尺员应弄清实测范围和实

地情况，并与观测员、绘图员共同商定跑尺路线，依次将尺立于地物、地貌特征点上。

2）转动照准部，瞄准标尺，读取水平度盘的读数，填入表3—1中。

表3—1　碎部测量记录手簿

仪器号＿＿＿＿＿＿＿＿班组＿＿＿＿＿＿＿＿天气＿＿＿＿＿＿＿＿日期＿＿＿＿＿＿＿＿

测点编号	视距尺上读数			视距间隔 n	仪器高 i	竖直角 ° ′	初算高差 h'	改正数 $i-L$	高差 h	水平距离	测点高程
	上丝	中丝	下丝								
1	0.660	1.420	1.522	1.522	1.42	+5 27	+14.39	0	+14.39	150.83	21.40
2	1.377	1.502	1.627	0.250	1.42	+2 45	+1.12	−0.082	+1.12	24.94	21.40
3	1.862	2.151	2.440	0.578	1.42	−1 35	−2.33	−0.731	−2.33	57.76	21.40

2．测算水平距和高程

（1）分别读取望远镜上、下、中丝的读数，填入表3—1。

（2）转动竖盘指标水准管微动螺旋，使竖盘指标水准管气泡居中，在读数显微镜中读取竖盘读数。对于有特殊作用的碎部点，如房角、山头、鞍部等，应在备注中加以说明。

（3）计算水平距离和高程。根据上、下丝读数算得尺间隔 l，由竖盘读数算得竖直角 α，利用式（3—11）和式（3—12）计算平距 D 和高差 h，填入表3—1。

三、视距测量误差分析

1．视距测量的误差来源

（1）用视距丝读取视距尺间隔的误差

用视距丝在视距尺上读数的误差，与尺子最小分划的宽度、距离的远近、望远镜的放大率及成像清晰情况有关。因此读数误差的大小应视具体使用的仪器及作业条件而定。

（2）视距尺倾斜的误差

视距尺倾斜对视距所产生的误差是系统性的，其影响随着地面坡度的增加而增加。特别是在山区作业，往往由于地面有坡度而给人一种错觉，使视距尺不易竖直。

（3）竖直角观测的误差

当竖直角不大时，对平距的影响较小，而主要是影响高差。当竖直角 $\alpha=5°$，若其误差为1′，视距为100 m时，对高差的影响约为0.03 m。所以当仅用一个盘位观测时，应检校竖盘指标差或将指标差测定以改正竖直角。

2．外界条件的影响

（1）大气折光的影响

由于视线通过的大气密度不同（特别是晴天，由于温差较大，造成大气密度很不均匀），而产生垂直折光差，越接近地面，视线受折光的影响越大。

（2）空气对流使视距尺的成像不稳定

这种现象在视线通过水面上空和视线接近地面时较为突出，特别在烈日暴晒下更为严重，成像不稳定以及风力较大使视距尺不易稳定而产生抖动，造成读数误差的增大。

此外，视距常数 K 的误差、视距尺分划误差等都将影响视距测量的精度。

四、操作注意事项

1．为减少垂直折光的影响，观测时应使视线离地面 1 m 以上。

2．观测时应使视距尺竖直，为减小它的影响，尽量采用带有圆水准器的视距尺。

3．要严格测定视距乘常数，视距乘常数应加 100 ±0．1，否则应加以改正。

4．视距尺一般应是厘米刻划的整体尺。如使用塔尺，应检查各节的接头是否准确。

5．选择有利的观测时间。

电磁波测距

钢尺量距劳动强度大，精度与工作效率较低，尤其在山区或沼泽区，丈量工作更是困难。随着激光技术、电子技术的飞速发展，电磁波测距方法得到了广泛的应用，它具有测程远、精度高、作业速度快等优点。

电磁波测距是用以电磁波（光波、微波）作为载波的测距仪器来测量两点间距离的一种方法，电磁波测距仪也称光电测距仪。它具有测距精度高、速度快、不受地形影响等优点。

电磁波测距仪按其所采用的载波可分为微波测距仪、激光测距仪、红外测距仪；按测程可分为短程（测距在 3 km 以内）、中程（测距在 3 ~ 15 km）、远程（测距在 15 km 以上）；按光波在测段内传播的时间测定可分为脉冲法、相位法。

微波测距仪和激光测距仪多用于远程测距，红外测距仪用于中、短程测距。在工程测量中，大多采用相位法短程红外测距仪。

一、测距仪的基本结构

电磁波测距仪主要包括测距仪、反射棱镜两部分。测距仪上有望远镜、控制面板、液晶显示窗、可充电电池等部件；反射棱镜有单棱镜和三棱镜两种，用来反射测距仪发射的红外光。

二、相位法测距原理

欲测定 A、B 两点间的距离 D，安置仪器于 A 点，安置反射棱镜（简称反光镜）于 B 点。仪器发出的光束由 A 到达 B，经反光镜反射后又返回到仪器，则 A、B 两点间的水平距离为

$$D' = \frac{1}{2}ct \tag{3—18}$$

式中，c 为电磁波在大气中的传播速度（m/s），t 为电磁波在所测距离的往返传播时间(s)。

由式（3—18）可知，测定距离的精度主要取决于测定时间 t 的精度，例如要保证 ±10 cm的测距精度，时间要求准确到 6.7×10^{-11} s，这实际上是很难做到的。为了进一步提高光电测距的精度，必须采用间接测时手段——相位测时法，即把距离和时间的关系改为距离和相位的关系，通过测定相位来求得距离，即所谓的相位式测距。

相位式光电测距的原理为：采用周期为 T 的高频电振荡对测距仪的发射光源进行连续的振幅调制，使光强随电振荡的频率而周期性地明暗变化（每周相位 φ 的变化为 $0\sim2\pi$），如图 3—13 所示。调制光波（调制信号）在待测距离上往返传播，使在同一瞬时发射光与接收光产生相位移（相位差），如图 3—14 所示。根据相位差间接计算出传播时间，从而计算距离。

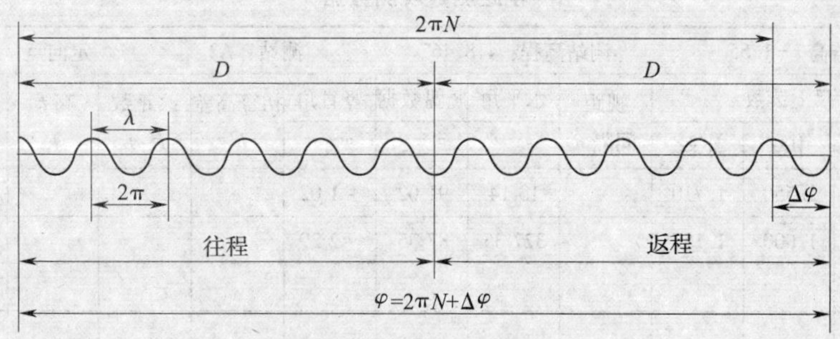

图 3—13　相位式光电测距原理

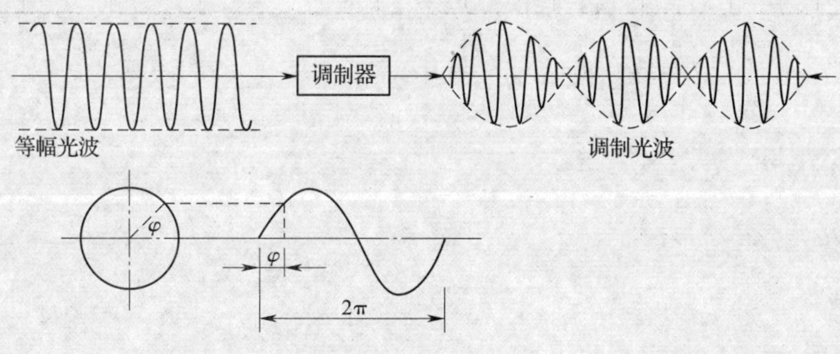

图 3—14　光的调制

仪器上的测相装置（相位计）只能分辨出 $0\sim2\pi$ 的相位变化，故只能测出不足 2π 的相位差 $\Delta\varphi$，相当于不足整测尺的距离值。例如测尺为 10 m，则可测出小于 10 m 的距离值。同理，若采用 11 km 的测尺，则可测出小于 11 km 的距离值。由于仪器测相系统的测相精度一般为 1/1 000，测尺越长，测距误差越大。因此为了兼顾测程与精度两个方面，测距仪上选用两个测尺配合测距。用短测尺测出距离的尾数，以保证测距的精度；用长测尺测出距离的大数，以满足测程的需要。

三、相位法测距原理

1. 在待测距离的一端（测站点）安置经纬仪和测距仪，经纬仪对中、整平，打开测距仪的开关，检查仪器是否正常。

2. 在待测距离的另一端安置反射棱镜，反射棱镜对中、整平后，使棱镜反射面朝向测距仪方向。

3. 在测站点上用经纬仪望远镜瞄准目标棱镜中心，按下测距仪操作面板上的测量功能键进行测量，显示屏即可显示测量结果。

1. 影响视距测量精度的因素有哪些？测量时应注意哪些事项？

2. 视距测量观测数据记录见表3—2，完成表中计算。

表3—2 视距测量观测数据

仪器高 $i=1.55$　　测站高程：418.467　　测站：A2　　定向点：A3

测点编号	尺上读数			视距间隔 n	水平角	竖盘数据	竖直角	初算高差	改正数	高差	水平距离	测点高程
	上丝	中丝	下丝		° ′	° ′	° ′	h'	$i-L$	h		
1	1.372	1.550	1.710		13 14	91 02	−1 02					
2	0.843	1.000	1.157		327 35	87 35	+2 29					

模块四

全站仪的测量与放样功能使用

任务一　全站仪三维坐标测量

学习目标

- ◆ 了解全站仪的品牌、概念及主要部件的名称和作用。
- ◆ 熟悉全站仪的操作键盘及基本功能。
- ◆ 掌握全站仪的各种测量功能及其使用、操作、维护方法。

工作任务

如图4—1所示，一条公路在施工收尾阶段，需要测量公路中线的位置，提供竣工测量资料，每隔一定距离需要用全站仪测量道路中线的三维坐标数据。

图4—1　全站仪三维坐标测量

测量道路中线的三维坐标（X、Y、H），如用传统的水准仪测量高程 H，用经纬仪配合钢尺测量角度和距离，再换算成 X 和 Y 坐标值，费时费力，效率低。若用全站仪来测量三维坐标，则非常方便实用，效率高。但全站仪是精密贵重的仪器，一台少则几万元，多则几十万元。为了能正确使用全站仪，必须了解全站仪的各主要部件的名称和作用，熟悉全站仪的操作界面，熟练掌握全站仪各种测量功能的操作方法。

全站仪全称为全站型电子速测仪，是20世纪90年代中、后期由国外引入国内的比较先进的工程测量仪器，近10年在国内发展很快，目前在公路工程系统中已经普遍使用。

一、全站仪简介

1. 全站仪的概念

全站仪是一种可以同时进行角度（水平角、竖直角）测量、距离（斜距、平距、高差）测量和数据处理，由机械、光学、电子的高科技元件组合而成的测量仪器。由于只需一次安置，仪器便可以完成测站上所有的测量工作，故称为全站仪。

2. 常见的全站仪品牌

目前，国内使用的全站仪中，常见的品牌主要有进口的瑞士徕卡（Leica）、日本尼康（Nikon）、日本拓普康（Topcon）和日本索佳（SOKKIA），以及国产的南方 NTS、苏一光 RTS 等系列全站仪，如图 4—2 所示。

图 4—2　目前国内市场上常见的全站仪品牌

3. 全站仪的组成

全站仪和电子经纬仪一样，由照准部、基座、水平度盘等组成，但它比电子经纬仪复杂些，其内部有四大光电系统，即水平角测量系统、竖直角测量系统、水平补偿系统和测距系统。

全站仪有许多型号，其外形、体积、质量各不相同，但各主要部件大致相同。本书主要以南方公司生产的 NTS－350 型全站仪为例，介绍其组成、功能和使用操作方法。图 4—3 所示为南方公司生产的 NTS－350 型全站仪。

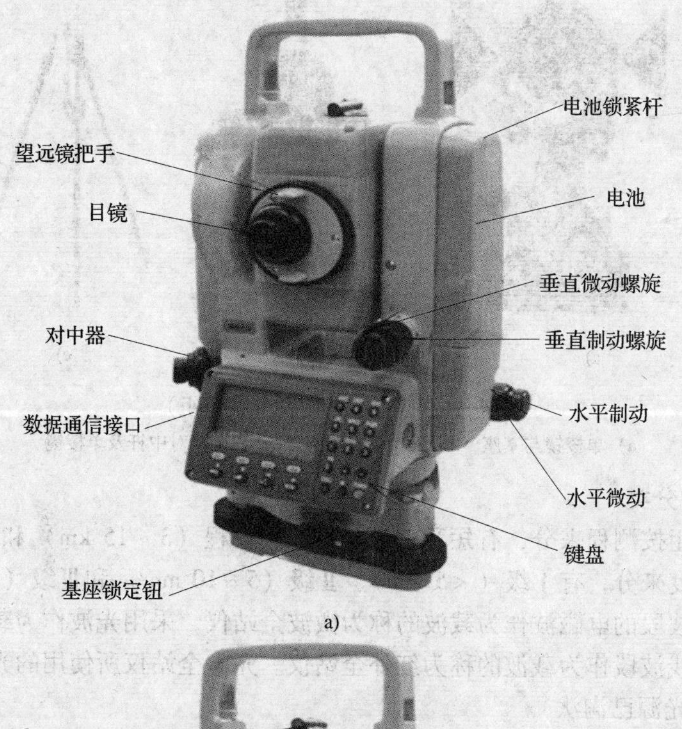

a)

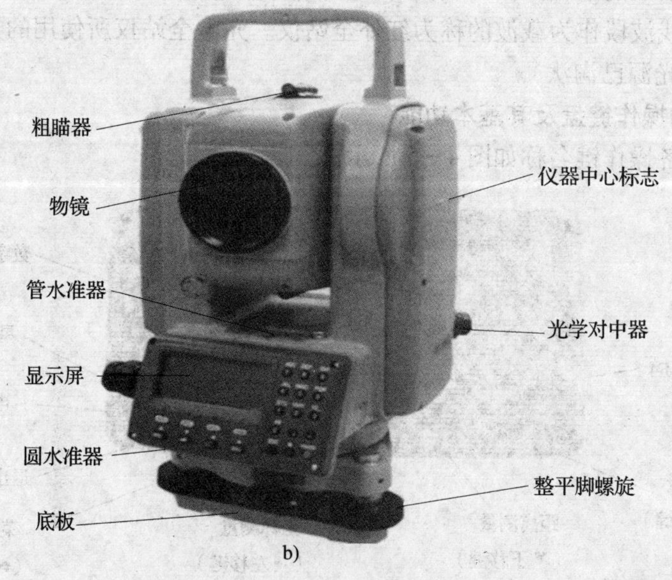

b)

图 4—3　NTS－350 型全站仪

a）正面　b）反面

全站仪要完成测量工作，必须具有必要的辅助设备，主要包括三脚架、反射棱镜（见图 4—4）等。三脚架用于架设仪器或架设带底座棱镜；反射棱镜安置于目标点上，供望远镜照准以测距离或坐标。在工程测量中，往往根据测程的不同，选用单棱镜、三棱镜或多棱镜等。

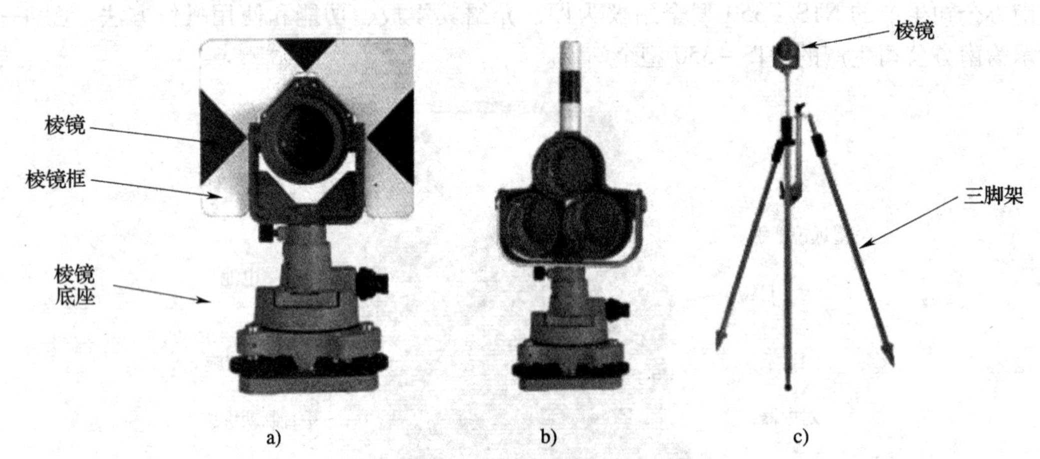

图 4—4　全站仪的附件（棱镜组）

a）单棱镜与基座　b）三棱镜及基座　c）支架、对中杆及单棱镜

4. 全站仪的分类

全站仪的测距按测程来分，有短程（<3 km）、中程（3 ~ 15 km）和远程（>15 km）之分。按测距精度来分，有Ⅰ级（<5 mm）、Ⅱ级（5 ~ 10 mm）和Ⅲ级（>10 mm）。按载波来分，采用微波段的电磁波作为载波的称为微波全站仪，采用光波作为载波的称为光电全站仪，采用红外线波段作为载波的称为红外全站仪。光电全站仪所使用的光源有激光光源和红外光源（普通光源已淘汰）。

5. 全站仪的操作键盘及其基本功能

操作键盘及各操作键名称如图 4—5 所示。

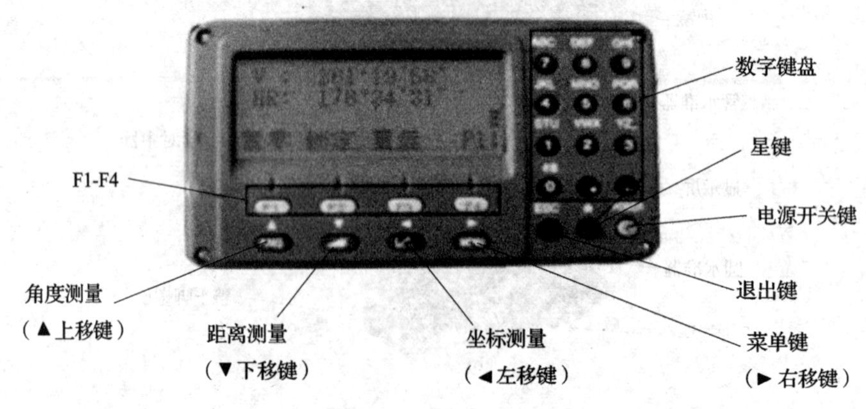

图 4—5　全站仪操作键盘及各操作键名称

全站仪键面符号及其功能见表4—1，显示器显示符号及其含义见表4—2。

表4—1 键面符号及其功能

按键	名称	功能
[ANG]	角度测量键	进入角度测量模式（▲光标上移键）
◢	距离测量键	进入距离测量模式（▼光标下移键）
↙	坐标测量键	进入坐标测量模式（◀光标左移键）
[MENU]	菜单键	进入菜单模式（▶光标右移键）
[ESC]	退出键	返回上一级状态或返回测量模式
[POWER]	电源开关键	电源开关
[F1] ~ [F4]	软键（功能键）	对应显示屏上显示的软键信息，在不同的测量模式下有不同的功能
[0 ~9]	数字键	输入数字和字母、小数点、负号
★	星键	进入星键模式

表4—2 显示符号及其含义

显示符号	含义
V%	垂直角（坡度显示）
HR	水平角（右角）
HL	水平角（左角）
HD	水平距离
VD	高差
SD	倾斜距离
N	北向坐标
E	东向坐标
Z	高程
*	EDM（电子测距）正在进行
m	以米为单位
ft	以英尺为单位
fi	以英尺与英寸为单位

二、全站仪的常用测量功能

常用测量功能主要有角度测量、距离测量、坐标测量、对边测量、悬高测量、后方交会、面积测量等。

1. 水平角测量

(1) 按角度测量键，使全站仪处于角度测量模式，照准第一个目标 A。

（2）设置 A 方向的水平度盘读数为 $0°00'00''$。

（3）照准第二个目标 B，此时显示的水平度盘读数即为两方向间的水平夹角。

2．距离测量

（1）设置棱镜常数

测距前须将棱镜常数输入仪器中，仪器会自动对所测距离进行改正。

（2）设置大气改正值或气温、气压值

光在大气中的传播速度随大气的温度和气压而变化，20℃和 760 mmHg 是仪器设置的一个标准值，此时的大气改正为 0 ppm。实测时，可输入温度和气压值，全站仪会自动计算大气改正值（也可直接输入大气改正值），并对测距结果进行改正。

（3）量仪器高、棱镜高并输入全站仪

（4）距离测量

照准目标棱镜中心，按测距键，距离测量开始，测距完成时显示斜距、平距、高差。

全站仪的测距模式有精测模式、跟踪模式、粗测模式三种。精测模式是最常用的测距模式，最小显示单位为 1 mm；跟踪模式常用于跟踪移动目标或放样时连续测距，最小显示单位一般为 1 cm；粗测模式的最小显示单位为 1 cm 或 1 mm。在距离测量或坐标测量时，可按测距模式（MODE）键选择不同的测距模式。

应注意，有些型号的全站仪在距离测量时，不能设定仪器高度和棱镜高度，显示的高差值是全站仪横轴中心与棱镜中心的高差。

3．坐标测量

（1）三维坐标的测量原理

如图 4—6 所示，B 为测站点，A 为后视点，A、B 两点坐标均已知，1 点为待测点。根据坐标反算公式，可先计算出 BA 边的坐标方位角：

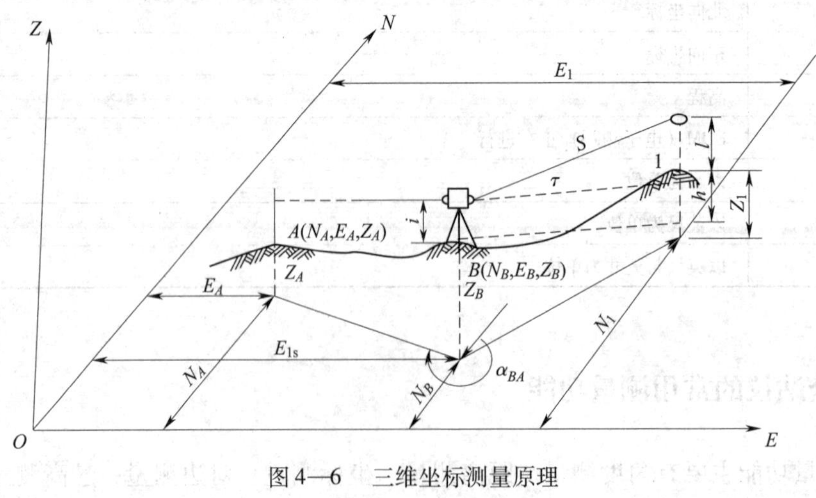

图 4—6　三维坐标测量原理

$$\alpha_{BA} = \tan^{-1}\frac{E_A - E_B}{N_A - N_B} \tag{4—1}$$

式中　N_A，E_A——后视点 A 的 X，Y 坐标值；

N_B，E_B——测站点 B 的 X，Y 坐标值。

全站仪后视完 A 点，再照准待测点 1 测出斜距后，点 1 的坐标可按式（4—2）计算：

$$N_1 = N_B + S \times \cos\tau \times \cos\alpha$$
$$E_1 = E_B + S \times \cos\tau \times \sin\alpha \quad (4—2)$$
$$Z_1 = Z_B + S \times \sin\tau + i - l$$

式中 N_1、E_1、Z_1——测点的三维坐标；

N_B、E_B、Z_B——测站点的三维坐标；

S——测站点至测点的斜距；

τ——测站点至测点的竖直角；

α——测站点至测点的坐标方位角；

i——仪器高；

l——棱镜高。

上述公式固化在仪器机内，由软件自动计算。

（2）坐标测量主要步骤

1）设定测站点的三维坐标。

2）设定后视点的坐标或设定后视方向的水平度盘读数为其方位角。当设定后视点的坐标时，全站仪会自动计算后视方向的方位角，并设定后视方向的水平度盘读数为其方位角。

3）设置棱镜常数。

4）设置大气改正值或气温、气压值。

5）量仪器高、棱镜高并输入全站仪。

6）照准目标棱镜，按坐标测量键，全站仪开始测距并计算、显示测点的三维坐标。

4．对边测量

对边测量的好处是能测量不通视的两点间的水平距离和高差，仪器可以在与两点都通视的方便的地方设站，只需整平，无须对中。

（1）对边测量的原理

如图 4—7 所示，在测站上依次测量各反射棱镜的距离 S_1、S_2 和水平角 θ_1，以及高差 h_{A1}、h_{A2}，可求得 P_1、P_2 间的水平距离和高差 h_{12}：

$$C = \sqrt{S_1{}^2 + S_2{}^2 - 2S_1 \times S_2 \times \cos\theta_1}$$
$$h_{12} = h_{A2} - h_{A1} \quad (4—3)$$

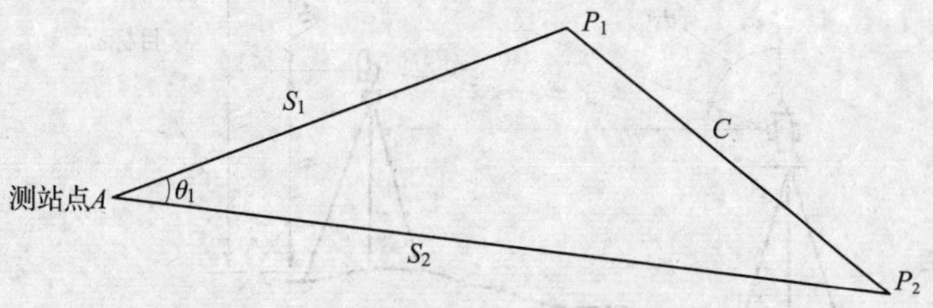

图 4—7 对边测量原理

（2）对边测量的主要步骤（见图 4—8）

1）进入对边测量程序，其模式有两种，一种是连续式，即 A—B，B—C，C—D 式；另一种是辐射式，即 A—B，A—C，A—D 式。

2）选择一种对边的测量模式，如辐射式 A—B，A—C，A—D 式。

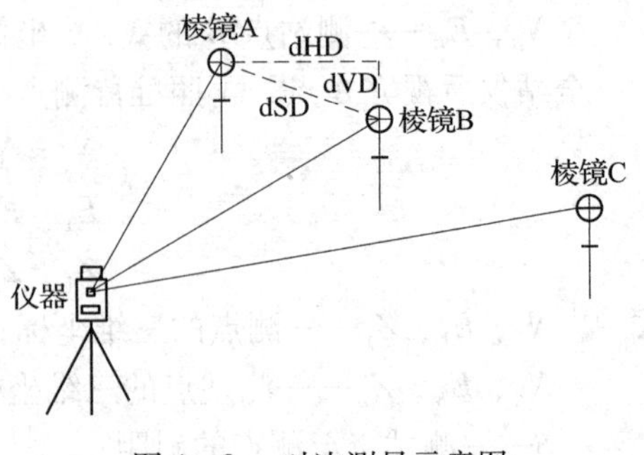

图 4—8　对边测量示意图

3）瞄准第一点 A，按“测量”键，显示仪器到点 A 的水平距离；瞄准第二点 B，按“测量”键，显示点 A 到点 B 的水平距离 D_{AB}；按下一点，瞄准 C 点，按“测量”键，显示点 A 至点 C 的水平距离 D_{AC}；依次测量，可测出点 A 到其他点的水平距离。

5. 悬高测量

悬高测量是为了测量不能放置棱镜的目标点高度（如高压线），如图 4—9 所示。

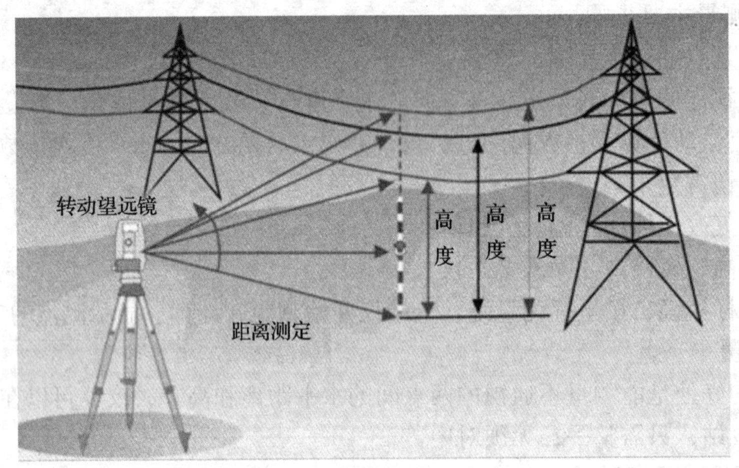

图 4—9　悬高测量示意图

（1）悬高测量的原理

如图 4—10 所示，其目标高度的计算公式为：

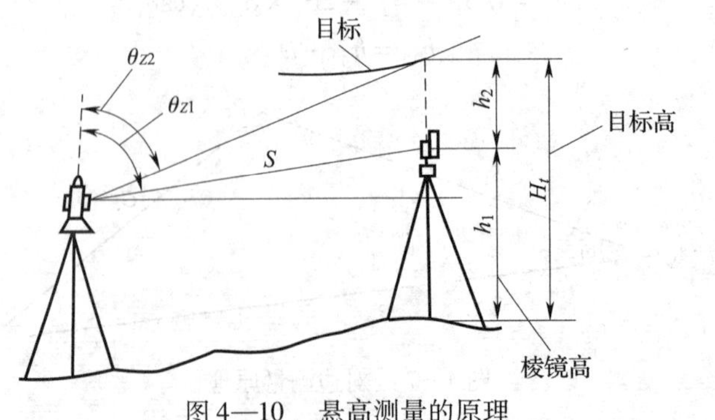

图 4—10　悬高测量的原理

$$H_t = h_1 + h_2$$

$$h_2 = S\sin\theta_{Z1} \times \cot\theta_{Z2} - S\cos\theta_{Z1} \quad (4—4)$$

（2）悬高测量主要步骤

1）进入悬高测量程序。

2）在不能到达的目标点（如高压线）的正下方放上棱镜，瞄准棱镜中心，按“测量”键，显示仪器到棱镜的水平距离。然后抬高望远镜，瞄准不能到达的目标点，仪器上显示目标点到地面的高度（无须再测距）。

6．后方交会

后方交会是将仪器放在未知点上，依次瞄准两个以上的已知点进行测量，仪器自动计算、显示测站点坐标的方法。后方交会适用于现场临时加密控制点之后进行测量或放样，可提高工作效率。

（1）后方交会的基本原理

如图 4—11 所示，有了已知点 P_i 的坐标（N_i，E_i，Z_i），再通过观测点 P_i 与测站点 P_0 间的水平角、竖直角和距离，便可由仪器自动计算测站点坐标（N_0，E_0，Z_0）。

计算过程中，N、E 是通过列出角度和边长的误差方程，采用最小二乘法求取，而 Z 坐标则是通过计算平均值求取，计算流程如图4—12所示。

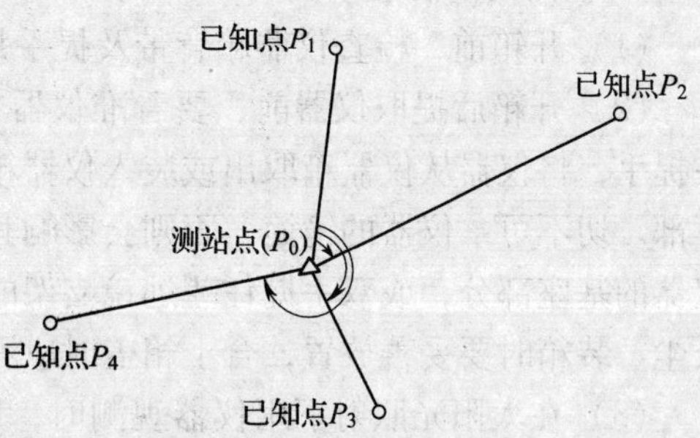

图 4—11　后方交会示意图

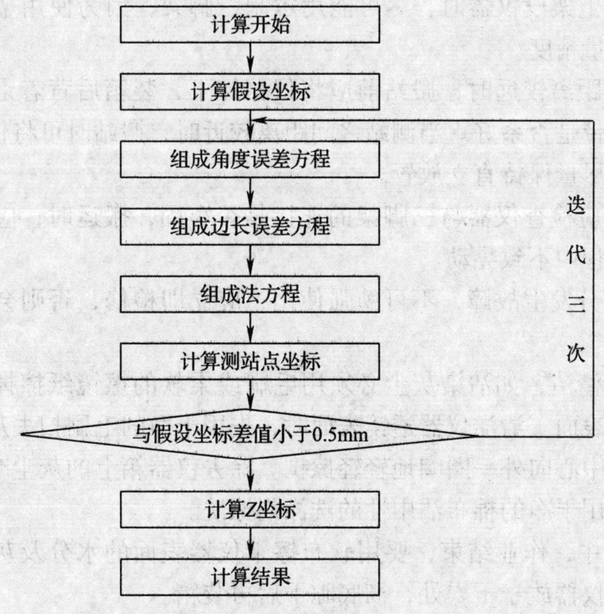

图 4—12　后方交会计算流程图

（2）后方交会的主要步骤

1）进入全站仪的后方交会程序，输入仪器高数值，输入第一个已知点的坐标（X_1，Y_1，Z_1）和棱镜高度值，瞄准第一个已知点测量；输入第二个已知点坐标（X_2，Y_2，Z_2），瞄准第二个已知点测量；依次测量，直到最后一个已知点（南方全站仪最多可保存10个已知点）。

2）最后一个点测量完毕，仪器上显示残差，残差若不超限，则仪器上显示测量点的三维坐标。

三、全站仪的使用和保管注意事项

1. 使用时的注意事项

（1）开箱前，检查仪器箱背带及提手是否牢固。

（2）开箱后提取仪器前，要看准仪器在箱内放置的方式和位置，装卸仪器时，必须握住提手，将仪器从仪器箱取出或装入仪器箱时，握住仪器提手和底座，不可握住显示单元的下部。切不可拿仪器的镜筒，否则会影响其内部的固定部件，从而降低仪器的精度。应握住仪器的基座部分，或双手握住望远镜支架的下部。仪器用毕，先盖上物镜罩，并擦去表面的灰尘。装箱时要妥善放置，合上箱盖时应无障碍。

（3）在太阳光照射下用仪器观测时，应给仪器打伞，并带上遮阳罩，以免影响观测精度。在杂乱环境下测量时，仪器要有专人守护。当仪器架设在光滑的表面时，要用细绳（或细铅丝）将三脚架的三个脚连起来，以防滑倒。

（4）当在三脚架上架设仪器时，尽可能用木制三脚架，因为使用金属三脚架可能会产生振动，从而影响测量精度。

（5）当测站之间距离较远时，搬站前应将仪器卸下，装箱后背着走。行走前要检查仪器箱是否锁好，安全带是否系好。当测站之间距离较近时，搬站时可将仪器连同三脚架一起靠在肩上，但仪器要尽量保持直立放置。

（6）搬站之前，应检查仪器与三脚架的连接是否牢固，搬运时，应把制动螺旋略微关住，使仪器在搬站过程中不致晃动。

（7）仪器任何部分发生故障，不可勉强使用，应立即检修，否则会加剧仪器的损坏程度。

（8）元件应保持清洁，如沾染灰尘必须用毛刷或柔软的擦镜纸擦掉。禁止用手指触摸仪器的任何光学元件表面。清洁仪器透镜表面时，先用干净的毛刷扫去灰尘，再用干净的无线棉布沾酒精由透镜中心向外一圈圈地轻轻擦拭。除去仪器箱上的灰尘时，切不可使用任何稀释剂或汽油，而应用干净的棉布沾中性的洗涤剂擦洗。

（9）在潮湿环境中，作业结束，要用软布擦干仪器表面的水分及灰尘后装箱。回到办公室后立即开箱取出仪器放于干燥处，彻底晾干后再装箱。

（10）冬天室内、室外温差较大时，仪器搬出室外或搬入室内，应隔一段时间后再开箱。

2. 电池的使用注意事项

全站仪的电池是全站仪最重要的部件之一，现在所配备的电池一般为 Ni－MH（镍氢电池）和 Ni－Cd（镍镉电池），电池的好坏、电量的多少决定了外业时间的长短。

（1）建议在电源打开期间不要将电池取出，因为此时存储数据可能会丢失，所以应在电源关闭后再装入或取出电池。

（2）可充电电池可以反复充电使用，但是，在电池还存有剩余电量的状态下充电，则会缩短电池的工作时间，此时，电池的电压可通过刷新予以复原，从而延长作业时间，充足电的电池放电时间约需 8 h。

（3）不要连续进行充电或放电，否则会损坏电池和充电器，如有必要进行充电或放电，则应在停止充电约 30 min 后再使用充电器。

不要在电池刚充完电后就进行充电或放电，这样会造成电池损坏。

（4）超过规定的充电时间会缩短电池的使用寿命。应尽量避免电池剩余容量显示级别与当前的测量模式有关。在角度测量的模式下，电池剩余容量够用，并不能够保证电池在距离测量模式下也能用，因为距离测量模式的耗电高于角度测量模式。当从角度测量模式转换为距离测量模式时，由于电池容量不足，随时会使测距中止。

3. 全站仪保管的注意事项

（1）仪器的保管由专人负责，每天在现场使用完毕带回办公室，不得放在现场工具箱内。

（2）仪器箱内应保持干燥，要防潮、防水并及时更换干燥剂。仪器须放置在专门的架上或固定位置。

（3）仪器长期不用时，应一个月左右定期通风防霉并通电驱潮，以保持仪器良好的工作状态。

（4）仪器不得倒置。

只有在日常工作中注意全站仪的使用和维护，注意全站仪电池的充放电，才能延长全站仪的使用寿命并发挥最大功效。

任务实施

一、测量前的准备工作

1. 电池的安装（测量前电池需充足电）

将电池底部的导块插入仪器侧面装电池的导孔。

按电池顶部锁钮直至听到喀嚓声，即装好电池。

向下按电池顶部锁钮，可取出电池。

2. 仪器的安置

（1）在校内实训场地道路附近选择两个已知点 O 和 A，选择道路中线上的未知点 B_1、

B_2、…、B_n。点 O 作为测站，点 A 作为后视点，B_1、B_2、…、B_n 作为观测点。

（2）将全站仪安置于点 O，跟经纬仪一样对中、整平。

（3）在点 A、B 分别安置装有棱镜的对中杆，圆水准器气泡居中，整平。

二、进行三维坐标测量（X、Y、Z）

1. 按“MENU”键进入菜单，选择“参数设置”子菜单，进行单位设置：角度单位选择“度”；距离单位选择“米”；温度和气压单位分别选择“℃，hPa”；测距模式选择“精测”；坐标显示顺序选择“NEZ”。

2. 按“☆”键，选择反射体为“棱镜”，棱镜常数输入“－30 mm”（南方仪器为－30 mm），并输入当前的温度和气压，以便仪器自动进行气象改正。

3. 进入菜单后按“F1”键，进行数据采集，输入一个文件名→按“F4”键确认→按“F1”键，设置测站点（输入测站点号 O，输入仪器高度值，输入测站点 O 的坐标“X、Y、Z”，并按“记录”键存储），按“F2”键，设置后视点（输入后视点号，输入棱镜高度值，输入后视点坐标或后视方位角）。

4. 用望远镜上的粗瞄准器瞄准后视点 A 的棱镜，进行目镜和物镜调焦后，用水平微动螺旋和竖直微动螺旋精确地瞄准棱镜中心。为防止后视点位置或其坐标输入错误，应按“测量”键，测出后视点 A 的坐标值，并与其已知坐标值进行比较，如在误差范围内，即可按“F3”键，分别测量待测点 B_1、B_2、…、B_n 的三维坐标（X、Y、Z）。

5. 上述步骤可概括如下：第一步，“F1”设置测站点；第二步，“F2”设置后视点；第三步，“F3”测量各待测点。记录见表 4—3。

表 4—3　　全站仪三维坐标测量记录表

日期：2011.5.6　　天气：晴　　仪器型号：NTS－352R　　观测者：　　记录者：

测站	仪器高（m）	镜高（m）	后视点	测点	X（m）	Y（m）	Z（m）
O	1.535				1 000.000	1 000.000	30.000
		1.500	A		1 400.000	1 600.000	31.036
		1.200		B_1	1 143.113	1 214.669	31.388
		1.800		B_2	1 166.410	1 249.615	29.357
		1.500		B_3	1 525.536	1 405.365	31.568
			（复核）	A	1 400.003	1 600.002	31.031

1. 全站仪主要由哪些部件组成？

2. 全站仪按测距精度分为哪几个等级？各等级精度如何？

3. 全站仪的常用测量功能主要有哪些？

4. 全站仪如何进入参数设置？参数设置有哪些内容？

5. 全站仪的后方交会适用于什么情况？

6. 如图4—13所示，练习用全站仪的对边测量功能，测量不通视的*AB*两点间的水平距离和高差。

7. 如图4—14所示，在学校操场上（面积为40 m×25 m左右）用全站仪测出球场四个角点的三维坐标。

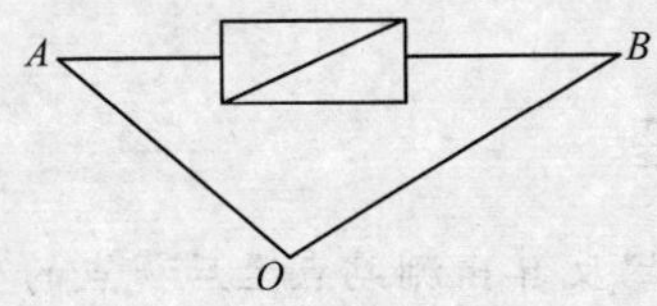

图4—13 用全站仪进行对边测量

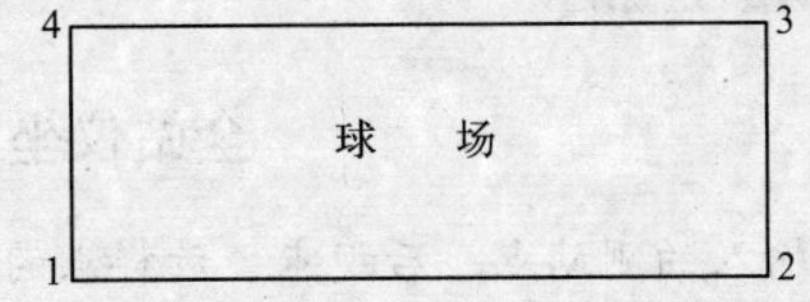

图4—14 用全站仪测量四个角点的三维坐标

任务二 全站仪放样功能的使用

学习目标

◆ 掌握用全站仪进行坐标放样的操作方法。

工作任务

在进行道路施工时，需要做的测量工作是根据设计文件，按照一定的桩距，用测量仪器测设出道路的中线和边线，用以确定道路准确的实际位置，如图4—15所示。

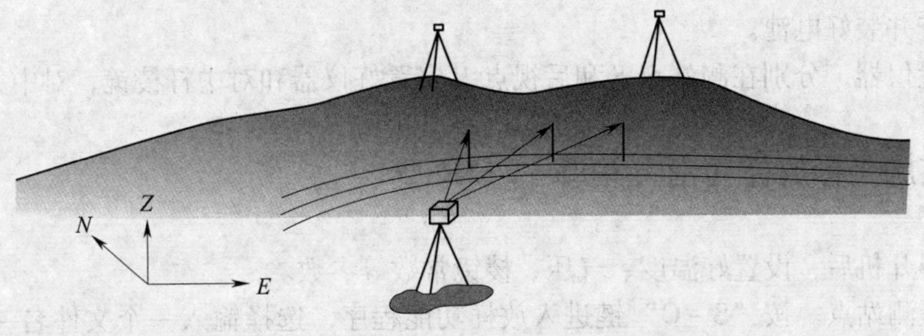

图4—15 道路中线放样示意图

传统的定位放样测量是用极坐标法事先算出放样点至测量控制点的距离和夹角，然后用经纬仪和钢尺（或测距仪）通过拨角和量距定出放样点的实地位置。此法效率较低，费时费力。全站仪在国内出现后改变了此种放样方式。测量人员在施工现场用全站仪的坐标放样模式便能很快测设出道路的位置。

全站仪坐标放样的原理

根据输入的测站点、后视点、放样点的三维坐标，仪器反算出测站点至后视点的坐标方位角、放样点的坐标方位角、放样点至测站点的水平距离；当照准目标点时，仪器自动计算并显示出照准点和待放样点的方位角差和距离差，同时也可显示高差，据此移动目标棱镜，使方位角差、距离差、高差三项为零，即为待放样点的准确位置，如图4—16所示。

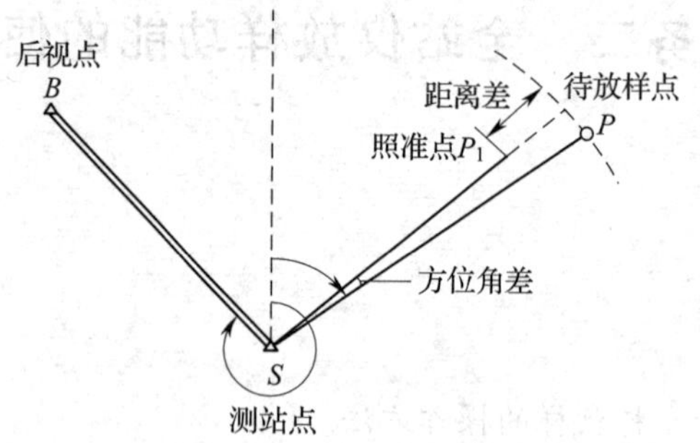

图4—16　坐标放样示意图

一、测量前的准备工作

1. 检查并装好电池。
2. 安置仪器。分别在测站点 S 和后视点 B 安置好仪器和对中杆棱镜，对中并整平。

二、实施坐标放样（南方 NTS－312R 型）

1. 仪器开机后，设置好温度、气压、棱镜常数等参数。
2. 设置测站点。按“S－O”键进入放样功能程序，选择输入一个文件名→按回车键，确认后进入坐标放样菜单→按“F1”键，输入测站点坐标（X、Y、Z），并输入仪器高，完成测站点设置，如图4—17所示。

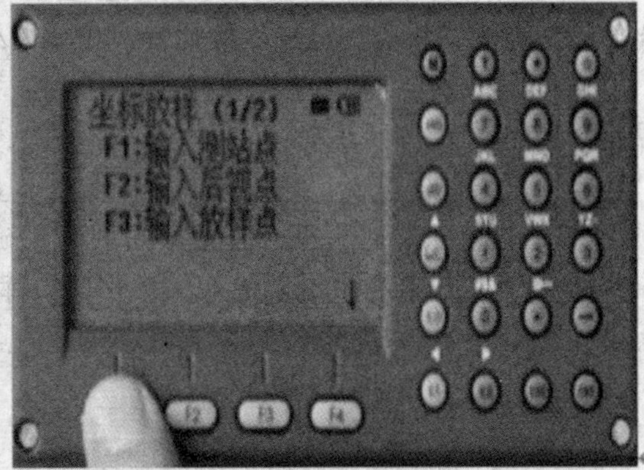

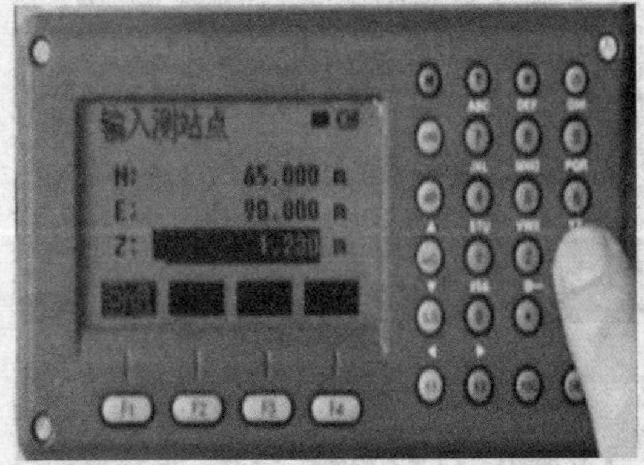

图 4—17　设置测站点坐标

3．设置后视方位角。在坐标放样菜单中，按“F2”键，输入后视点坐标（X、Y、Z），并输入棱镜高，仪器自动算出后视方位角，转动仪器，照准后视棱镜中心→按“是”键，后视点设置完成，如图 4—18 所示。

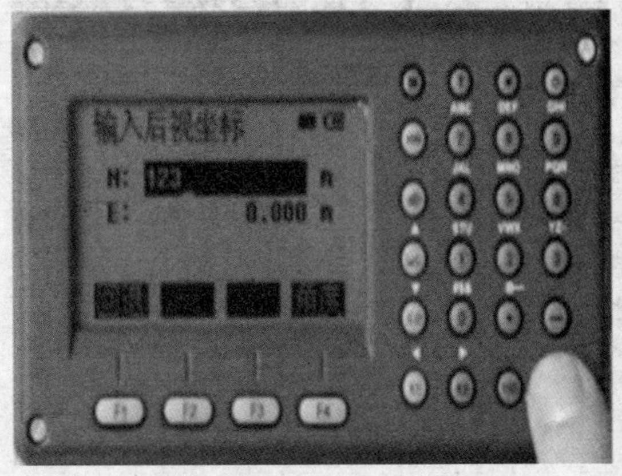

图 4—18　设置后视方位角

4. 检核后视点。为检核后视点的正确性，需按“测量”键测量后视点的三维坐标（X、Y、Z），并与后视点的已知坐标比较，相差很小时，才可进行下一步。

5. 设置放样点。在坐标放样菜单中，按“F3”键，输入放样点 P 的坐标（X、Y、Z），并输入棱镜高，按回车键确认，仪器自动进入放样参数计算，并显示放样距离和方位角，按“继续”键，仪器进入“角度差调零”界面，显示角度差应调为零的角度值“dHR”；转动照准部，将角度差调为零，放样方向即为正确方向；在此方向上设置棱镜，并按“距离”键测量距离，仪器显示距离差 dH 和 dZ。指挥棱镜前后移动，使 dH 和 dZ 为零，即为放样点的正确位置。按“下一点”，即可进行下一点的坐标放样，直至所有的道路中线点和边线点放样完毕，如图 4—19 所示。

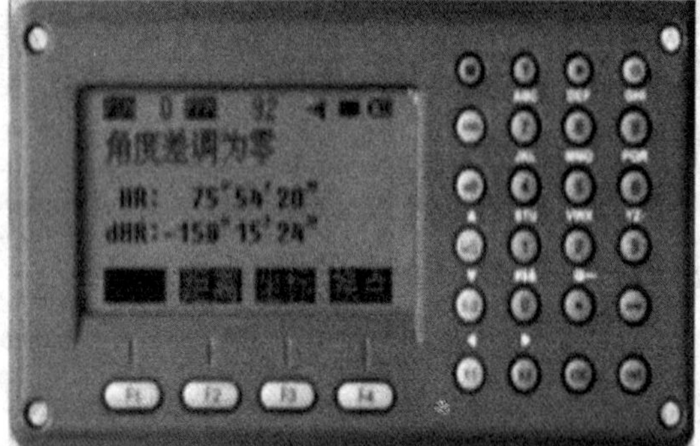

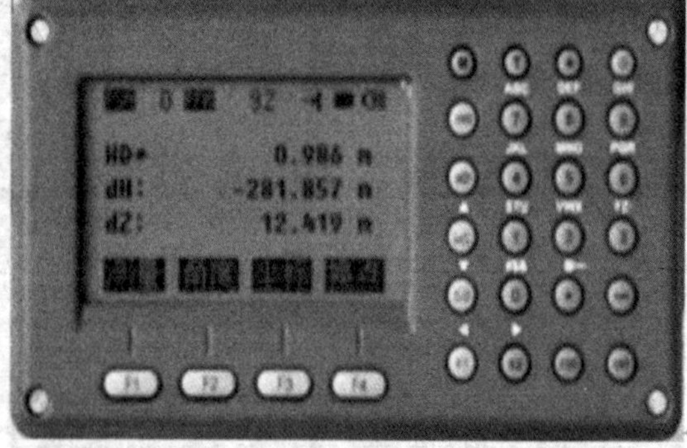

图 4—19　放样界面

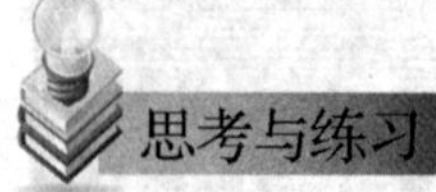

思考与练习

1. 简述全站仪坐标放样的原理。

2. 简述全站仪的坐标放样步骤。

模块五

测量误差基本知识

任务一　认识测量误差

- 了解测量误差产生的原因及测量误差的类型。
- 掌握评定测量精度的标准。
- 能够分析和处理实际测量中的测量误差。

通过测量实践可以发现，无论使用的测量仪器多么精密，观测多么仔细，对同一个量进行多次的观测，其结果总存在着差异。例如，对两点间的高差进行重复观测，测得的高差往往不相等；观测三角形的三个内角，其和往往不等于理论值180°。为什么会出现这样的现象呢？

出现上述现象多半是由于观测结果中存在测量误差。本任务主要讲解测量误差的相关知识。

一、测量误差

在一定的外界条件下进行观测，观测值一定含有误差。任何一个观测值，在客观上总存在着一个能代表其真正大小的数值，这个数值称为真值，一般用 X 表示。对未知量进行测量的过程，称为观测，测量所获得的数值称为观测值，用 L_i 表示。进行观测时，观测值与真值之间的差异，称为测量误差或观测误差，用 Δ_i 表示。

$$\Delta_i = L_i - X \tag{5—1}$$

二、测量误差产生的原因

产生测量误差的原因很多，概括起来有三个方面。

1. 仪器的原因

测量工作是需要用经纬仪、水准仪等测量仪器进行的，而测量仪器的构造不可能十分完善，从而使测量结果受到一定影响。例如，经纬仪的视准轴与横轴不垂直、度盘刻划误差，都会使所测角度产生误差；水准仪的水准管轴不平行于视准轴，其残余误差会对高差产生影响。

2. 观测者的原因

由于观测者的感觉器官的鉴别能力存在局限性，所以，对仪器的各项操作，如经纬仪对中、整平、瞄准、读数等方面都会产生误差。此外，观测者的技术熟练程度也会对观测结果带来不同程度的影响。

3. 外界环境的影响

测量时所处的外界环境（包括温度、风力、日光、大气折光等）时刻在变化，使测得的结果产生误差。例如，温度变化会使钢尺产生伸缩，风吹和日光照射会使仪器的安置不稳定，大气折光会使瞄准产生偏差等。

人、仪器和外界环境是测量工作的观测条件，由于受到这些条件的影响，测量中的误差是不可避免的。观测条件相同的各次观测称为等精度观测；观测条件不相同的各次观测称为不等精度观测。

三、测量误差的类型

根据测量误差对观测结果的影响性质不同，测量误差可分为系统误差和偶然误差。除了这两种误差以外，在测量工作中还可能发生错误，错误是由于观测者的粗心大意所造成的，通常称为粗差。

1. 系统误差

在相同的观测条件下对某一量进行一系列的观测，若误差的出现在符号和数值上均相同，或按一定的规律变化，这种误差称为系统误差。例如，用名义长度为 30.000 m，而实际长度为 30.006 m 的钢卷尺量距，每量一尺段就有 0.006 m 的误差，其量距误差的影响符号不变，且与所量距离的长度成正比，因此，系统误差具有积累性，对测量结果的影响较大。系统误差对观测值的影响具有一定的规律性，且这种规律性总能想办法找到，因此，系统误差对观测值的影响可用计算公式加以改正，或用一定的测量措施加以消除或削弱。

2. 偶然误差

在相同的观测条件下对某一量进行一系列的观测，若误差出现的符号和数值大小均不一致，表面上没有规律，这种误差称为偶然误差。例如，在以厘米分划的水准尺上读数，估读毫米数时，有时估读过大，有时估读过小；大气折光使望远镜中的成像不稳定，引起目标瞄准有时偏左，有时偏右。在测量工作中，错误是不允许存在的，系统误差是不可避免的。

通过大量的观测实践发现，对同一量进行多次同精度的观测中，大量偶然误差的出现具有统计学上的规律性，而且观测次数越多，这种规律性也越明显。例如，对一个三角形的三个内角做365次观测。由于三角形内角之和的真值（180°）已知，因此，可以按式（5—1）计算三角形内角之和的偶然误差 Δ_i（三角形闭合差），再将正误差、负误差分开，并按其绝对值由小到大排列。以误差区间 $\Delta d = 2''$ 进行误差个数 k 的统计，顺便计算其相对个数 k/n（$n=365$），k/n 称为误差出现的频率。结果见表5—1。

表5—1 偶然误差的统计

误差区间 Δd	负误差		正误差	
	k	k/n	k	k/n
0°～2°	47	0.129	46	0.126
2°～4°	42	0.115	41	0.112
4°～6°	32	0.088	34	0.093
6°～8°	22	0.060	22	0.060
8°～10°	16	0.044	18	0.050
10°～12°	12	0.033	14	0.039
12°～14°	6	0.016	7	0.019
14°～16°	3	0.008	3	0.008
16°以上	0	0	0	0
Σ	180	0.493	185	0.507

结合表5—1并通过其他的大量实验统计结果可以总结出偶然误差具有下列特点：

（1）在一定的观测条件下，偶然误差不会超过一定的限度，即偶然误差具有一定的范围。

（2）偶然误差值大小出现的规律是绝对值越小的误差出现的机会越多。

（3）偶然误差符号出现的规律是绝对值相等的正误差与负误差出现的机会相等。

（4）当观测次数无限增多时，偶然误差的算术平均值趋近于零，即偶然误差具有抵偿性。用公式表示如下：

$$\lim_{x \to \infty} \frac{[\Delta]}{n} = 0 \tag{5—2}$$

式中：[ ] 表示取括号中数值的代数和，即 $[\Delta] = \Delta_1 + \Delta_2 + \cdots + \Delta_n$；$n$ 为 Δ 的个数。

3. 测量粗差

测量过程中，有时由于人为的疏忽或措施不周可能出现粗差。例如，读数错误，记录时误听、误记，计算时弄错符号、点错小数点等。

在一定的观测条件下，误差是不可避免的。产生粗差的主要原因是工作中的粗心大意，显然，观测结果中不容许存在粗差。粗差是可以避免的。

为了及时发现粗差，并将其从观测结果中清除掉，测量人员要加强工作责任心，认真细致地工作，还要采取各种校核措施，防止产生观测粗差，使其在最终结果中被发现并删除。

四、衡量精度的标准

在测量工作中，观测质量是有优劣的，也就是精度有高有低。所谓精度，就是指误差分布的密集或离散的程度。为了衡量观测精度的高低，需要建立衡量精度的统一标准。

测量中常用的评定精度的指标有中误差、相对误差和极限误差（允许误差）等。

1. 中误差

在相同的观测条件下，对某量进行了 n 次观测，其观测值为 l_1，l_2，…，l_n，相应的真误差为 Δ_1，Δ_2，…，Δ_n，则各个真误差平方和的平均值的平方根，称为中误差，通常用 m 表示，即

$$m = \pm\sqrt{\frac{\Delta_1^2 + \Delta_2^2 + \cdots + \Delta_n^2}{n}} = \pm\sqrt{\frac{[\Delta\Delta]}{n}} \tag{5—3}$$

m 值越大，精度越低；m 值越小，精度越高。

【例 5—1】 对三角形的内角进行两组观测（各测 10 次），根据两组观测值中的偶然误差（真误差），分别计算其中误差。

解： 计算结果列于表 5—2。从表中可见，第二组观测值的中误差大于第一组观测值的中误差，虽然这两组观测值的真误差之和［Δ］是相等的，但是在第二组观测值中出现了较大的误差（−8″，+9″），因此相对来说其精度较低。

表 5—2　**按观测值的真误差计算中误差**

序号	第一组观测			第二组观测		
	观测值 l_i	真误差 Δ_i	Δ_i^2	观测值 l_i	真误差 Δ_i	Δ_i^2
1	179°59′59″	+1″	1	180°00′08″	−8″	64
2	179°59′58″	+2″	4	179°59′54″	+6″	36
3	180°00′02″	−2″	4	180°00′03″	−3″	9
4	179°59′57″	+3″	9	180°00′00″	0″	0
5	180°00′03″	−3″	9	179°59′53″	+7″	49
6	180°00′00″	0″	0	179°59′51″	+9″	81
7	179°59′56″	+4″	16	180°00′08″	−8″	64
8	180°00′03″	−3″	9	180°00′07″	−7″	49
9	179°59′58″	+2″	4	179°59′54″	+6″	36
10	180°00′02″	−2″	4	180°00′04″	−4″	16
Σ		−2″	60		−2″	404
中误差	$[\Delta\Delta]=60$，$n=10$			$[\Delta\Delta]=404$，$n=10$		
	$m_1 = \pm\sqrt{\frac{[\Delta\Delta]}{n}} = \pm 2.5''$			$m_2 = \pm\sqrt{\frac{[\Delta\Delta]}{n}} = \pm 6.4''$		

2．相对误差

在某些测量工作中，用中误差这个标准还不能反映出观测的质量，例如，用钢尺丈量200 m及80 m两段距离，观测值的中误差都是±20 mm，但不能认为两者的精度一样，因为量距误差与其长度有关。为此，用观测值的中误差绝对值与观测值之比化为分子为1的分数的形式，称为相对误差。相对误差能够准确描述观测量的精确度。相对误差的计算式为

$$K=\frac{|\Delta|}{X} \tag{5—4}$$

上例中，前者的相对误差为 $K_1=0.02/200=1/10\ 000$；而后者的相对误差则为 $K_2=0.02/80=1/4\ 000$。前者精度高于后者。

3．极限误差

极限误差是一定观测条件下规定的测量误差的限值，也称为允（容）许误差或限差。在测量工作中，如果观测误差绝对值小于允许误差，则认为该观测值合格；如果测量误差的绝对值大于允许误差，就认为观测值不合格。

根据数理统计资料可知：大于一倍中误差的偶然误差出现的可能性约为32%，大于两倍中误差的偶然误差出现的可能性约为5%，大于三倍中误差的偶然误差出现的可能性约为0.3%。这个规律就是确定允许误差的依据。在实际测量工作中，测量的次数总是不会太多的，因此认为，大于三倍中误差的偶然误差极少。

通常以三倍中误差作为偶然误差的极限值，即

$$\Delta_{限}=3\ m \tag{5—5}$$

当要求较高时，也常采用两倍中误差作为极限误差，即

$$\Delta_{限}=2\ m \tag{5—6}$$

计算中数字的凑整规则

测量计算过程中，一般都存在数值取位的凑整问题。由于数值取位的取舍而引起的误差称为凑整误差。为了尽量减弱凑整误差对测量结果的影响，避免凑整误差的累积，在计算中通常采用如下凑整原则：

若以保留数字的末位为单位，当其后被舍去的部分大于0.5时，则末位进1；当其后被舍去的部分小于0.5时，则末位不变；当其后被舍去的部分等于0.5时，则末位凑成偶数，即末位为奇数时进1，为偶数或零时末位不变（五前单进双不进）。

例如，将下列数据取舍到小数点后三位。

3.141 59→3.142

3.513 29→3.513

9.750 50→9.750

$$4.51350 \rightarrow 4.514$$

$$2.854500 \rightarrow 2.854$$

$$1.258601 \rightarrow 1.259$$

上述的凑整规则对于被舍去的部分恰好等于五时凑成偶数的方法作了规定，其他情况与一般数学计算相同。

1. 误差能避免吗？产生误差的主要原因是什么？
2. 怎样区分测量工作中的误差和错误？
3. 偶然误差和系统误差有什么不同？偶然误差有哪些特点？
4. 测量误差主要分为几类？如何消除？

任务二　了解误差传播定律

- 了解误差传播定律。
- 能够在测量工作中有针对性地采取措施消除和减小误差，保证测量工作的精度。

在测量工作中，有些未知量不能直接测定，而要由直接观测值根据一定的函数关系间接计算出来。例如，用水准测量测定两点之间的高差 H，是根据后视读数 a 和前视读数 b 的差值计算出来的。H 为观测值 a、b 的函数。

又如，在△ABC 中，已测得两个角 A、B 及一条边 a，则依 $b=\frac{a\sin B}{\sin A}$求 b 边时，也是通过观测值计算出 b。

上面的 H、b，都是观测值的函数。显然，由观测值计算所得的函数值精确与否，主要取决于作为自变量的观测值的质量好坏。一般来说，自变量带有的误差，必然以一定规律传播给函数值，所以，对这样求得的函数值，也有个精度估计的问题。即由具有一定中误差的一些自变量计算所得的函数值，也应具有相应的中误差。这些自变量的中误差与函数值的中误差之间满足一定的数学关系，阐述这种数学关系的定律称为误差传播定律。

一、一倍函数的中误差

设函数为

$$z = kx$$

式中 x——可直接观测的未知量；

k——常数；

z——不能直接观测的未知量。

函数的中误差为

$$m_z^2 = k^2 m_x^2 \tag{5—7}$$

或

$$m_z = km_x \tag{5—8}$$

【例5—2】在水准测量中，若水准尺上每次读数的中误差为 ±2.0 mm，则每站高差的中误差是多少?

解：$h = a - b$

$$m_h = \pm\sqrt{m_a^2 + m_b^2} = \pm\sqrt{2.0^2 + 2.0^2} = \pm 2.8 \text{ mm}$$

【例5—3】在1∶1 000地形图上，量得某段距离 $d = 32.2$ cm，求该段距离的实际长度和中误差。

解：$D = Md = 1\,000 \times 32.2 = 32\,200 \text{ cm} = 322 \text{ m}$

$m_D = Mm_d = \pm 1\,000 \times 0.1 = \pm 100 \text{ cm} = \pm 1.0 \text{ m}$

所以实际长度 $D = 322 \pm 1.0$ m

二、和差函数的中误差

测量工作中，有着大量的具有和、差函数形式的间接观测值，如水平角为两个方向值之差，一测站高差为后视、前视标尺读数之差，水准路线总高差为各测站高差之和等。

设函数为

$$z = x_1 + x_2 + \cdots + x_n$$

式中 x_1，x_2，x_3，…，x_n——彼此独立的可直接观测的未知量；

z——x_1，x_2，x_3，…，x_n的和或差函数。

可得出函数 z 的中误差为

$$m_z = \pm\sqrt{m_{x_1}^2 + m_{x_2}^2 + \cdots + m_{x_n}^2} \tag{5—9}$$

如果各未知量的观测值为等精度观测，设其中误差为 m，即 $m_{x_1}^2 = m_{x_2}^2 = \cdots = m_{x_n}^2 = m^2$，则式（5—9）可写成

$$m_z = \pm m\sqrt{n} \tag{5—10}$$

【例 5—4】用经纬仪观测某角四个测回，其观测值为 $L_1 = 60°30'36''$、$L_2 = 60°30'42''$、$L_3 = 60°30'24''$、$L_2 = 60°30'38''$，如果一测回测角的中误差为 ±6″，试求该角的中误差。

解：该角值的最后结果 β 就是四个测回所测角值的算术平均值，即

$$\beta = \frac{L_1 + L_2 + L_3 + L_4}{4}$$

则

$$m_\beta = \pm\sqrt{\frac{4 \times 6^2}{4^2}} = \pm 3''$$

三、一般函数的中误差

设有一般函数

$$Z = f\ (x_1,\ x_2,\ \cdots,\ x_n)$$

Z 的中误差为

$$m_z = \pm\sqrt{(\frac{\partial f}{\partial x_1})^2 m_1^2 + (\frac{\partial f}{\partial x_2})^2 m_2{}^2 + \cdots + (\frac{\partial f}{\partial x_n}) m_n^2} \tag{5—11}$$

式（5—11）是误差传播定律的一般形式。前述的式子都可以看成是式（5—11）的特例。

【例 5—5】有一长方形，测得其长为 32.41 ±0.02 m，宽为 24.36 ±0.01 m。求该长方形的面积及其中误差。

解：设长为 a，宽为 b，面积为 S。

则有 $S = ab = 32.41 \times 24.36 = 789.51\ \text{m}^2$

$$m_z = \pm\sqrt{(\frac{\partial S}{\partial a})^2 m_a^2 + (\frac{\partial S}{\partial b})^2 m_b^2} = \pm\sqrt{b^2 m_a^2 + a^2 m_b^2}$$

$$= \pm\sqrt{24.36^2 \times (\pm 0.02)^2 + 32.41^2 \times (\pm 0.01)^2}$$

$$= \pm 0.59\ \text{m}^2$$

所以，该长方形的面积为 $S = 789.51 \pm 0.59\ \text{m}^2$。

综上所述，应用误差传播定律求观测值函数的中误差，可归纳为如下三步：

（1）按问题要求写出函数式，函数式中可直接观测的未知量必须是相互独立的。

（2）对函数式全微分，写出函数的真误差与观测值中误差之间的关系式。

（3）写出函数中误差与观测值中误差之间的关系式。

思考与练习

1. 某直线段丈量了四次，其结果为 124.387 m，124.375 m，124.396 m，124.385 m。计算其算术平均值、观测值中误差、算术平均值中误差和相对误差。

2. 用 DJ_6 型光学经纬仪对某水平角进行了五个测回观测，其角度分别为 132°18′12″，132°18′09″，132°18′18″，132°18′15″，132°18′06″。计算其算术平均值、观测值的中误差和算术平均值的中误差。

3. 在一个三角形中，观测了两个内角 α 和 β，其中误差为 $m_\alpha = \pm 6''$，$m_\beta = \pm 8''$，求第三个角度 γ 的中误差 m_γ。

4. 设在图上量得某圆半径 $R = 156.5 \pm 0.5$ mm，求圆周长及其中误差和圆面积及其中误差。

5. 有一长方形，测得其边长为 25.000 ±0.005 m 和 20.00 ±0.004 m。求该长方形的面积及其中误差。

模块六

平面控制测量

从前面几个模块的学习可以知道，无论是测绘还是测设，都要先在测区范围内选定一些有控制意义的点，组成一定的集合图形，然后用精密的测量仪器和精确的测量方法测定它们的位置和高程，再以这些点为基础，测定其他碎部点的位置。这些有意义的点组成了测区的骨干点，即控制点。测定它们相对位置的工作称为控制测量。

控制测量可分为平面控制测量和高程控制测量，本模块主要讲解平面控制测量。其中，导线测量和 GPS 测量都是平面控制测量的方法。

任务一　导 线 测 量

◆ 了解导线的布设形式。

◆ 掌握导线测量的外业工作。

◆ 掌握导线测量的内业计算。

◆ 能根据具体地形地貌设计导线测量的方案并达到《工程测量规范》（GB 50026—2007）的相关技术要求。

图 6—1 所示是狮子坝湖心岛平面图，要求在该区域内建立一条以 AB 为基边，边数不

小于5，边长不小于25 m的闭合导线，并计算各点的坐标值。已知，基边AB的方位角为59°28′48″，A点坐标为（1 234，4 567）。

图6—1 狮子坝湖心岛平面图

狮子坝湖心岛是一块较规则的空旷原始区域。该地区地形起伏不大，地势相对平坦，植被稀少且无阻碍观测视野的高大植物——通视良好，以AB为基边顺着湖边水泥路设点（湖中小岛部分），注意边长前后均匀，图根导线用钢尺往返丈量，其相对误差不得超过1/2 000。

一、导线测量的概念

将测区内相邻控制点B、A、1、2、3、4、5以直线相连而构成的折线称为导线，如图6—2所示。构成导线的控制点称为导线点，如图6—2所示的点B、A、1、2、3、4、5；控

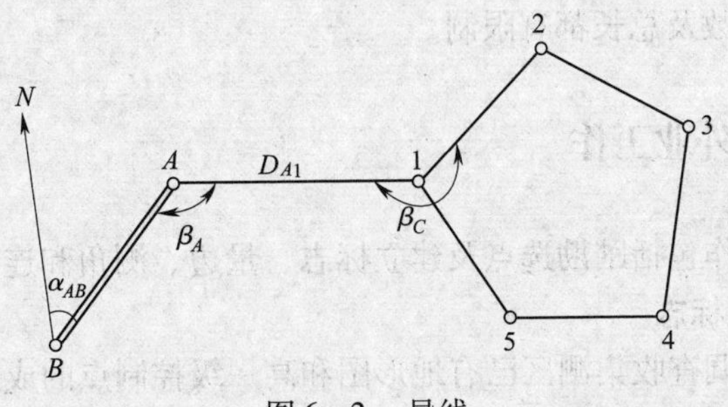

图6—2 导线

制边 BA；转折边 $A1$、15、54、43、32、21（又称导线边）；水平角 β_A、β_C 称为转折角，其中 β_A、β_C 在导线前进方向的右侧，称为右角，$360°-\beta_A$，$360°-\beta_C$ 在导线前进方向的左侧，α_{AB} 为起始边 BA 的方位角。导线测量就是依次测定各导线边的长度和各转折角的角度，再根据起算数据，推算各导线边的坐标方位角，从而求出各导线点的坐标。

用经纬仪测量转折角，用钢尺测定导线的边长，称为经纬仪导线；若用光电测距仪测定导线的边长，则称为光电测距导线。

二、导线的布设形式

导线测量是建立小地区平面控制网常用的一种方法。根据测区的具体情况，单一导线的布设有下列三种基本形式（见图 6—3）。

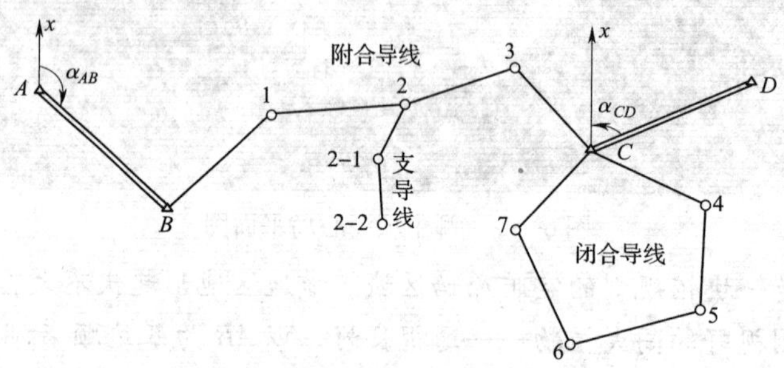

图 6—3　导线的布设形式

1. 闭合导线

以高级控制点 C、D 中的点 C 为起始点，并以 CD 边的坐标方位角 α_{CD} 为起始坐标方位角，经过点 4、5、6、7 后仍回到起始点 C，形成一闭合多边形的导线称为闭合导线。

2. 附合导线

以高级控制点 A、B 中的 B 点为起始点，以 AB 边的坐标方位角 α_{AB} 为起始坐标方位角，经过点 1、2、3，附合到另外两个高级控制点 C、D 中的点 C，并以 CD 边的坐标方位角 α_{CD} 为终边坐标方位角，这样的导线称为附合导线。

3. 支导线

由已知点 2 出发延伸出去（如 2—1、2—2）的导线称为支导线。由于支导线缺少对观测数据的校核，故其边数及总长都有限制。

三、导线测量的外业工作

导线测量的外业工作包括踏勘选点及建立标志、量边、测角和连测。

1. 踏勘选点及建立标志

在踏勘选点前，应调查收集测区已有地形图和高一级控制点的成果资料，把控制点展绘在地形图上，然后在地形图上拟订导线的布设方案，最后到野外去踏勘，实地核对、修改、落实点位。如果测区没有地形图资料，则需详细踏勘现场，根据已知控制点的分布、测区地形条件及测图和施工需要等具体情况，合理地选定导线点的位置。

实地选点时，应注意下列几点：

(1) 相邻点间通视良好，地势较平坦，便于测角和量距。

(2) 点位应选在土质坚实处，便于保存标志和安置仪器。

(3) 视野开阔，便于施测碎部。

(4) 导线各边的长度应大致相等，除特别情形外，对于二级、三级导线，其边长应不大于 350 m，也不宜小于 50 m。

(5) 导线点应有足够的密度，且分布均匀，便于控制整个测区。

导线点选定后，要在每个点位上打一大木桩（见图 6—4），桩顶钉一小钉，作为临时性标志；若导线点需要保存的时间较长，就要埋设混凝土桩（见图 6—5），桩顶刻十字，作为永久性标志。导线点应统一编号。为了便于寻找，应量出导线点与附近固定且明显的地物点的距离，绘一草图，注明尺寸，称为点之记，如图 6—6 所示。

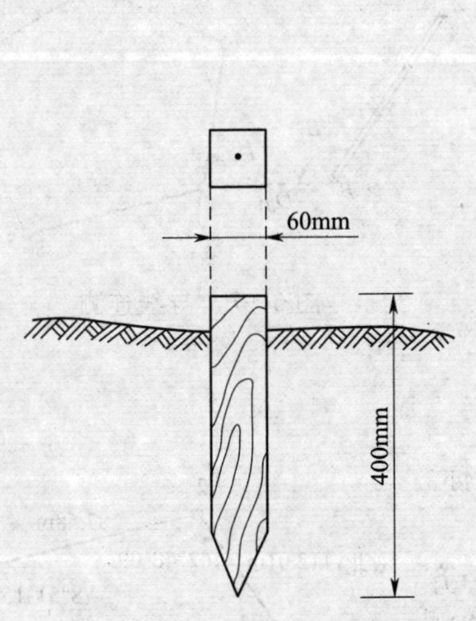

图 6—4 （临时）导线点的埋设

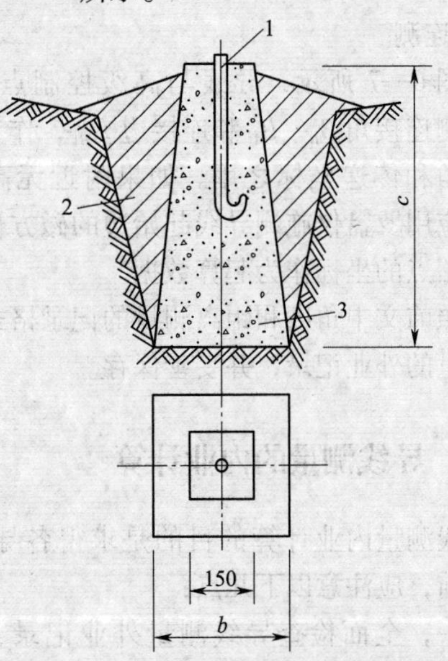

图 6—5 （永久）导线点的埋设

1—粗钢筋 2—回填土 3—混凝土

b、c—视埋设深度而定

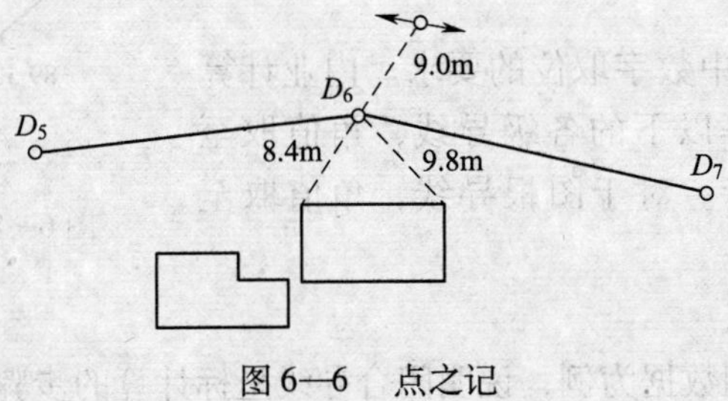

图 6—6 点之记

2．量边

导线边长可用光电测距仪测定，测量时要同时观测竖直角，供倾斜改正之用。若用钢尺丈量，钢尺必须经过检定。对于一级、二级、三级导线，应按钢尺量距的精密方法进行丈量。对于图根导线，用一般方法往返丈量，取其平均值，并要求其相对误差不大于1/3 000。钢尺量距结束后，应进行尺长改正、温度改正和倾斜改正，三项改正后的结果作为最终成果。

3．测角

用测回法施测导线左角（位于导线前进方向左侧的角）或右角（位于导线前进方向右侧的角），一般，在附合导线或支导线中测量导线的左角，在闭合导线中均测内角。若闭合导线按顺时针方向编号，则其右角就是内角。

对于图根导线，一般用 DJ_6 型光学经纬仪观测一个测回。若盘左、盘右测得角值的较差不超过40″，则取其平均值作为一测回成果。

测角时，为了便于瞄准，可用测钎作为照准标志，也可在标志点上用仪器的脚架吊一垂球线作为照准标志。

4．连测

如图6—7 所示，导线与高级控制点连接时，必须观测连接角 β_B、β_1 和连接边 D_{B1}，作为传递坐标方位角和传递坐标之用。如果附近无高级控制点，则应用罗盘仪施测导线起始边的磁方位角，并假定起始点的坐标作为起算数据。

参照前文中角度和距离测量的记录格式，做好导线测量的外业记录，并妥善保存。

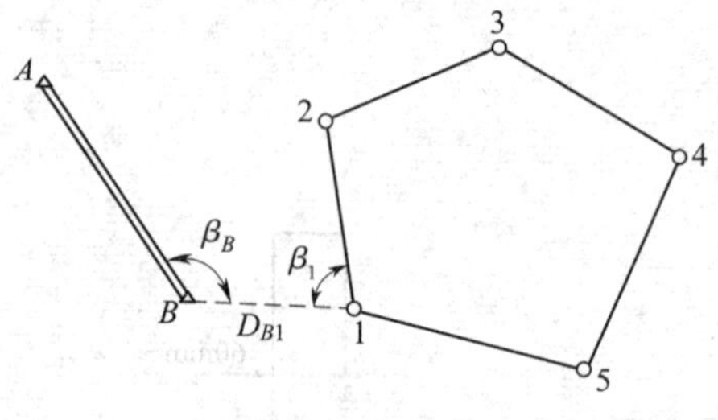

图6—7　导线连测

四、导线测量的内业计算

导线测量内业计算的目的是求得各导线点的坐标。计算之前，应注意以下几点：

第一，全面检查导线测量外业记录、数据是否齐全，有无记错、算错，成果是否符合精度要求，起算数据是否准确。

第二，绘制导线略图，把各项数据标注于图上的相应位置，如图6—8 所示。

第三，确定内业计算中数字取位的要求。内业计算中数字的取位，对于四等以下的各级导线，角值取至秒，边长及坐标取至毫米。对于图根导线，角值取至秒，边长和坐标取至厘米。

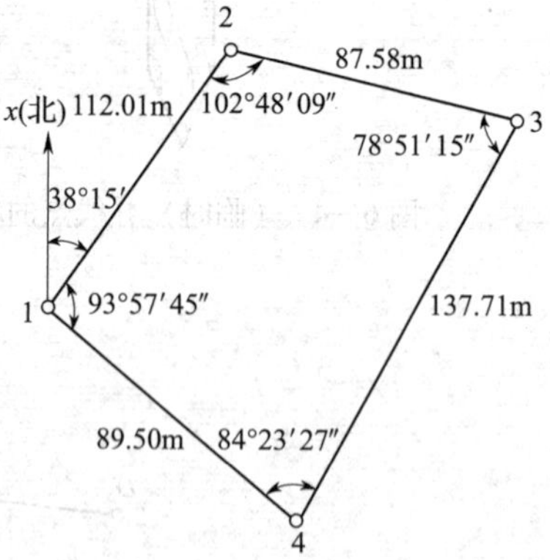

图6—8　闭合导线实测数据

1．闭合导线坐标计算

现以图6—8 中的实测数据为例，说明闭合导线坐标计算的步骤：

(1) 准备工作

将校核过的外业观测数据及起算数据填入闭合导线坐标计算表（见表6—1）中，起算数据用双线标明。

表6—1　　闭合导线坐标计算表

点号	角度观测值	改正后角度	方位角	水平距离	坐标增量		改正后坐标增量		坐标	
	°′″	°′″	°′″	m	Δx/m	Δy/m	Δx/m	Δy/m	x/m	y/m
(1)	(2)	(3)	(4)	(5)	(6)	(7)	(8)	(9)	(10)	(11)
1									200.00	500.00
			38 15 00	112.01	+3 87.96	−1 69.34	87.99	69.33		
2	−9 102 48 09	102 48 00							287.99	569.33
			115 27 00	87.58	+2 −37.64	0 79.08	−37.62	79.08		
3	−9 78 51 15	78 51 06							250.37	648.41
			216 35 54	137.71	+4 −110.56	−1 −82.10	−110.52	−82.11		
4	−9 84 23 27	84 23 18							139.85	566.30
			312 12 36	89.50	+2 60.13	−1 −66.29	60.15	−66.30		
1	−9 93 57 45	93 57 36							200.00	500.00
			38 15 00							
Σ	360 00 36	360 00 00		426.80	−0.11	+0.03	0.00	0.00		

$f_\beta = \sum\beta - (n-2) \times 180° = +36''$

$f_{\beta容} = \pm 40''\sqrt{n} = \pm 80''$

$f_\beta \leqslant f_{\beta容}$（合格）

$\sum D = 426.80$ m

$f_x = \sum \Delta x = -0.11$ m

$f_y = \sum \Delta y = +0.03$ m

$f = \sqrt{f_x^2 + f_y^2} = 0.114$ m

$k = \frac{f}{\sum D} = \frac{1}{3\,700} < \frac{1}{2\,000}$（符合精度要求）

(2) 角度闭合差的计算与调整

n 边形闭合导线内角和理论值为

$$\sum\beta_{理} = (n-2) \times 180° \tag{6—1}$$

由于观测角度时不可避免地含有误差，致使实测的内角之和 $\sum\beta_{测}$ 不等于理论值 $\sum\beta_{理}$，而产生角度闭合差 f_β，其计算式为

$$f_\beta = \sum\beta_{理} - \sum\beta_{测} \tag{6—2}$$

各级导线角度闭合差的容许值为 $f_{\beta容}$。若 f_β 超过 $f_{\beta容}$，则说明所测角度不符合要求，应重新检测角度。若 f_β 不超过 $f_{\beta容}$，可将角度闭合差反符号平均分配到各观测角度中。

改正后内角和应为（$n-2$）×180°，本例应为360°，以作计算校核。

（3）推算各边的坐标方位角

根据起始边的已知坐标方位角及改正后的水平角，按下列公式推算其他各前视导线边的坐标方位角：

$$\alpha_{前}=\alpha_{后}+180°+\beta_{左}$$

或

$$\alpha_{前}=\alpha_{后}+180°-\beta_{右} \tag{6—3}$$

本例观测右角，按式（6—3）推算出导线各边的坐标方位角，列入表6—1的第4栏。在推算过程中必须注意：

1）如果推算出的 $\alpha_{前}>360°$，则应减去360°。

2）如果推算出的 $\alpha_{前}<0°$，则应加上360°。

3）推算闭合导线各边坐标方位角，直至最后推算出的起始边坐标方位角，它应与原有的起始边已知坐标方位角值相等，否则应重新检查计算。

（4）坐标增量的计算及其闭合差的调整

1）坐标增量的计算。如图6—9所示，设点1的坐标（x_1，y_1）和1—2边的坐标方位角 α_{12} 均为已知，水平距离 D_{12} 也可测得，则点2的坐标为

$$x_2=x_1+\Delta x_{12}$$
$$y_2=y_1+\Delta y_{12}$$

式中，Δx_{12}、Δy_{12} 称为坐标增量，也就是直线两端点的坐标值之差。

上式说明，欲求待定点的坐标，必须先求出坐标增量。根据图6—9中的几何关系，可写出坐标增量的计算公式（即坐标正算公式）：

$$\left.\begin{aligned}\Delta x_{12}&=D_{12}\cdot\cos\alpha_{12}\\ \Delta y_{12}&=D_{12}\cdot\sin\alpha_{12}\end{aligned}\right\} \tag{6—4}$$

式中：Δx 及 Δy 的正负号由 $\cos\alpha$ 及 $\sin\alpha$ 的正负号决定。

本例按式（6—4）所得的坐标增量，填入表6—1中的第6、第7两栏中。

2）坐标增量闭合差的计算与调整。从图6—10中可以看出，闭合导线纵、横坐标增量代数和的理论值应为零，即

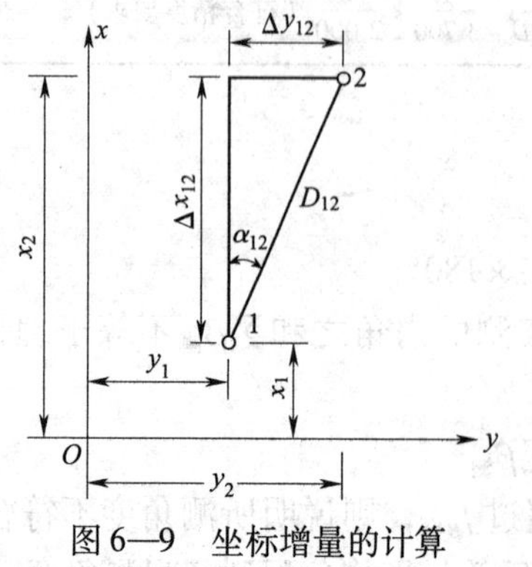

图6—9　坐标增量的计算

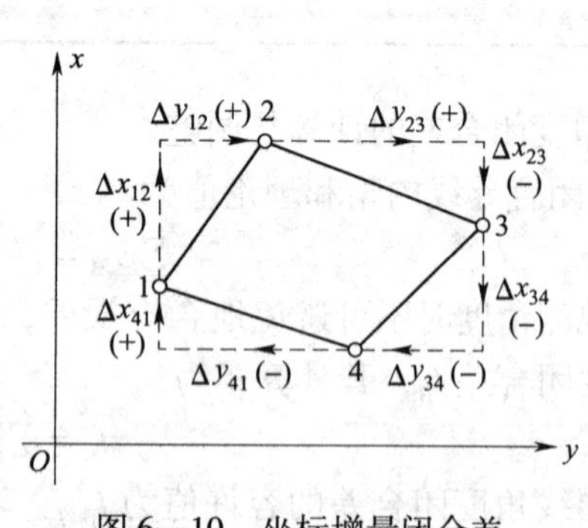

图6—10　坐标增量闭合差

$$\left.\begin{array}{l}\sum \Delta x_{\text{理}}=0 \\ \sum \Delta y_{\text{理}}=0\end{array}\right\} \tag{6—5}$$

实际上，由于量边的误差，往往使$\sum \Delta x_{\text{测}}$、$\sum \Delta y_{\text{测}}$不等于零，而产生纵坐标增量闭合差f_x与横坐标增量闭合差f_y，即

$$\left.\begin{array}{l}f_x=\sum \Delta x_{\text{测}}-\sum \Delta x_{\text{理}}=\sum \Delta x_{\text{测}} \\ f_y=\sum \Delta y_{\text{测}}-\sum \Delta y_{\text{理}}=\sum \Delta y_{\text{测}}\end{array}\right\} \tag{6—6}$$

从图 6—11 可以明显看出，由于f_x、f_y 的存在，使导线不能闭合。1—1′的长度 f_D 称为导线全长闭合差，并用式（6—7）计算：

$$f_D=\sqrt{f_x^2+f_y^2} \tag{6—7}$$

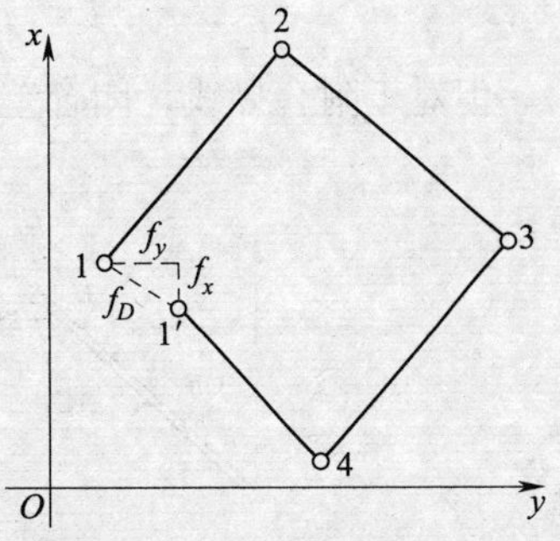

图 6—11　导线全长闭合差

仅从f_D值的大小还不能说明导线测量的精度是否满足要求，故应当将f_D与导线全长$\sum D$ 相比，以分子为 1 的分数来表示导线全长的相对闭合差，即

$$K=\frac{f_D}{\sum D}=\frac{1}{\sum D / f_D} \tag{6—8}$$

即以导线全长的相对闭合差 K 来衡量导线测量的精度较为合理，K 的分母值越大，精度越高。若 K 超过 $K_{\text{容}}$，则说明成果不合格，此时应首先检查内业计算有无错误，必要时重测导线边长。若 K 未超过 $K_{\text{容}}$，则说明成果符合精度要求，可以进行调整，将f_x、f_y 反其符号按与边长成正比分配到各边的纵、横坐标增量中去。以 v_{xi}、v_{yi}分别表示第 i 边的纵、横坐标增量改正数，即

$$\left.\begin{array}{l}v_{xi}=-\dfrac{f_x}{\sum D} \cdot D_i \\ v_{yi}=-\dfrac{f_y}{\sum D} \cdot D_i\end{array}\right\} \tag{6—9}$$

纵、横坐标增量改正数之和应满足式（6—10）：

$$\left.\begin{array}{l}\sum v_x=-f_x \\ \sum v_y=-f_y\end{array}\right\} \tag{6—10}$$

计算出的各边坐标增量改正数（取位到 cm）填入表 6—1 中的第 6、第 7 两栏坐标增量计算值的右上方（如 +3，−1 等）。

各边坐标增量值加改正数，即得各边改正后的坐标增量，填入表 6—1 中的第 8、第 9 两栏。改正后纵、横坐标增量的代数和应分别为零，以作计算校核。

（5）计算各导线点的坐标

根据起点 1 的已知坐标（本例为假定值：x_1，y_1）及改正后各边坐标增量，用式（6—11）依次推算 2、3、4 各点的坐标：

$$\left.\begin{array}{l}x_{\text{前}}=x_{\text{后}}+\Delta x_{\text{改正}} \\ y_{\text{前}}=y_{\text{后}}+\Delta y_{\text{改正}}\end{array}\right\} \tag{6—11}$$

算得的坐标值填入表6—1中的第10、第11两栏。最后还应推算起点1的坐标，其值应与原有的已知值相等，以作校核。

2．附合导线坐标计算

附合导线的坐标计算步骤与闭合导线的相同，角度闭合差与坐标增量闭合差的计算公式和调整原则也与闭合导线的相同，即式（6—2）和式（6—6）：

$$f_\beta = \sum\beta_{测} - \sum\beta_{理}$$

$$f_x = \sum\Delta x_{测} - \sum\Delta x_{理}$$

$$f_y = \sum\Delta y_{测} - \sum\Delta y_{理}$$

但对于附合导线，闭合差计算公式中的f_β与闭合导线的不同。下面着重介绍其不同点。

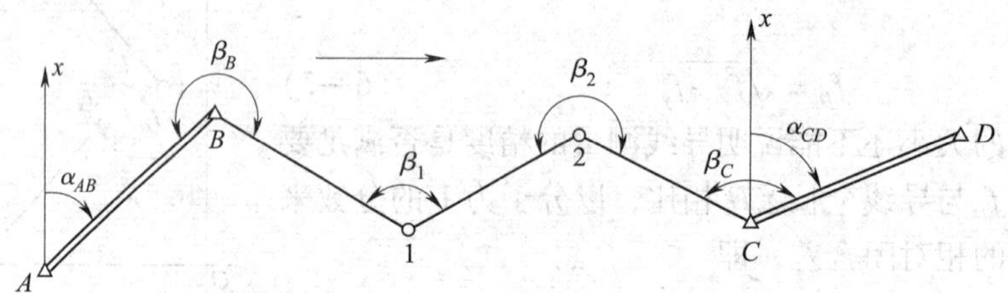

图6—12　附合导线图

（1）角度闭合差中$\sum\beta_{理}$的计算

设附合导线如图6—12所示，已知起始边AB的坐标方位角α_{AB}和终边CD的坐标方位角α_{CD}。观测所有左角（包括连接角β_B和β_C）的值，由式（6—3）有

$$\alpha_{B1} = \alpha_{AB} - 180° + \beta_B$$

$$\alpha_{12} = \alpha_{B1} - 180° + \beta_1$$

$$\alpha_{2C} = \alpha_{12} - 180° + \beta_2$$

$$\alpha_{CD} = \alpha_{2C} - 180° + \beta_C$$

将以上各式左、右分别相加，得

$$\alpha_{CD} = \alpha_{AB} - 4\times180° + \sum\beta^{左}$$

写成一般公式为

$$\alpha_{终} = \alpha_{始} - n\times180° + \sum\beta^{左}$$

式中，n为水平角观测个数。满足上式的$\sum\beta^{左}$即为其理论值。将上式整理可得

$$\sum\beta_{理}^{左} = \alpha_{终} - \alpha_{始} + n\times180° \tag{6—12}$$

若观测右角，同样可得以下公式：

$$\sum\beta_{理}^{右} = \alpha_{始} - \alpha_{终} + n\times180° \tag{6—13}$$

（2）坐标增量闭合差中$\sum\Delta x_{理}$、$\sum\Delta y_{理}$的计算

对图6—12的附合导线，有

$$\Delta x_{B1} = x_1 - x_B$$

$$\Delta x_{12} = x_2 - x_1$$

$$\Delta x_{2C} = x_C - x_2$$

将以上各式左、右分别相加，得$\sum \Delta x = x_C - x_B$

写成一般公式为

$$\sum \Delta x_{理} = x_{终} - x_{始}$$

同样可得

$$\sum \Delta y_{理} = y_{终} - y_{始}$$

附合导线的坐标增量代数和的理论值应等于终、始两点的已知坐标值之差。

附合导线的导线全长闭合差、全长相对闭合差和容许相对闭合差的计算，以及增量闭合差的调整等均与闭合导线的相同。

附合导线坐标计算的全过程，见表 6—2 的算例。

表 6—2　　附合导线坐标计算表

点号	角度观测值	改正后角度	方位角	水平距离	坐标增量		改正后坐标增量		坐标	
	° ′ ″	° ′ ″	° ′ ″	m	Δx/m	Δy/m	Δx/m	Δy/m	x/m	y/m
(1)	(2)	(3)	(4)	(5)	(6)	(7)	(8)	(9)	(10)	(11)
A										
			45 00 12							
B	−6 239 29 15	239 29 09							921.32	102.75
			104 29 21	187.62	+3 −46.94	−3 181.65	−46.91	181.62		
1	−6 157 44 39	157 44 33							874.41	284.37
			82 13 54	158.79	+3 21.46	−2 157.33	21.49	157.31		
2	−6 204 49 51	204 49 45							895.90	441.68
			107 03 39	129.33	+2 −37.943	−2 123.64	−37.92	123.62		
C	−6 149 41 15	149 41 09							875.98	565.30
			76 44 48							
D										
Σ	751 45 00	751 44 36		426.80	−0.11	+0.03	0.00	0.00		

$\sum D = 475.74$ m

$\sum \Delta x_{理} = -63.34$ m

$f_{\beta容} = \pm 40''\sqrt{n} = \pm 80''$　　$\sum \Delta y_{理} = 462.55$ m

$f_{\beta测} = \alpha_{终} - \alpha_{始} + n \times 180° = 751°44'36''$　　$f_x = \sum \Delta x - (x_{终} - x_{始}) = -0.08$ m

$f_\beta = \sum \beta - \sum \beta_{理} = +24''$　　$f_y = \sum \Delta y - (y_{终} - y_{始}) = +0.07$ m

$f_\beta \leqslant f_{\beta容}$（合格）　　$f = \sqrt{f_x^2 + f_y^2} = 0.107$ m

$k = \dfrac{f}{\sum D} = \dfrac{1}{4\ 400} < \dfrac{1}{2\ 000}$（符合精度要求）

3. 支导线的坐标计算

支导线中没有多余的观测值，因此也没有闭合差产生，导线转折角和计算的坐标增量均不需要改正。

支导线的计算步骤如下：

(1) 根据观测的转折角推算各边坐标方位角。

(2) 根据各边坐标方位角和边长计算坐标增量。

(3) 根据各边的坐标增量推算各点的坐标。

以上各计算步骤的计算方法同闭合导线。

一、工具准备(见表 6—3)

表 6—3　　工具和设备准备

序号	设 备	序号	工量具
1	DJ_2 型经纬仪一台	1	测钎若干
2	三脚架一副	2	50 m 钢卷尺
		3	记录板一个
		4	铅笔 1 支
		5	直尺 1 把
		6	量角器 1 个

二、实施步骤

1. 布设如图 6—13 所示的 4 个导线点(1、2、3、4)。

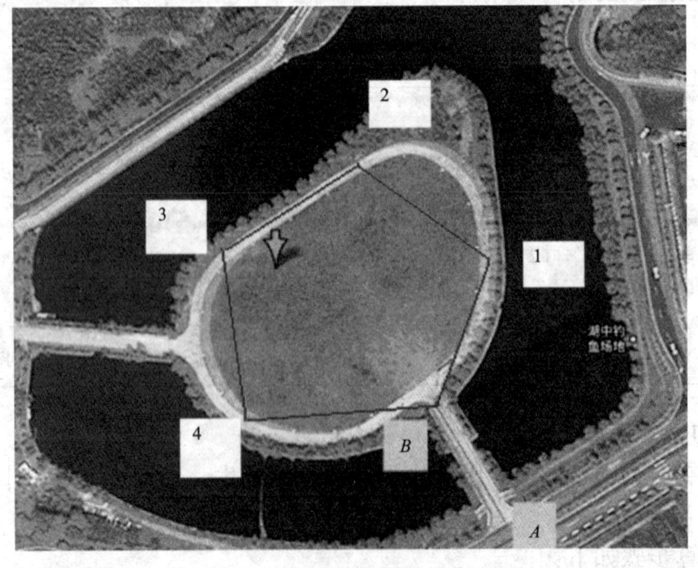

图 6—13　布设导线点

2. 用钢尺往返测量边长 D_{B1}、D_{12}、D_{23}、D_{34}、D_{4B}。
3. 用经纬仪测量五边形 $B1234$ 的各内角（自 $B-1-2-3-4$ 逆时针旋转）。
4. 角度闭合差的计算与调整 $f_\beta=\sum\beta_{理}-\sum\beta_{测}$，其中 $\sum\beta_{理}=(n-2)\times180°$。
5. 推算方位角 $\alpha_{前}=\alpha_{后}+180°+\beta_{左}$。
6. 计算坐标增量值 $\Delta x=D\cos\alpha$，$\Delta y=D\sin\alpha$。
7. 计算 f_x，f_y 及导线全长闭合差 K。
8. 计算坐标。

控制测量

在绪论中已经提过，测量工作必须遵循“从整体到局部，先控制后碎部”的原则，先建立控制网，然后根据控制网进行碎部测量或测设。控制网分为平面控制网和高程控制网。

测定控制点平面位置（x，y）的工作称为平面控制测量，测定控制点高程（H）的工作称为高程控制测量。国家控制网是在全国范围内建立的控制网，它是全国各种比例尺测图的基本控制，并为确定地球的形状和大小提供研究资料。国家控制网是用精密测量仪器和方法依照施测精度按一等、二等、三等、四等四个等级逐级控制建立的。

如图 6—14 所示，一等三角锁是国家平面控制网的骨干。二等三角网布设于一等三角锁环内，是国家平面控制网的全面基础。三等、四等三角网为二等三角网的进一步加密。建立国家平面控制网主要采用三角测量的方法。

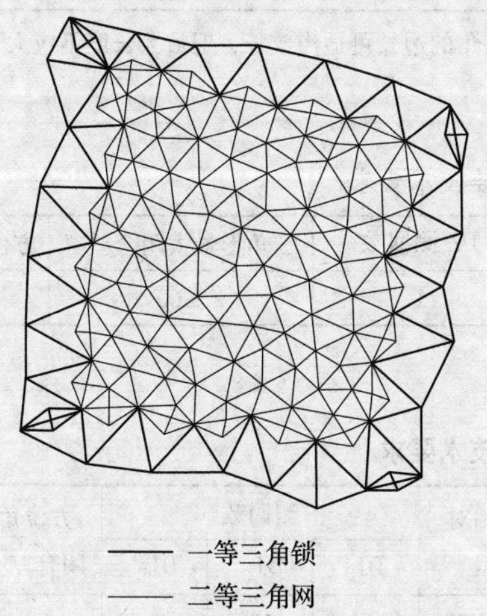

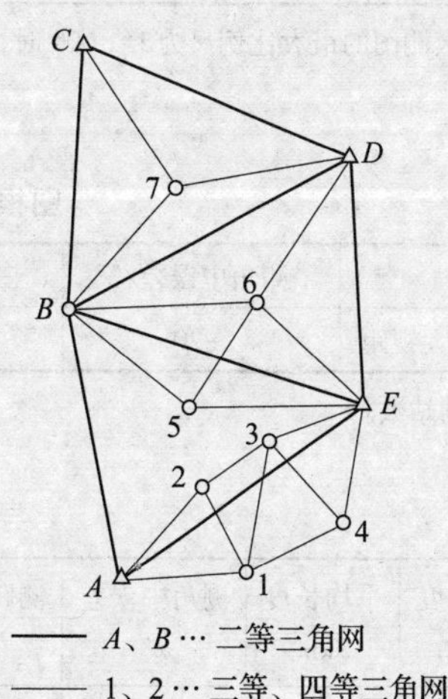

图 6—14 国家三角网

图 6—15 所示是国家水准网布设示意图，一等水准网是国家高程控制网的骨干。二等水准网布设于一等水准网环内，是国家高程控制网的全面基础。三等、四等水准网为国家高程控制网的进一步加密。建立国家高程控制网主要采用精密水准测量的方法。

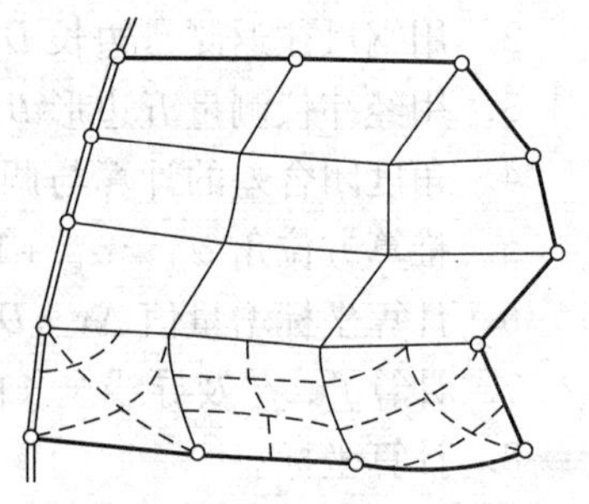

图 6—15　国家水准网

在城市或厂矿地区，一般应在上述国家控制点的基础上，根据测区的大小、城市规划和施工测量的要求，布设不同等级的城市平面控制网，以供地形测图和施工放样使用。

按《工程测量规范》（GB 50026—2007）要求，平面控制网的主要技术要求见表 6—4、表 6—5、表 6—6 和表 6—7。

表 6—4　　三角测量的主要技术要求

等级		平均边长/km	测角中误差/″	起始边边长相对误差	最弱边边长相对误差	测回数			三角形最大闭合差/″
						DJ_1	DJ_2	DJ_3	
二等		9	±1	≤1/250 000	≤1/120 000	12	—	—	±3.5
三等	首级	4.5	±1.8	≤1/150 000	≤1/70 000	6	9	—	±7
	加密			≤1/120 000					
四等	首级	2	±2.5	≤1/100 000	≤1/40 000	4	6	—	±9
	加密			≤1/70 000					
一级小三角		1	±5	≤1/40 000	≤1/20 000	—	2	4	±15
二级小三角		0.5	±10	≤1/20 000	≤1/10 000		1	2	±30

注：当测区测图的最大比例尺为 1∶1 000 时，一级、二级小三角的边长可适当放长，但最大长度不应大于表中规定的 2 倍。

表 6—5　　图根三角测量的主要技术要求

边长/m	测角中误差/″	三角形个数	DJ_6 测回数	三角形最大闭合差/″	方位角闭合差/″
≤1.7 测图最大视距	±20	≤13	1	±60	$\pm 40\sqrt{n}$

注：n 为测站数。

表 6—6　　导线测量的主要技术要求

等级	导线长度/km	平均长度/km	测角中误差/″	测距中误差/mm	测距相对误差	测回数			方位角闭合差/″	相对闭合差
						DJ_1	DJ_{21}	DJ_{61}		
三等	14	3	±1.8	±20	≤1/150 000	6	10	-	$\pm 3.6\sqrt{n}$	
四等	9	1.5	±2.5	±18	≤1/80 000	4	6	-	$\pm 5\sqrt{n}$	
一级	4	0.5	±5	±15	≤1/30 000	-	2	4	$\pm 10\sqrt{n}$	

续表

等级	导线长度/km	平均长度/km	测角中误差/″	测距中误差/mm	测距相对误差	测回数			方位角闭合差/″	相对闭合差
						DJ_1	DJ_{21}	DJ_{61}		
二级	2.4	0.25	±8	±15	≤1/14 000	–	1	3	$\pm 16\sqrt{n}$	
三级	1.2	0.1	±12	±15	≤1/7 000	–	1	2	$\pm 24\sqrt{n}$	

注：①表中 n 为测站数。

②当测区测图的最大比例尺为1∶1 000时，一级、二级、三级导线的平均边长及总长可适当放长，但最大长度不应大于表中规定的2倍。

表6—7　图根导线测量的主要技术要求

导线长度/m	相对闭合差	边长/m	测角中误差/″		DJ_6测回数	方位角闭合差/″	
			一般	首级控制		一般	首级控制
≤1.0M	≤1/2 000	≤1.5测图最大视距	±30	±20	1	$\pm 60\sqrt{n}$	$\pm 40\sqrt{n}$

注：①M 为测图比例尺的分母。

②隐蔽或施测困难地区，导线相对闭合差可放宽，但不应大于1/1 000。

直接供地形测图使用的控制点称为图根控制点，简称图根点。测定图根点位置的工作，称为图根控制测量。图根点的密度（包括高级点）取决于测图比例尺和地物、地貌的复杂程度，平坦开阔地区图根点的密度可参考表6—8的规定，对于困难地区、山区，表中规定的点数可以适当增加。

表6—8　一般地区解析图根点的个数

测图比例尺	图幅尺寸/cm×cm	解析控制点/个
1∶500	50×50	8
1∶1 000	50×50	12
1∶2 000	50×50	15
1∶5 000	40×40	30

注：①表中所列点数指施测该幅图时，可利用的全部解析控制点。

②当采用电子测速仪测图时，控制点数量可适当减少。

一个城市或厂矿拟布设哪一级控制作为首级控制，主要应根据该城市或厂矿的规模来确定。中小城市一般以四等网作为首级控制网；面积在15 km^{2}以下的小城镇，可用一级导线网作为首级控制；面积在0.5 km^{2}以下的测区，图根控制网可作为首级控制；厂区可布设建筑方格网。

城市或厂矿地区的高程控制分为二等、三等、四等、五等水准测量和图根水准测量等几个等级，它是城市大比例尺测图及工程测量的高程控制，其主要技术要求见表6—9和表6—10。同样，应根据城市或厂矿的规模确定城市首级水准网的等级，然后再根据等级水准点测定图根点的高程。

表 6—9　　水准测量的主要技术

等级	每千米高差中误差/mm	路线长度/km	水准仪型号	水准尺	观测次数		往返较差、附合或环线闭合差	
					与已知点连测	附合或环线	平地/mm	山地/mm
二等	±2	—	DS_1	铟瓦	往返各一次	往返各一次	$\pm4\sqrt{L}$	—
三等	±6	≤50	DS_1	铟瓦	往返各一次	往一次	$\pm12\sqrt{L}$	$\pm4\sqrt{n}$
			DS_3	双面		往返各一次		
四等	±10	≤16	DS_3	双面	往返各一次	往一次	$\pm20\sqrt{L}$	$\pm6\sqrt{n}$
五等	±15	—	DS_3	单面	往返各一次	往一次	$\pm30\sqrt{L}$	—

注：①节点之间或节点与高级点之间，其路线的长度，不应大于表中规定的 0.7 倍。

②L 为往返测段、附合或环线的水准路线长度（单位为 km），n 为测站数。

表 6—10　　图根水准测量的主要技术要求

仪器类型	每千米高差中误差/mm	附合路线长度/km	实现长度/km	观测次数		往返较差、附合或环线闭合差/km	
				与已知点连测	附合或闭合路线	平地	山地
DS_3	±20	≤5	≤100	往返各一次	往一次	$\pm40\sqrt{L}$	$\pm12\sqrt{n}$

注：L 为往返测段、附合或环线的水准路线的长度（单位为 km）。

水准点间的距离，一般地区为 2 ~ 3 km，城市建筑区为 1 ~ 2 km，工业区小于 1 km。一个测区至少设立三个水准点。本章主要讨论小地区（10 km^2 以下）控制网建立的有关问题。

1. 选择测图控制点（导线点）应注意哪些问题？

2. 在导线计算中，角度闭合差的调整原则是什么？坐标增量闭合差的调整原则是什么？

3. 支导线在使用时为何受到限制？怎样限制？

4. 附合导线 $AB123PQ$ 中 A、B、P、Q 为高级点，已知 $\alpha_{AB}=48°48'48''$，$x_B=1\ 438.38$ m，$y_B=4\ 973.66$ m，$\alpha_{PQ}=331°25'24''$，$x_P=1\ 660.84$ m，$y_P=5\ 296.85$ m；测得导线左角 $\angle B=271°36'36''$，$\angle 1=94°18'18''$，$\angle 2=101°06'06''$，$\angle 3=267°24'24''$，$\angle P=88°12'12''$。测得导线边长：$D_{B1}=118.14$ m，$D_{12}=172.36$ m，$D_{23}=142.74$ m，$D_{3P}=185.69$ m。计算 1、2、3 点的坐标值。

5. 简要说明附合导线和闭合导线在内业计算上的不同点。

6. 在狮子坝湖心岛（见图 6—16）所示区域内建立一条以 AB 和 CD 为基边，边数不小于5，边长不小于15 m 的附合导线并完成内业计算部分。已知：基边 AB 的方位角为$149°40'00''$，B 点坐标为（2 453.84，3 709.65）；基边 CD 的方位角为 $8°52'55''$，C 点坐标为（2 123.44，4 147.75）。

图6—16 狮子坝湖心岛

任务二 GPS 测 量

- 了解 GPS 的组成及坐标系统。
- 掌握 GPS 的外业操作。

工作任务

用 S82 型 GPS 接收仪测量狮子坝湖心岛（见图6—17）区域内已标出的 8 个点的坐标。

导线点附合：因此处并无复杂的地物地貌，测量人员用提供的 S82 型 GPS 接收仪将导线点进行附合。

用 NJCORS 网络 RTK 进行作业：在场区利用 RTK 与 NJCORS 中心建立通信并获得用户许可，建立数据连接，得到在网络固定解状态下测放出的各勘探点坐标的实地位置。

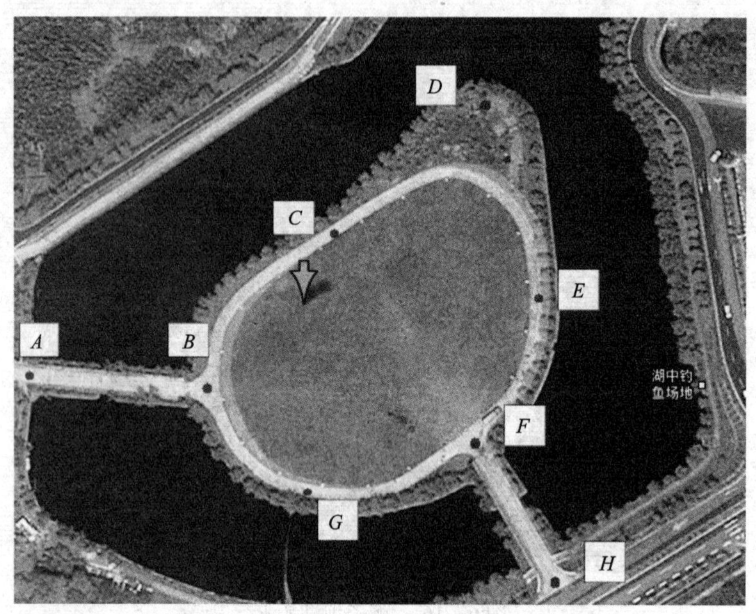

图 6—17　狮子坝湖心岛平面图

高程引测点：假设 H = 18.322 m，位于南京交通技师学院内，为本次提供的导线点。作业人员用 RTK 观测出 8 个点的高程。将测得的坐标填写在表 6—11 中。

表 6—11　　测得的坐标

点名或点号	等级	X	Y	H	方向角	边长（m）	备注

相关理论

一、GPS 全球定位系统的组成

GPS 全球定位系统主要由三部分组成：由 GPS 卫星组成的空间部分、由若干地面站组成的控制部分和以接收机为主体的广大用户部分。三者既有独立的功能和作用，又是有机配合且缺一不可的整体系统。图 6—18 所示为 GPS 全球定位系统的三个组成部分及其配合的情况。

1. 空间部分

空间部分由 24 颗（21 + 3）GPS 卫星组成，均匀分布在倾角为 55°的 6 个轨道上，覆盖全球上空，保证在地球各处能时时观测到高度角 15°以上的 4 颗卫星。

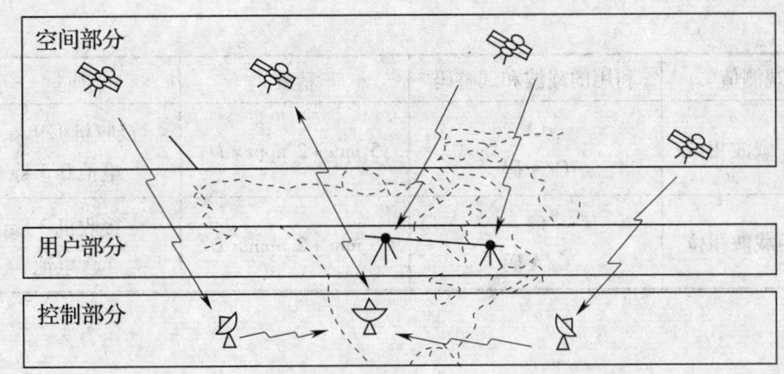

图 6—18　GPS 的空间、控制和用户部分示意图

2. 控制部分

控制部分负责监控全球定位系统的工作，它包括主控站（1 个）、监控站（5 个）和注入站（3 个）。

3. 用户部分

用户部分包括 GPS 接收机硬件、数据处理软件和微处理机及其终端设备等。

GPS 接收机是用户部分的核心，一般由主机、天线和电源三部分组成。其主要功能是跟踪接收 GPS 卫星发射的信号并进行变换、放大和处理，以便测量出 GPS 卫星信号从卫星到接收机天线的传播时间；解释导航电文，实时地计算出测站的三维位置，甚至三维速度和时间。GPS 接收机的基本类型分为导航型和大地型。大地型接收机的类型包括单频（L_1）型和双频（L_1、L_2）型，而双频型接收机又有 C/A 码相关和 C/A 码、P 码相关两种。

在精密定位测量工作中，一般采用大地型双频接收机或单频接收机。单频接收机适用于 10 km 左右或更短距离的精密定位测量，其相对精度能达到 $\pm(5\ \text{mm} + 1\ \text{ppm} \times D)$，$D$ 为基线长度。而双频接收机由于能同时接收卫星发射的两种频率（L_1、L_2）的载波信号，故可进行长距离的精密定位测量，其相对精度可优于 $\pm(5\ \text{mm} + 1\ \text{ppm} \times D)$，但其结构复杂、价格昂贵。表 6—12 列出几种主要 GPS 大地型接收机的技术参数。

表 6—12　几种主要 GPS 大地型接线机的技术参数

型号	观测值	利用的载波和调整码	精度	质量	备注
T14100	伪距载波相位	L1，L2 C/A 码，P 码	15 m（实时） 1 ppm × D（测 3h）	接收机 16 kg， 天机 2 kg	
MiNi - Mac2816	伪距载波相位	L1，L2 C/A 码	1 mm + 1 ppm × D	接收机 20 kg	8 通道
Gepos RS12	伪距载波相位	L1 C/A 码	15 m（实时）5 mm + 1 ppm × D	接收机 2. 8 kg	12 通道
Ashtech M12	伪距载波相位	L1，L2 C/A 码	5 mm + 1 ppm × D		最新抗 AS， Z 跟踪 12 通道
W200	伪距载波相位	L1，L2 C/A 码	5 mm + 1 ppm × D	接收机 2. 2 kg	配快速定位 软件

续表

型号	观测值	利用的载波和调整码	精度	质量	备注
Gss1A	伪距载波相位	L1 C/A 码	5 mm + 2 ppm × D	接收机 1.9 kg， 电池 0.5 kg	8 通道
NGS - 200 （中国南方）	伪距载波相位	L1 C/A 码	5 mm + 2 ppm × D	接收机 3 kg （含电池）	8 通道

二、GPS 坐标系统

任何一项测量工作都需要一个特定的坐标系统（基准）。由于 GPS 是全球性的定位导航系统，其坐标系统也必须是全球性的，根据国际协议确定，称为协议地球坐标系（Coventional Terrestrial System，CTS）。目前，GPS 测量中使用的协议地球坐标系称为 1984 年世界大地坐标系（WGS—84）。

WGS—84 是 GPS 卫星广播星历和精密星历的参考系。它由美国国防部制图局建立并公布。从理论上讲，它是以地球质心为坐标原点的地固坐标系，其坐标系的定向与 BIH1984.0 所定义的方向一致，是目前最高水平的全球大地测量参考系统之一。

现在，我国已建立 1980 年国家大地坐标系（简称 C80），它与 WGS—84 世界大地坐标系之间可以互相转换。

三、GPS 定位测量的实施

GPS 定位测量的实施包括外业工作、成果整理和内业平差计算。

1. 外业工作

主要是利用 GPS 接收机获取 GPS 卫星信号。其工作内容包括天线设置、接收机操作和测站记录等。

2. 成果整理

此项工作包括 GPS 基线向量（一般用厂家提供的商用软件进行），计算同步观测环闭合差、异步多边形闭合差及重复边的较差等，检查它们是否满足规定的要求。

3. 内业平差计算

由外业成果整理得到构成基线向量的三维坐标差 Δx_{ij}，Δy_{ij}，Δz_{ij} 和它们的协方差距阵，这些也是 GPS 网平差计算的观测值，在 WGS—84 坐标系中进行 GPS 网的单独平差，得到 WGS—84 坐标系中的坐标值。根据 WGS—84 坐标系与我国 80 坐标系（C80）之间的互相换算关系，应用相应的软件计算，即能求得国家 80 坐标系（C80）中相应的坐标值。目前已有不少单位研制出 GPS 网内业平差计算的实用软件，并在生产、科研及教学中得到应用。

CASIO 手簿操作步骤

一、测量

测量菜单包括六个子菜单：目标点测量、自动存储、点放样、线放样、曲线放样、线路放样、电力线放样，如图6—19所示。

当前状态为FIXED的时候，就可以开始测量（见图6—20），按Tc切换到文本屏幕（见图6—21），按—键保存当前点，这时弹出如图6—22所示的对话框，在这个界面可以输入点名和天线高。

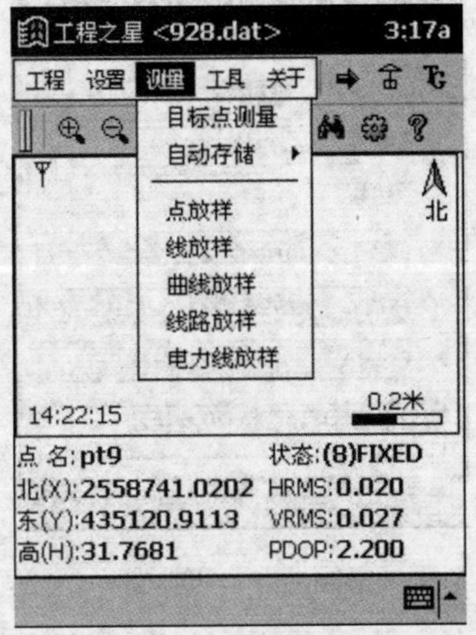

图6—19 测量菜单

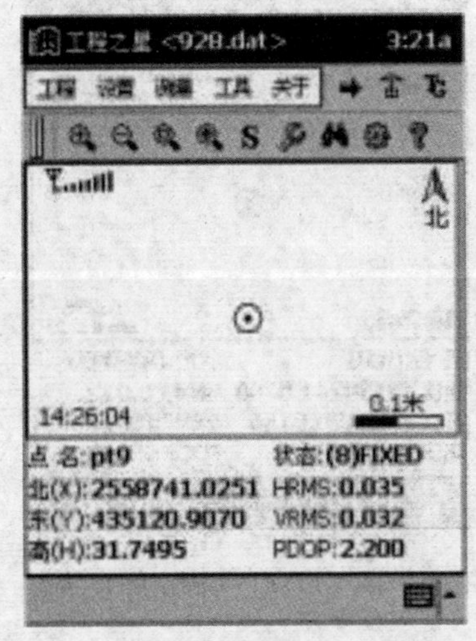

图6—20 测量主屏幕（图形界面）

图6—21 文本屏幕

工程之星 <928.dat> 3:24a
点存储
GPS状态:固定解状态
点 名: pt10
点属性: 00000000
天线高: 2.15
X: 2558741.00763575 0
Y: 435120.906454761 0
H: 33.8965 0
存储点坐标可以直接使用快捷键'—'

图6—22 点存储

单击可以查看当前的状态，包括当前点位状态、卫星状态、基准站状态和快捷键提示。

二、目标点测量

选择测量→目标点测量，当状态为 FIXED 时（见图 6—23）即可以开始测点，按—键存储当前点坐标（坐标存储在新建的文件中），默认点名为 point1（可改），输入天线高，如图 6—24 所示：位置显示的符号有圆圈和三角两种显示方式，当天线位置静止不动或移动的范围小于 2 cm，则以圆形表示，当天线移动的时候，显示位置为三角形，三角形的锐角方向为移动的方向。继续存点时，点名将自动累加（在这里也可以改名存储），在上面的界面中可以看到 H: 108.510581213215 0，这里看到的高程为天线相位中心的高程，当这个点保存到坐标管理库里以后，再打开坐标管理库，看到的该点高程即为测量点的高程。

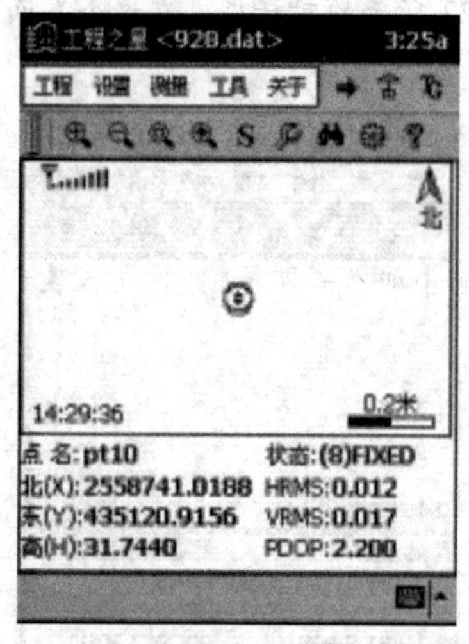

图 6—23　FIXED（固定解）状态

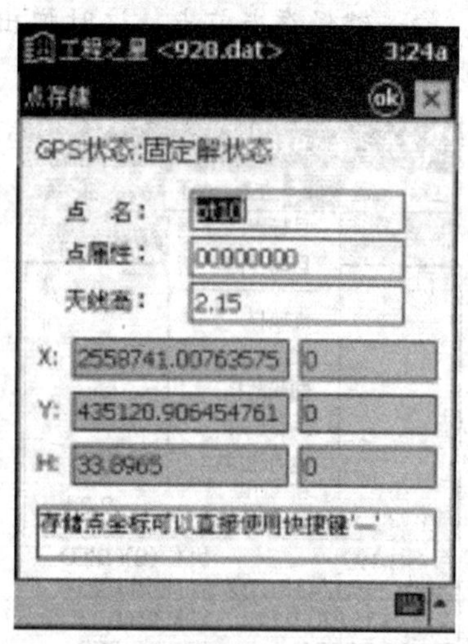

图 6—24　点存储

1. GPS 全球定位系统由几部分组成？
2. 影响 GPS 高程测量幅度的主要因素有哪两个？

模块七

高程控制测量

任务一　三等、四等水准测量

- 了解小地区高程控制测量的方法。
- 熟悉三等、四等水准测量的主要技术指标。
- 掌握三等、四等水准测量的观测方法和表格记录、计算。

工作任务

控制测量除了要完成平面控制测量外，还要进行高程控制测量。小区域地形测图或道路施工测量中，多采用三等或四等水准测量作为高程控制测量的首级控制。在道路施工测量中，多采用三等或四等附合水准路线进行高程控制测量。图 7—1 所示为某道路的三等附合水准测量路线示意图。欲得到 BM_1、BM_2、BM_3、BM_4的高程，需用三等水准测量方法，测出 BM_A与 BM_B之间各相邻两点间的高差，平差计算后，得到各段改正后的高差，最后得到待求点的高程。

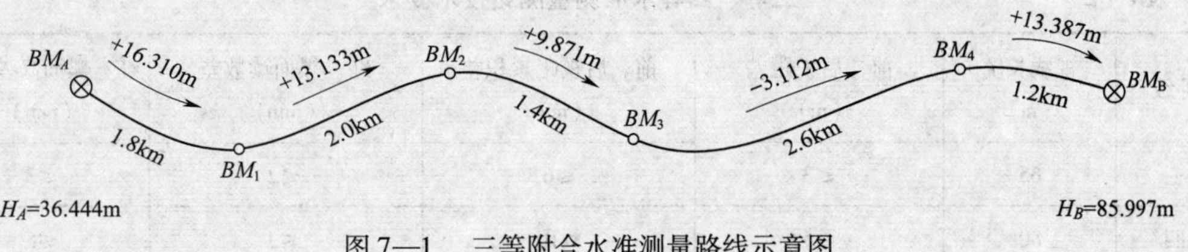

图 7—1　三等附合水准测量路线示意图

模块一里讲到的水准测量方法为普通水准测量，不能作为较高等级的高程控制。道路施工中，常采用三等、四等水准测量作为高程控制测量，其观测方法和技术要求与普通水准测量要求不同，要更严格些。因此，为保证道路施工精度要求，需严格按三等、四等水准测量进行高程控制。

一、国家水准测量等级

国家高程控制网分为一等、二等、三等、四等，共四个等级。一等水准网是国家的骨干控制网，二等水准网是国家高程控制网的全面基础，三等、四等水准网是国家高程控制网的进一步加密。

二、三等、四等水准测量的技术要求

三等、四等水准测量路线一般沿道路布设，尽量避开土质松软地段，水准点间的距离一般为 2 ~4 km，在城市建筑区为 1 ~2 km。水准点应选在地基稳固、能长久保存和便于观测的地方。

三等、四等水准测量的主要技术要求见表 7—1。在观测中，每一测站的技术要求见表 7—2。

表 7—1　　三等、四等水准测量的主要技术要求

等级	每千米高差中误差（mm）	附合路线长度（km）	水准仪	测段往返测高差不符值（mm）	附合或环线闭合差（mm）
三	±6	45	DS_3	$\pm12\sqrt{R}$	$\pm12\sqrt{L}$
四	±10	15	DS_3	$\pm20\sqrt{R}$	$\pm20\sqrt{L}$

注：R 为测段的长度；L 为附合路线的长度，均以 km 为单位。

表 7—2　　三等、四等水准测量测站技术要求

等级	视线长度（m）	前、后视距差（m）	前、后视距累积差（m）	红、黑面读数差（mm）	红、黑面高差之差（mm）
三	65	≤3	≤6	≤2	≤3
四	80	≤5	≤10	≤3	≤5

三、三等、四等水准测量的方法

1. 观测方法

三等、四等水准测量的观测应在通视良好、望远镜成像清晰稳定的情况下进行，若用普通 DS_3水准仪观测，每次读数前都应精平（即使符合水准气泡居中）；如果使用自动安平水准仪，则无须精平，工作效率大为提高。水准尺采用 3 m 的双面水准尺。

在每个测站的观测顺序如下：

(1) 后视水准尺黑面，读取上、下视距丝和中丝读数。

(2) 前视水准尺黑面，读取上、下视距丝和中丝读数。

(3) 前视水准尺红面，读取中丝读数。

(4) 后视水准尺红面，读取中丝读数。

这样的观测顺序简称为后—前—前—后，其优点是可以减弱仪器下沉误差的影响。概括起来，每个测站共需读取 8 个读数，按表 7—3 括号里前 8 个数字顺序记录，并立即按表中括号里后 10 个数字顺序进行测站计算与校核，满足表 7—2 的限差要求后方可迁站。

表 7—3　　三等、四等水准测量记录表

测站	测段编号	后尺 上丝 / 下丝 后视距 视距差 d	前尺 上丝 / 下丝 前视距 $\sum d$	方向及尺号	黑面	红面	K+黑-红	平均高差	备注
		(1)	(4)	后	(3)	(8)	(14)		
		(2)	(5)	前	(6)	(7)	(13)	(18)	
		(9)	(10)	后-前	(15)	(16)	(17)		
		(11)	(12)						$K_1=4.787$
	BM_1	1.571	0.739	后 K_1	1.384	6.171	0		$K_2=4.687$
1	~	1.197	0.363	前 K_2	0.551	5.239	-1	+0.8325	
	ZD_1	37.4	37.6	后-前	+0.833	+0.932	+1		
		-0.2	-0.2						

2. 测站计算与校核

(1) 视距计算

根据前、后视的上、下视距丝读数计算前、后视的视距：

后视距离：(9) = 100 × [(1) - (2)] 前视距离：(10) = 100 × [(4) - (5)]

计算前、后视距差 (11)：(11) = (9) - (10)

对于三等水准测量，(11) 不得超过 3 m；对于四等水准测量，(11) 不得超过 5 m。

计算前、后视距累积差（12）：（12） = 上站（12）+ 本站（11）

对于三等水准测量，（12）不得超过 6 m；对于四等水准测量，（12）不得超过 10 m。

（2）尺常数 K 校核

同一水准尺黑面与红面读数差的校核：

$K_1 = (13) - [(6) - (7)]$

$K_2 = (14) - [(3) - (8)]$

K_i 为双面水准尺的红面分划和黑面分划的零点差（常数为 4.687 m 或 4.787 m）。对于三等水准测量，尺常数误差不得超过 2 mm；对于四等水准测量，不得超过 3 mm。

（3）高差计算与校核

按前、后视水准尺红、黑面中丝读数分别计算该站高差。

黑面高差：$(15) = (3) - (6)$

红面高差：$(16) = (8) - (7)$

红黑面高差之差：$(17) = (15) - (16) \pm 0.1\text{m} = (14) - (13)$，其中 0.1 为前、后尺的红面常数差；对于三等水准测量，高差之差不得超过 3 mm；对于四等水准测量，高差之差不得超过 5 mm。

$(18) = \{(15) + [(16) \pm 0.1]\}/2$，平均高差（18）应与黑面高差（15）很接近。

（4）每页水准测量记录计算校核

高差校核：$\sum(3) - \sum(6) = \sum(15)$

$\sum(8) - \sum(7) = \sum(16)$

$\sum(15) - \sum(16) = 2\sum(18)$（偶数站）

或：$\sum(15) - \sum(16) = 2\sum(18) \pm 100$ mm（奇数站）

视距差校核：$\sum(9) - \sum(10)$ = 本页末站(12) − 前页末站(12)

本页总视距：$\sum(9) + \sum(10)$

3. 三等、四等水准测量的成果整理

三等、四等水准测量的闭合或附合线路的成果整理，首先应按表 7—1 的规定，检验测段（两水准点之间的线路）往返测高差的不符值（往、返测高差之差）及附合或闭合线路的高差闭合差。如果在容许范围以内，则测段高差取往、返测的平均值，线路的高差闭合差则反其符号按测段的长度成正比例进行分配（见模块一）。

一、测量前的准备工作

1. 人员安排

观测仪器 1 人，扶双面尺 2 人，记录 1 人。

2．仪器工具

DS_3水准仪1台，双面水准尺1对（2根），尺垫2个，记录板1个，皮尺一个，计算器1台。

二、观测步骤

1．布设一条如图7—1所示的附合水准路线（校内实训可缩短路线长度）。

2．在已知点BM_A和待测点BM_1间的适当位置安置水准仪时，用皮尺或步测使每一站的前、后视距大致相等，视线长度为30～50 m比较适宜；仪器精平。

3．后视已知点BM_A上的水准尺黑面，读取上、下、中丝读数，按表7—3的（1）（2）（3）顺序记录。

4．前视转点ZD_1水准尺黑面，读上、下、中丝读数，按表7—3的（4）、（5）、（6）顺序记录。

5．前视转点ZD_1水准尺红面，读中线读数，按表7—3的（7）顺序记录。

6．后视BM_A上的水准尺红面，读中线读数，按表7—3的（8）顺序记录。

以上为一站的观测与记录顺序，一站观测完成，立即按表7—3的（9）～（18）的顺序进行计算，不超限方能迁入下一站。用相同方法进行观测，直至线路最后一站至终点BM_B。

7．按附合路线高差闭合差的计算公式$f_h = \sum h - (H_{终} - H_{始})$，计算出整条路线的高差闭合差$f_h$，按三等水准测量容许限差$\pm 12\sqrt{L}$（mm）（$L$为路线总长）计算闭合差容许值，不超限时，按模块一所述的分配闭合差方法计算出改正后的高差，或用平差软件严密平差，得到各待测点BM_1至BM_n的高程。

三、注意事项

1．三等、四等水准测量比普通水准测量有更严格的技术规定，要达到较高的精度，关键在于前、后视距要相等（限差内）。

2．从后视转为前视，望远镜不能重新调焦。

3．水准尺要竖直。

4．每站观测结束，应立即进行所计算的各项结果的校核，若有超限要查找原因。如为外业观测原因，应重测该站；路线观测完毕，闭合差在容许值内方可平差计算。

思考与练习

1．普通水准测量与四等水准测量有哪些区别？

2．用双面水准尺进行三等水准测量，在一个测站上应观测哪些数据？要检查哪些限差才可以搬站继续测量？计算高差平均值时为何将红面高差加减0.1 m才与黑面高差取平均值？

3．四等水准测量观测2个测站记录见表7—4，试完成各项计算。

表 7—4　　　　　　　　　　**四等水准测量观测记录**

测站编号	后尺 上丝 / 下丝 后距 视距差 d	前尺 上丝 / 下丝 前距 $\sum d$	方向及尺号	标尺读数		K + 黑 - 红	平均高差（m）	备注
				黑面	红面			
	(1)	(4)	后	(3)	(8)	(14)		
	(2)	(5)	前	(6)	(7)	(13)	(18)	
	(9)	(10)	后 - 前	(15)	(16)	(17)		
	(11)	(12)						
1	1.572	0.740	后 3	1.385	6.172			K 为标尺常数 $K_3 = 4.787$ $K_4 = 4.687$
	1.198	0.364	前 4	0.552	5.240			
			后 - 前					
2	2.121	2.196	后 4	1.934	6.621			
	1.747	1.821	前 3	2.008	6.796			
			后 - 前					

任务二　全站仪三角高程测量

◆ 了解全站仪三角高程测量的原理。

◆ 掌握闭合三角高程测量的记录与计算。

◆ 能够熟练进行全站仪三角高程测量的实际操作。

图 7—2 所示为某工程高程施工控制网示意图，其主要高程控制点 CPII127、J002、JQ_1、

JQ_2、JQ_3的点间距较大，地形起伏明显，且部分点位于河流两侧，如用水准测量的方法进行高程测量，存在设站点多、工作量较大等问题。如何解决这些问题成为了测绘工作者的一大难题。

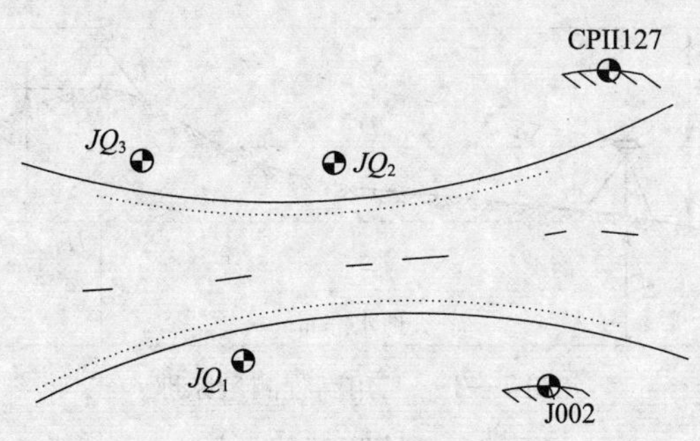

图 7—2　高程施工控制网示意图

随着测绘技术的进步，测绘仪器的不断更新，全站仪的普及与应用给工程测量作业带来了巨大的变革。

全站仪具有长距离测量的优势，使用全站仪在两点间进行水平距离及竖直角的观测，应用三角学公式计算出两点间的高差，提高了工作效率，具有较高的经济效益。在测量规范要求下操作，其精度完全能达到四等水准测量的要求，因此，全站仪三角高程测量在工程测量中得到了广泛的应用。

一、三角高程测量的主要技术要求

三角高程测量的主要技术要求见表 7—5。

表 7—5　三角高程测量的主要技术要求

等级	仪器	测回法		指标差较差 (″)	竖直角较差 (″)	对向观测高差较差 (″)	附合或环形闭合差 (″)
		三丝法	中丝法				
四等	DJ_2	—	3	≤7	≤7	$\pm 40\sqrt{D}$	$\pm 20\sqrt{\sum D}$
五等	DJ_2	1	2	≤10	≤10	$\pm 60\sqrt{D}$	$\pm 30\sqrt{\sum D}$

二、三角高程测量的原理

如图 7—3 所示，已知 A 点的高程 H_A，要求测 AB 两点间高差 h_{AB}，计算 B 点的高程 H_B，

可在已知点 A 上安置全站仪，在 B 点安置棱镜，量取望远镜旋转轴到 A 点桩顶的高度 i（称为仪器高），用望远镜横丝瞄准 B 点棱镜的高度 l（称为觇标高），测出竖直角 α。根据 AB 之间的水平距离 D（或斜距 S），则可得：

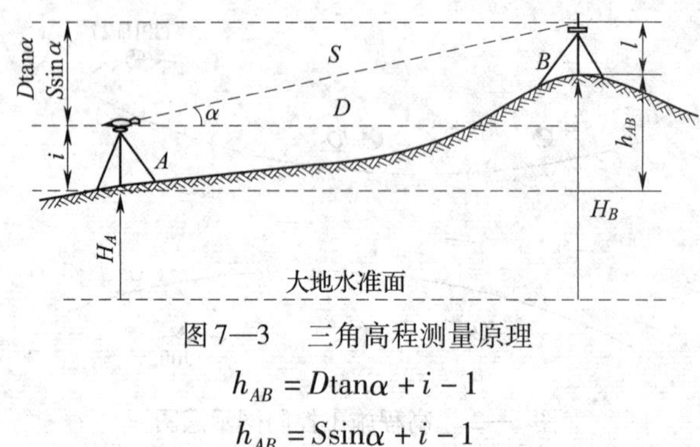

图 7—3　三角高程测量原理

$$h_{AB}=D\tan\alpha+i-1$$

$$h_{AB}=S\sin\alpha+i-1$$

B 点的高程为

$$H_B=H_A+h_{AB}$$

想一想

上述三角高程公式推导是假设大地水准面是平面，事实上，大地水准面是曲面（见图 7—4），当距离大时，地球曲率对高差的影响是不可忽视的，另外，由于大气折光的影响，测站望远镜观测目标的视线是一条向上凸的弧线，使得观测的竖直角也增大了，那么如何来保证测量精度呢？

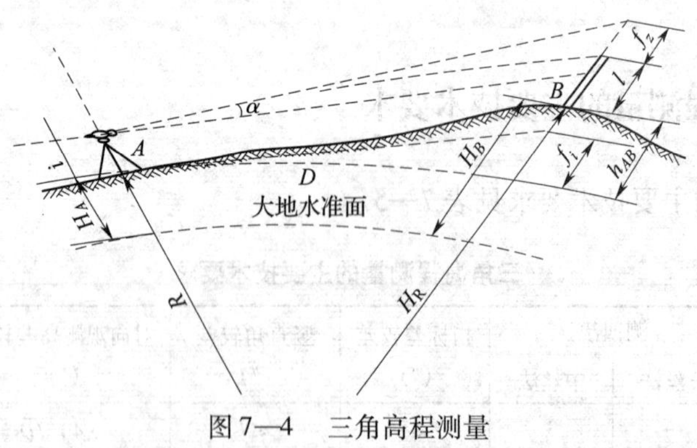

图 7—4　三角高程测量

一、球差、气差对三角高程测量的影响

1. 球差改正 f_1

如图 7—4 所示，假定大地水准面是一平面，事实上大地水准面是一曲面，因此，三角高程测量计算公式应进行地球曲率影响的改正，称为球差改正 f_1，球差改正的计算公式为：

$$f_1=\frac{D^2}{2R}$$

式中：R——地球平均曲率半径，一般取 $R=6\ 371$ km，计算公式的推导可参考有关书籍。

2．气差改正 f_2

由于视线受大气垂直折光影响而形成一条向上凸的曲线，使视线的切线方向向上抬高，这种大气折光影响的改正称为气差改正 f_2，气差改正的计算公式为：

$$f_2=K\times\frac{D^2}{2R}$$

式中：K——大气垂直折光系数。折光系数 K 随气温、气压、日照、时间、地面情况和视线高度等因素的变化而改变。在我国，其变化的范围在 0.12～0.16，一般计算时取 0.14。

3．球气差改正 f

球差改正和气差改正合称球气差改正 f，则 f 应为：

$$f=f_1-f_2=(1-K)\times\frac{D^2}{2R}$$

因此，三角高程测量计算公式可写为：$h_{AB}=D\tan\alpha+i-1+f$。

二、提高三角高程测量精度的方法

1．对向观测

从上式可以看出，D 越长，两差改正越大，水平距离 D 为 390 m 时，其对高差的影响达到 10 mm，因此，球气差影响是制约三角高程测量精度的主要因素。在实际工作中，常常采用对向观测取平均值的方法来消除球气差的影响，考虑球气差改正时，三角高程测量的高差对向观测计算公式为：

$$h_{AB}=D\tan\alpha_{AB}+i_A-v_B+f$$
$$h_{BA}=D\tan\alpha_{BA}+i_B-v_A+f$$

当往返测在同一时段进行时，由于温度、气压等气象条件差异不大，可以认为球气差 f 相等，那么有：

$$h_{AB}=\frac{h_{AB}-h_{BA}}{2}=\frac{(D\tan\alpha_{AB}+i_A-v_B)-(D\tan\alpha_{BA}+i_B-v_A)}{2}$$

2．提高竖直角的观测精度

提高三角高程测量精度的另一个关键技术是提高竖直角的观测精度。一是进行盘左、盘右观测，以消除竖盘指标差；二是要增加竖直角观测的测回数，以提高竖直角的精度。

任务实施

以已知高程点 CPII127（$H=41.052$）为起始点，将 CPII127、J002、JQ_1、JQ_2、JQ_3 连线，构成闭合水准路线，在 5 点间进行三角高程测量，所观测到的数据均注于图 7—5 上，计算各点间高差，求出各待测点高程。

郁江双线特大桥三角高程测量平面示意图

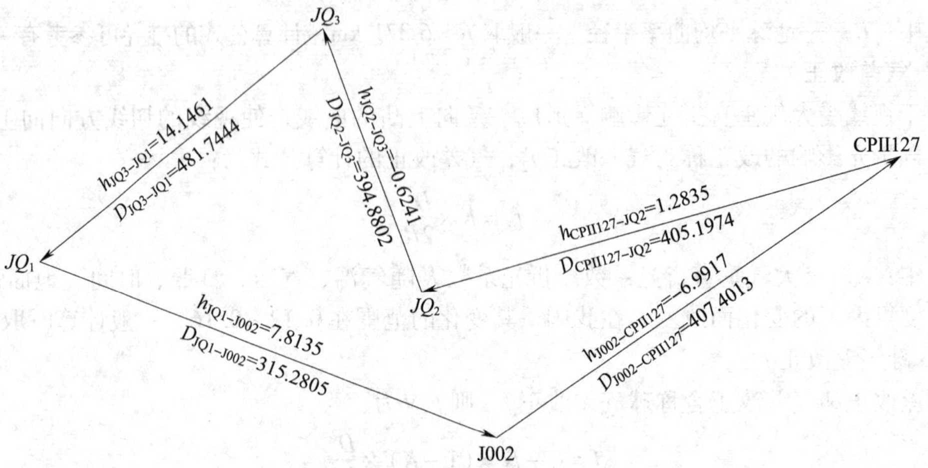

图 7—5　闭合三角高程测量示意图

一、三角高程测量观测的步骤

1. 在测站上安置全站仪，量取仪器高 i。

2. 在目标点上安置标杆或觇牌，量取觇标高 v，i 和 v 用钢卷尺测量，取至 1 mm。

3. 用全站仪望远镜中丝瞄准目标，读竖盘读数，盘左、盘右观测为一测回，一般采取对向观测。

用全站仪测量相邻两点间的斜距 S 或平距 D，运用三角高程测量公式，计算出各待求点高程。

注：根据等级不同，观测操作严格执行对应的技术要求。

二、三角高程测量的计算

1. 对向观测高差计算（见表 7—6）

表 7—6　　三角高程测量高差计算

测站点	CPII127	JQ_2	CPII127	J002	J002	JQ_1	JQ_1	JQ_3	JQ_2	JQ_3
目标点	JQ_2	CPII127	J002	CPII127	JQ_1	J002	JQ_3	JQ_1	JQ_3	JQ_2
平距 D（m）	405. 197 7	405. 197 0	407. 403 8	407. 398 8	315. 281 0	315. 280 0	481. 745 3	481. 743 5	394. 880 2	394. 880 2
竖直角 α （°′″）	5 19 48	35 30 00	33 49 48	49 00 00	48 30 00	30 19 48	55 10 12	55 00 00	25 19 38	28 10 12
仪高 i（m）	1. 488	0. 220	1. 488	1. 535	1. 535	0. 220	0. 220	0. 220	0. 220	0. 220
目标高 v（m）	0. 217	1. 200	1. 200	1. 200	0. 217	1. 200	0. 217	0. 217	0. 217	0. 220

续表

单向高差 h（m）	1.281 5	−1.285 5	6.991 9	−6.991 5	7.812 9	−7.814 1	−14.143 3	14.148 9	−0.619 8	0.628 3
高差较差 Δh（mm）	4		0.4		1.2		5.6		8.5	
限差值 $\Delta h_{极}$（mm）	25		25		22		28		25	
平均高差 $\bar{h}$（m）	1.283 5		6.991 7		7.813 5		−14.146 1		−0.624 1	

2. 三角高程测量闭合线路的高差闭合差计算

高差调整及高程计算见表7—7，高差闭合差按两点间的距离成正比例、反符号分配。

表7—7　　**高程调整及高程计算**

点号	水平距离（m）	观测高差（m）	改正值（mm）	改正后高差（m）	高程（m）
CPII127					41.052
JQ_2	405.197 4	1.283 5	−0.1	1.283 4	42.335 4
JQ_3	394.880 2	−0.624 1	−0.1	−0.624 2	41.711 2
JQ_1	481.744 4	14.146 1	−0.1	14.146 0	55.857 2
J002	315.280 5	−7.813 5		−7.813 5	48.043 7
CPII127	407.401 3	−6.991 7		−6.991 7	41.052
Σ	2 004.503 8	0.3 mm	−0.3		
备注	$f_h=-7$ mm，$\sum D=2.004\ 503\ 4$ km；$f_{h容}=\pm 20\sqrt{\sum D}=28$ mm；$f_h \leqslant f_{h容}$，成果合格				

2005年珠峰复测原理（见图7—6）

第一阶段：海拔5 600 m之前——水准测量法

从拉孜（位于西藏自治区西南部，为此次测量起点）到5 600 m的珠峰半山坡使用精密水准测量。

路线长为500 km，每天只能测量4 km。

3月开始从拉孜出发的陕西测绘队，要在6月15日前测完全程500 km路段的精密水准测量工作。

第二阶段：海拔5 600 m以后——6点连测确保精度

图 7—6　珠峰三角高程测量

测量人员在观测点，用三角高程测量原理观测登山队员竖立在珠峰顶上的觇标，测量距离与竖直角，通过计算最终得出珠峰山体高度。

思考与练习

1. 三角高程测量适用什么条件？有何优缺点？

2. 三角高程测量为什么要采用对向观测？它可以消除什么误差？

3. 三角高程测量中，观测高差的误差来源有哪些？其主要误差来源是哪两项？

4. 已知：A 点高程为 258.260 m，AB 间水平距离为 620.120 m，从 A 点测 B 点时，竖直角 α 为 $+2°38'$，仪器高 i 为 1.620 m，B 点目标高 v 为 3.650 m，求 B 点的高程为多少？

模块八

地形图测绘

任务一　经纬仪小平板测绘地形图

学习目标

- 了解地形图的基本知识。
- 能够实地合理选择地形特征点。
- 掌握经纬仪测绘地形图的方法和步骤。

工作任务

城市建设、水利建设、道路勘测等国民经济和国防建设中，都需要测绘地形图以提供基础资料。图 8—1 所示是用经纬仪与小平板测绘校园地形图。

图 8—1　用经纬仪与小平板测绘校园地形图

经纬仪与小平板测绘地形图，是将经纬仪安置在图根控制点上，将小平板放在经纬仪旁边，作为一张野外绘图桌，通过经纬仪测出地形特征点的水平角度和距离，用一定的比例尺按极坐标法标定点位，然后用线条连接形成地形图，如图 8—2 所示。

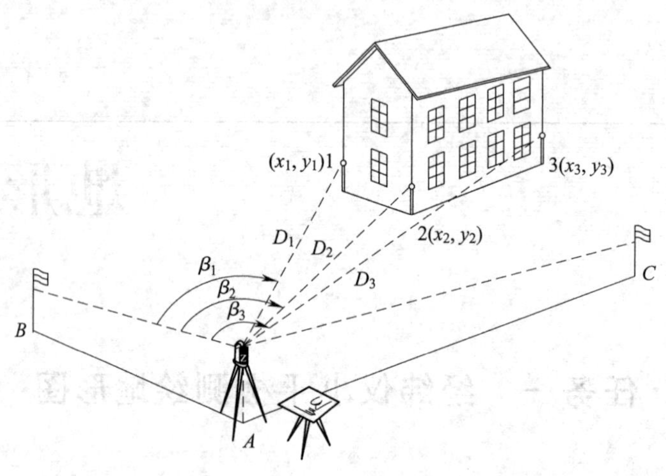

图 8—2 经纬仪极坐标法测图

一、地形测量概述

地球表面的高山、平原、江河湖海以及各种建筑物，通称为地形。随着时代的进步，其所含信息将越来越丰富。在测量中常把地形分为地物和地貌两大类。

地物是指地面上由人工建造的固定物体，如房屋、道路、桥梁、隧道、人工河岸、树林、边界桩等。

地貌是指地面上由自然力形成的高低起伏的连续形态，如平原、河流、山岭、山谷、斜坡、洼地等。

地形图测绘就是将地球表面一定区域内的地物、地貌按正投影的方法和一定的比例尺，用规定的图示符号测绘在图样上。这种表示地物和地貌的图称为地形图，只测地物不测地貌的图称为平面图。

经典地形图是以图样上的线条和文字为载体。现代地形图是数字地形图，将地形信息以数字形式储存于光盘等载体，其信息量远比经典的地形图丰富，但必要时仍可和经典地形图一样，用图样作为载体按指定的比例尺打印输出。

图 8—3 所示为 1∶2 000（比例尺）的地形图示意图。

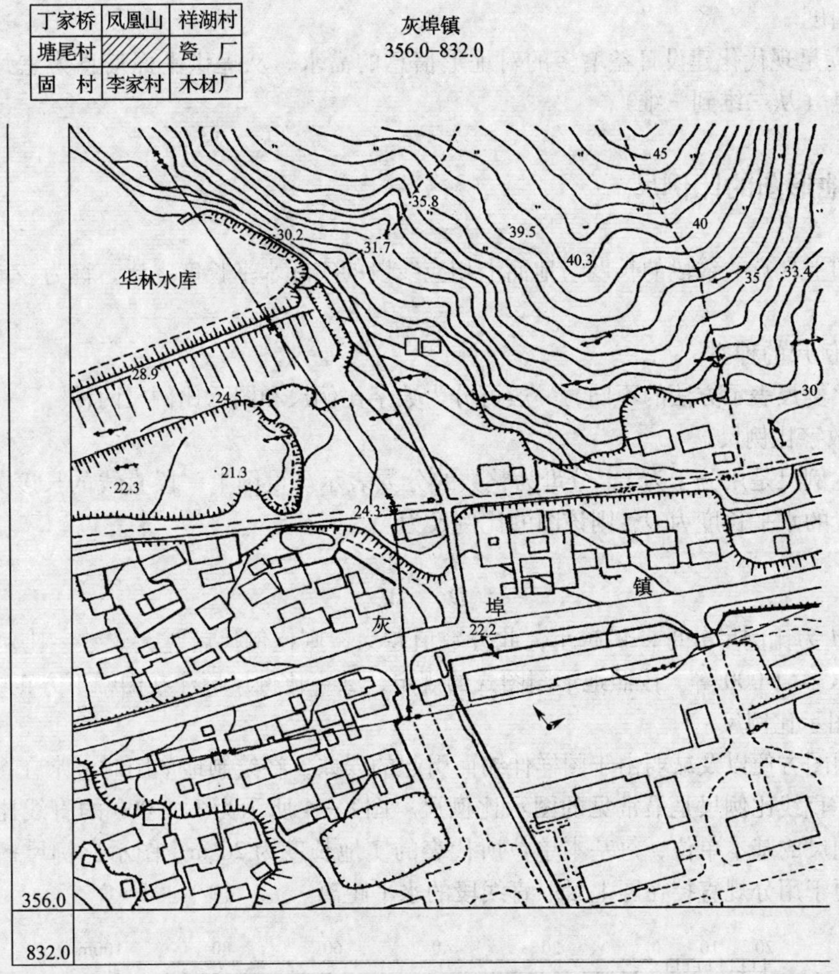

图 8—3　1∶2 000 的地形图示意图

二、地形图测量原理

1．测图原理

从传统的全人工的白纸测图和绘图，到自动化数据采集和机助成图的数字地形图，其基本原理并没有本质的改变。

（1）必须进行控制测量，将其作为整体控制。

（2）按一定的投影方法和数据采集的原则进行测量。

（3）用行业规范，统一数据采集的内容和精度。

（4）按国家统一规定的符号表示其内容。

2．白纸测图和数字地图存在的差异

（1）数据采集和成图的方法，从全人工，进而到半自动化和自动化，由此提高工作效

率和成品精度。

（2）满足现代化建设日益增多的对地形信息的需求，从提供平面信息为主到提供全面的空间信息（从二维到三维）。

三、地形图的比例尺

地形图上任意一线段的长度与地面上相应线段的实际水平长度之比，称为该地形图的比例尺。

1. 比例尺的种类

根据比例尺表示方法的不同，一般可分为数字比例尺和图示比例尺两种。

（1）数字比例尺

数字比例尺是用分子为1，分母为整数的分数表示。设图上一段直线的长度为 d，地面上相应线段的水平长度为 D，则该图的比例尺为

$$\frac{d}{D}=\frac{1}{M} \tag{8—1}$$

式中 M 为比例尺分母，M 越小，此分数值越大，则比例尺就越大。数字比例尺也可以写成 1∶500、1∶1 000 等。按照地形图图式的规定，数字比例尺标注在图幅下方正中处。

（2）图示比例尺

为了用图方便以及减弱由于图样伸缩而引起的误差，在绘制地形图时，常在图上绘制图示比例尺。直线比例尺是最常见的图示比例尺。图 8—4 所示为 1∶1 000 的直线比例尺，取 2 cm为比例尺的基本单位，每基本单位所代表的实地长度为 20 m。图示比例尺标注在图样的下方，便于用分规直接在图上量取直线段的水平距离。

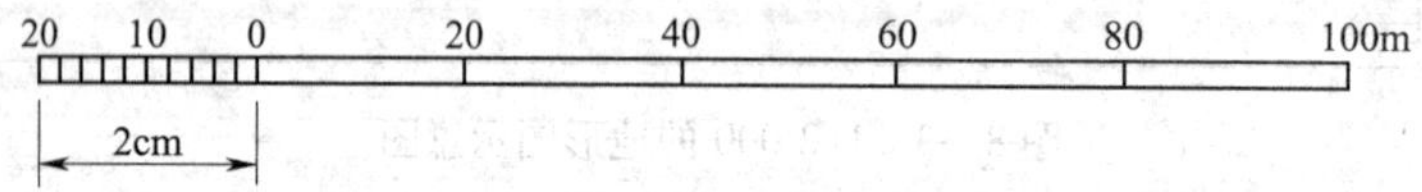

图 8—4　直线比例尺

2. 地形图按比例尺分类

通常把 1∶500、1∶1 000、1∶2 000、1∶5 000、1∶10 000 比例尺的地形图称为大比例尺地形图；1∶2.5 万、1∶5 万、1∶10 万比例尺的地形图称为中比例尺地形图；1∶20 万、1∶50 万、1∶100 万比例尺的地形图称为小比例尺地形图。

比例尺为 1∶500 和 1∶1 000 的地形图一般用平板仪、经纬仪或全站仪测绘，这两种比例尺的地形图常用于城市详细规划、工程设计施工等。比例尺为 1∶2 000、1∶5 000 和 1∶10 000 的地形图一般用更大比例尺的图缩制，大面积的比例尺测图也可以用航空摄影测量方法成图。1∶2 000 地形图常用于城市详细规划及工程项目初步设计，1∶5 000 和 1∶10 000 的地形图则用于城市总体规划、厂址选择、区域布置、方案比较等。

中比例尺地形图是国家的基本图，由国家测绘部门负责测绘，目前均用航空摄影测量方法成图。小比例尺地形图一般由中比例尺地形图缩小编绘而成。

3. 比例尺的精度

相当于图上0.1 mm的实地水平距离称为比例尺精度。在图上，人们正常眼睛能分辨的最小距离为0.1 mm，因此，一般在实地测图时，只需达到图上0.1 mm的正确性便可。显然，比例尺越大，其比例尺精度也越高。不同比例尺图的比例尺精度见表8—1。

表8—1　比例尺精度

比例尺	1∶500	1∶1 000	1∶2 000	1∶5 000	1∶10 000
比例尺精度	0.05 m	0.1 m	0.2 m	0.5 m	1.0 m

比例尺精度的概念对测图和用图有重要的指导意义。首先，根据比例尺精度可以确定在测图时距离测量应准确到什么程度。例如，在按1∶2 000的比例尺测图时，比例尺精度为0.2 m，故实地量距只需取到0.2 m，因为即使量得再精确，在图上也无法表示出来。其次，当设计规定需在图上能量出实地的最短长度时，根据比例尺的精度，可以确定合理的测图比例尺。例如，某项工程建设，要求在图上能反映地面上10 cm的精度，则所选图的比例尺就不能小于1∶1 000。图的比例尺越大，测绘工作量会成倍地增加，所以，应该按城市规划和工程建设、施工的实际需要，合理地选择图的比例尺。

四、地形图的分幅与编号

各种比例尺的地形图应进行统一的分幅和编号，以便进行测图、管理和使用。地形图的分幅方法分为两类：一类是按经纬线分幅的梯形分幅法，另一类是按坐标格网分幅的矩形分幅法。

1. 梯形分幅与编号

（1）1∶100万比例尺地形图的分幅与编号

按国际上的规定，1∶100万的世界地图实行统一的分幅和编号。即自赤道向北或向南分别按纬差4°分成横列，各列依次用*A*、*B*、…、*V*表示。自经度180°开始起算，自西向东按经差6°分成纵行，各行依次用1、2、…、60表示。每一幅图的编号由其所在的“横列—纵行”的代号组成。例如，某地的经度为东经117°54′18″，纬度为北纬39°56′12″，则其所在的1∶100万比例尺图的图号为J－50（见图8—5）。

（2）1∶10万比例尺图的分幅和编号

将一幅1∶100万的图按经差30′，纬差20′分为144幅1∶10万的图。

按图8—6所示顺序，某地的1∶10万图的编号为J－50－8。

（3）1∶5万和1∶2.5万比例尺图的分幅和编号

这两种比例尺图的分幅编号都是以1∶10万比例尺图为基础的。每幅1∶10万的图划分成4幅1∶5万的图，分别在1∶10万的图号后写上各自的代号*A*、*B*、*C*、*D*。每幅1∶5万的图又可分为4幅1∶2.5万的图，分别以1、2、3、4编号。某地上述两种比例尺图的图幅编号见表8—2。

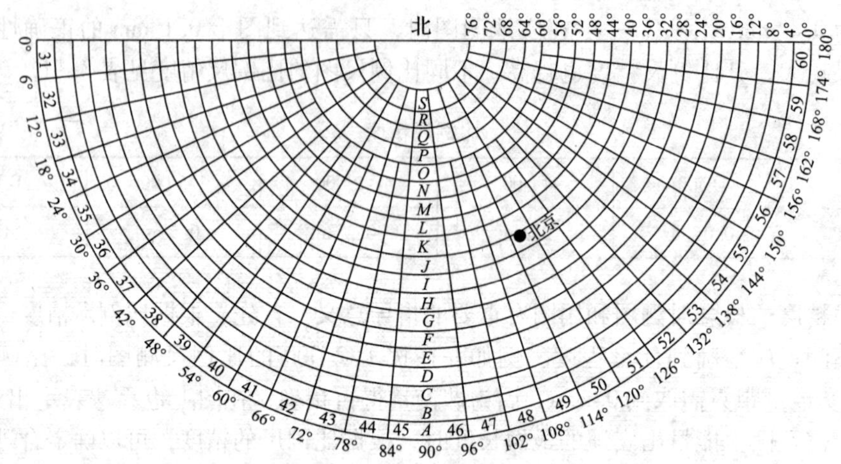

图 8—5　1∶100 万比例尺图的分幅与编号

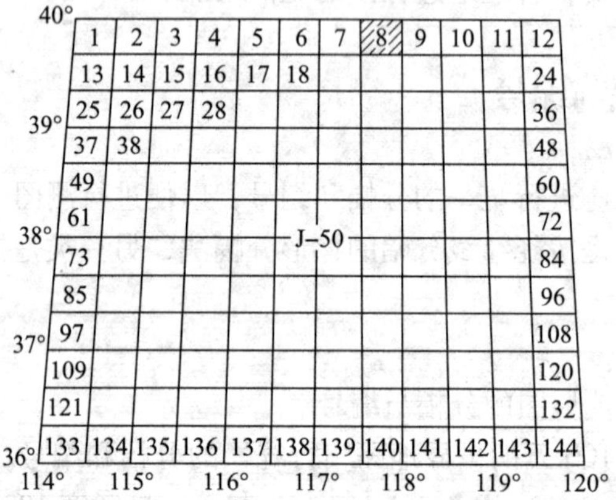

图 8—6　1∶10 万比例尺图的编号

表 8—2　　　各种比例尺地形图的图幅大小

比例尺	图幅大小		在上一例比例尺图中所包含本比例尺图的幅数	某地的图幅编号
	纬度差	经度差		
1∶10 万	20′	30′	在 1∶100 万图幅中有 144 幅	J－50－8
1∶5 万	10′	15′	4 幅	J－50－8－B
1∶2.5 万	5′	7′30″	4 幅	J－50－8－B－2
1∶10 000	2′30″	3′45″	在 1∶10 万图幅中有 64 幅	J－50－8－（15）
1∶5 000	1′15″	1′52.5″	4 幅	J－50－8－（15）－a

(4) 1∶10 000 和 1∶5 000 比例尺图的分幅编号

1∶10 000 和 1∶5 000 比例尺图的分幅编号也是在 1∶10 万比例尺图的基础上进行的。每幅 1∶10 万的图分为 64 幅 1∶10 000 的图，分别以 (1)、(2)、…、(64) 表示。每幅 1∶10 000 的图分为 4 幅 1∶5 000 的图，分别在 1∶10 000 的图号后面写上各自的代号 a、b、c、d。各种比例尺地形图的图幅大小及编号见表 8—2。

2. 矩形分幅与编号

大比例尺地形图大多采用矩形分幅法，它是按统一的直角坐标格网划分的。图幅大小见表 8—3。

表 8—3　**几种大比例尺图的图幅大小**

比例尺	图幅大小/cm×cm	实地面积/km^2	1∶5 000 图幅内的分幅数
1∶5 000	40×40	4	1
1∶2 000	50×50	1	4
1∶1 000	50×50	0.25	16
1∶500	50×50	0.062 5	64

采用矩形分幅时，大比例尺地形图的编号一般采用图幅西南角坐标公里数编号法。如图 8—3 所示，其西南角的坐标 $x=356.0$ km，$y=832.0$ km，所以其编号为"356.0－832.0"。编号时，比例尺为 1∶500 的地形图，坐标值取至 0.01 km，而 1∶1 000、1∶2 000 的地形图则取至 0.1 km。

对于面积较大的某些工矿企业和城镇，经常测绘几种不同比例尺的地形图。地形图的编号往往是以 1∶5 000 比例尺图为基础进行的。例如，某 1∶5 000 图幅西南角的坐标值 $x=32$ km，$y=56$ km，则其图幅编号为"32－56"(见图 8—7)。这个图号将作为该图幅中的其他较大比例尺所有图幅的基本图号。如图 8—7 所示，在 1∶5 000 图号的末尾分别加上罗马数字Ⅰ、Ⅱ、Ⅲ、Ⅳ，就是 1∶2 000 比例尺图幅的编号，如图 8—7 中的甲图幅，其编号

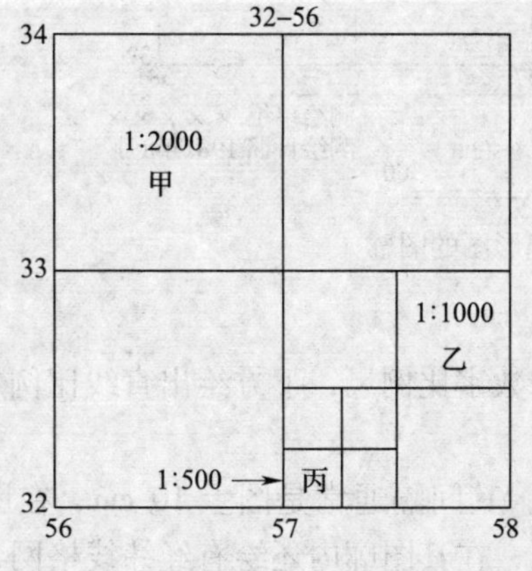

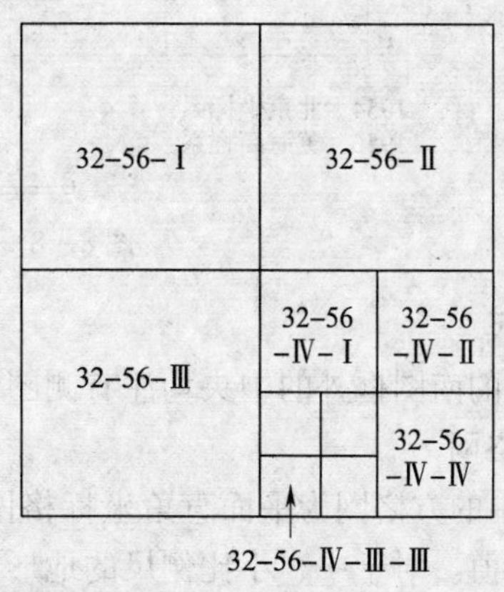

图 8—7　矩形分幅与编号

为“32 - 56 - Ⅰ”。同样，在 1∶2 000 图幅编号的末尾分别再加上Ⅰ、Ⅱ、Ⅲ、Ⅳ，就是 1∶1 000图幅的编号，如图 8—7 中的乙图幅，其编号为“32 - 56 - Ⅳ - Ⅱ”。在 1∶1 000 比例尺的图号末尾再加上Ⅰ、Ⅱ、Ⅲ、Ⅳ，就是 1∶500 图幅的编号。如图 8—7 中的丙图幅，其编号为“32 - 56 - Ⅳ - Ⅲ - Ⅲ”。

五、地形图的图框外注记

1．图名和图号

图名是用本图内最著名的地名，或最大的村庄，或最凸出的地物、地貌等的名称来命名的。除图名之外还要注明图号。图号是根据统一的分幅进行编号的。图号、图名注记在北图廓上方的中央。

2．接图表

接图表用来说明本图幅与相邻图幅的关系。如图 8—8 所示的图廓左上方所示，中间一格画有斜线的代表本图幅，四邻分别注明相应的图名（或图号），按照接图表就可找到相邻的图幅。

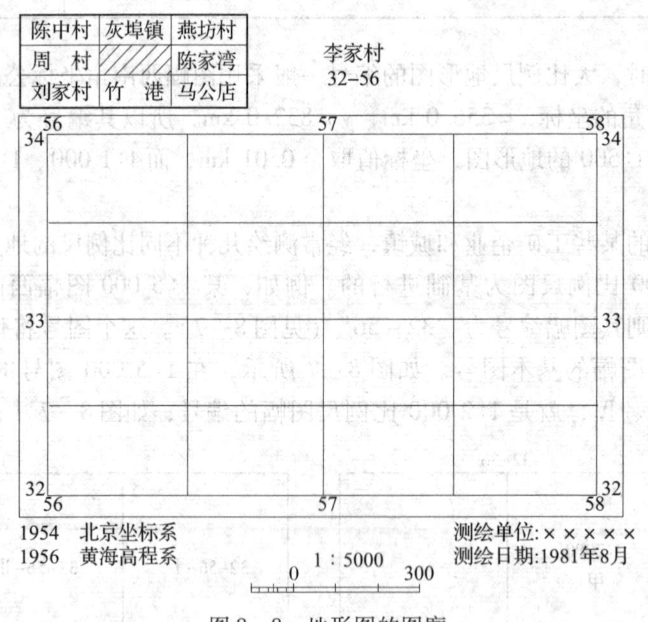

图 8—8 地形图的图廓

3．比例尺

在每幅图的南图框外的中央均注有测图的数字比例尺，下方绘出直线比例尺。

4．坐标格网

图 8—8 中的方格网为平面直角坐标格网，其间隔通常是图上 10 cm。在图廓四周均标有格网的坐标值。对于中、小比例尺的地形图，在其图廓内还绘有经纬线格网，由经纬线格网可以确定各点的地理坐标。

5. 三北方向线关系图

在许多中、小比例尺图的南图廓线右下方，还绘有真子午线 N、磁子午线 N' 和纵坐标轴 X 这三者之间的角度关系图，称为三北方向线，如图 8—9 所示。从图中可看出，磁偏角 $\delta = -1°36'$（西偏），子午线收敛角 $\gamma = -0°22'$（纵坐标轴 X 位于真子午线 N 以西）。利用该关系图，可根据图上任一方向的坐标方位角计算出该方向的真方位角和磁方位角。

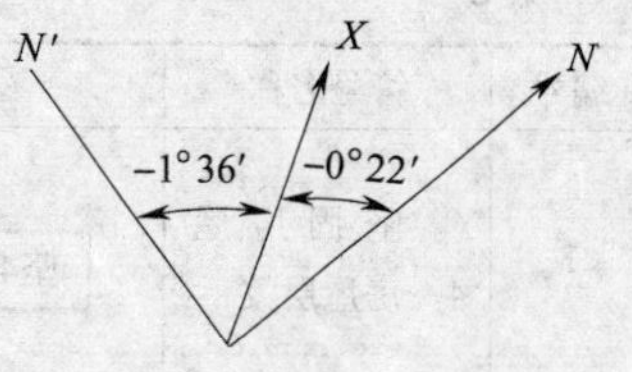

图 8—9　三北方向线关系图

六、坡度比例尺

坡度比例尺是一种在地形图上量测地面坡度和倾角的图解工具。如图 8—10 所示，它是按如下关系制成的：

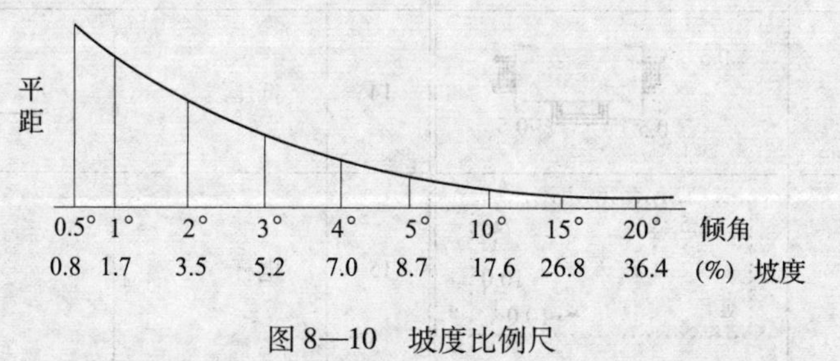

图 8—10　坡度比例尺

$$i = \tan\alpha = \frac{h}{d \cdot M} \tag{8—2}$$

式中 i 为地面坡度；α 为地面倾角；h 为等高距；d 为相邻等高线平距；M 为比例尺分母。使用坡度比例尺时，用分规量出图上相邻等高线的平距后，在坡度比例尺上使分规的一针尖对准底线，另一针尖对准曲线，即可在尺上读出地面坡 i（百分比值）及地面倾角 α（度数）。

此外，地形图图廓的左下方一般应标注坐标系统和高程系统，右下方标注测绘单位和测绘日期等。

七、地物符号

地面上的地物和地貌，应按国家测绘总局颁发的《地形图图式》中规定的符号描绘于图上。地物在地形图中是用地物符号来标示的，地物符号包括比例符号、非比例符号、半比例符号和地物注记四类。

1. 比例符号

地物的形状和大小均按测图比例尺缩小，并用规定的符号描绘在图样上，这种符号称为比例符号。如湖泊、稻田和房屋等，都采用比例符号绘制。表 8—4 中从 1 号到 12 号都是比例符号。

表 8—4　　**地物符号**

编号	符号名称	图例	编号	符号名称	图例
1	坚固房屋 4—房屋层数	坚4　1.5	11	灌木林	0.5　1.0
2	普通房屋 2—房屋层数	2　1.5	12	菜地	2.0　2.0　10.0　10.0
3	窑洞 1. 住人的 2. 不住人的 3. 地面下的	1　2.5　2　2.0　3	13	高压线	4.0
4	台阶	0.5　0.5　0.5	14	低压线	4.0
5	花圃	1.5　1.5　10.0　10.0	15	电杆	1.0
6	草地	1.5　0.8　10.0　10.0	16	电线架	
7	经济作物地	0.8　3.0　蔗　10.0　10.0	17	砖、石及混凝土围墙	10.0　0.5　0.3　10.0
8	水生经济作物地	3.0　藕　0.5	18	土围墙	10.0　0.5
9	水稻田	0.2　2.0　10.0　10.0	19	栅栏、栏杆	1.0　10.0
10	旱地	1.0　2.0　10.0　10.0	20	篱笆	1.0　10.0

续表

编号	符号名称	图例	编号	符号名称	图例
21	活树篱笆	3.5 0.5 10.0 1.0 0.8	31	水塔	2.0 3.0 1.0 1.2
22	沟渠 1. 有堤岸的 2. 一般的 3. 有沟堑的	1 2 0.3 3	32	烟囱	3.5 1.0
			33	气象站（台）	3.0 4.0 1.2
			34	消火栓	1.5 1.5 2.0
23	公路	0.3 沥：砾 0.3	35	阀门	1.5 1.5 2.0
24	简易公路	8.0 2.0	36	水龙头	3.5 2.0 1.2
25	大车路	0.15 碎石 0.3	37	钻孔	3.0 1.0
26	小路	0.3 4.0 1.0	38	路灯	2.5 1.0
27	三角点 凤凰山—点名 394.468—高程	凤凰山 394.468 3.0	39	独立树 1. 阔叶 2. 针叶	1.5 1 3.0 0.7 2 3.0 0.7
28	图根点 1. 埋石的 2. 不埋石的	1 2.0 N16/84.46 2 1.5 D25/62.74 2.5	40	岗亭、岗楼	90° 3.0 1.5
29	水准点	2.0 Ⅱ京石5/32.804	41	等高线 1. 首曲线 2. 计曲线 3. 间曲线	0.15 87 1 0.3 85 2 0.15 6.0 1.0 3
30	旗杆	1.5 1.0 4.0 1.0	42	高程点及其注记	0.5 · 158.3 65.6

2. 非比例符号

有些地物，如导线点、水准点和消火栓等，轮廓较小，无法将其形状和大小按比例缩绘到图上，而采用相应的规定符号表示在该地物的中心位置上，这种符号称为非比例符号。表8—4 中，从 27 号到 40 号都为非比例符号。非比例符号均按直立方向描绘，即与南图廓垂直。

非比例符号的中心位置与该地物实地的中心位置关系，随各种不同的地物而异，在测图和用图时应注意下列几点：

（1）规则的几何图形符号，如圆形、正方形、三角形等，以图形几何中心点为实地地物的中心位置。

（2）底部为直角的符号，如独立树、路标等，以符号的直角顶点为实地地物的中心位置。

（3）宽底符号，如烟囱、岗亭等，以符号底部中心为实地地物的中心位置。

（4）几种图形组合符号，如路灯、消火栓等，以符号下方图形的几何中心为实地地物的中心位置。

（5）下方无底线的符号，如山洞、窑洞等，以符号下方端点连线的中心为实地地物的中心位置。

3. 半比例符号

地物的长度可按比例尺缩绘，而宽度不按比例尺缩小表示的符号称为半比例符号。用半比例符号表示的地物常常是一些带状延伸地物，如铁路、公路、通信线、管道、垣栅等。表8—4 中，从 13 ~26 号都是半比例符号。这种符号的中心线一般表示其实地地物的中心位置，但是城墙和垣栅等的地物中心位置在其符号的底线上。

4. 地物注记

对地物加以说明的文字、数字或特有符号称为地物注记。诸如城镇、学校、河流、道路的名称，桥梁的长宽及载重量，江河的流向、流速及深度，道路的去向，森林、果树的类别等，都以文字或特定符号加以说明。

八、地貌符号——等高线

1. 典型地貌

地貌是指地表面的高低起伏形态，是地形图要表示的重要信息之一。地貌的基本形态可以归纳为几种典型地貌：山丘、洼地、山脊、山谷、鞍部、绝壁等（见图8—11）。

凸起而高于四周的高地称为山丘；凹入而低于四周的低地称为洼地；山坡上隆起的凸棱称为山脊，山脊上的最高棱线称为山脊线；两山坡之间的凹部称为山谷，山谷中最低点的连线称为山谷线；近于垂直的山坡称为绝壁，上部凸出、下部凹入的绝壁称为悬崖；相邻两个山头之间的最低处形状如马鞍状的地形称为鞍部，它的位置是两个山脊线和两个山谷线交会之处。

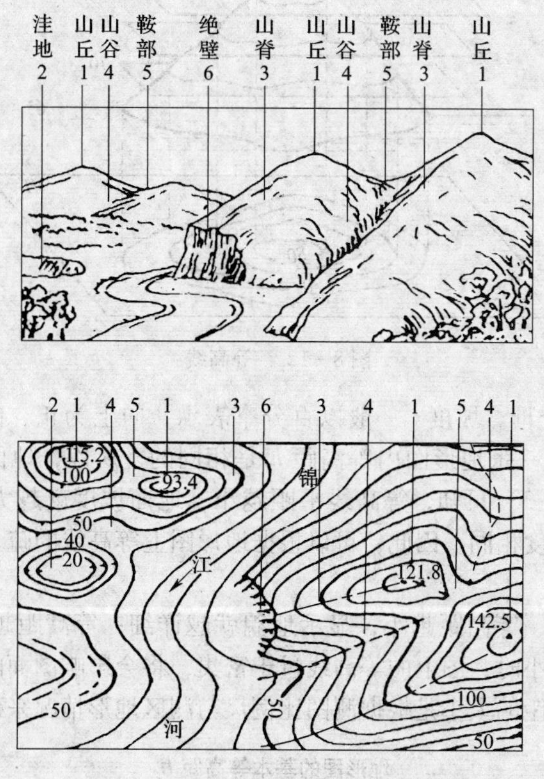

图 8—11 综合地貌及其等高线表示

2. 等高线的概念

测量工作中常用等高线来表示地貌。等高线是地面上高程相同的相邻各点所连接而成的闭合曲线。水面静止的池塘的水边线实际上就是一条闭合的等高线。如图 8—12 所示，设有一座位于平静湖水中的小山丘，山顶被湖水淹没时的水面高程为 80 m。然后水位下降 5 m，露出山头，此时水面与山坡有一条交线，而且是闭合曲线，曲线上各点的高程是相等的，这就是高程为 75 m 的等高线。随后水位又下降 5 m，山坡与水面又有一条交线，这就是高程为 70 m 的等高线。依次类推，水位每降落 5 m，水面就与地表面相交留下一条等高线，从而得到一组相邻高差为 5 m 的等高线。设想把这组实地上的等高线沿铅垂线方向投影到水平面 H 上，并按规定的比例尺缩绘到图样上，就得到用等高线表示该山丘地貌的等高线图。

3. 等高距和等高线平距

相邻等高线之间的高差称为等高距，常以 h 表示。如图 8—12 所示的等高距为 5 m。在同一幅地形图上，等高距 h 是相同的。相邻等高线之间的水平距离称为等高线平距，常以 d 表示。h 与 d 的比值就是地面坡度 i：

$$i = \frac{h}{d \cdot M} \tag{8—3}$$

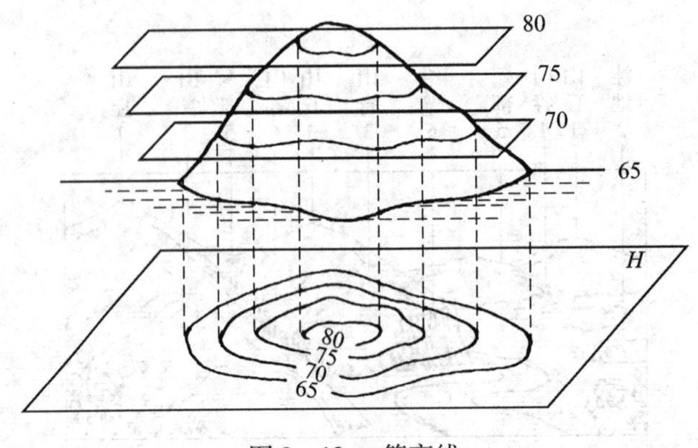

图 8—12　等高线

式中 M 为比例尺分母。坡度 i 一般以百分率表示，向上为正、向下为负，例如 $i = +5\%$、$i = -2\%$。因为同一张地形图内等高距 h 是相同的，所以，地面坡度与等高线平距 d 的大小有关。由式（8—3）可知，等高线平距越小，地面坡度就越大；平距越大，则坡度越小；平距相等，则坡度相同。因此，可以根据地形图上等高线的疏、密来判定地面坡度的缓、陡。

用等高线表示地貌，等高距越小，显示地貌就越详细；等高距越大，显示地貌就越简略。但是，当等高距过小时，图上的等高线过于密集，将会影响图面的清晰度。因此，在测绘地形图时，基本等高距的大小是根据测图比例尺与测区地形情况来确定的（见表 8—5）。

表 8—5　　地形图的基本等高距 *h*　　m

比例尺	地形类别			
	平地	丘陵	山地	高山
1∶500	0.5	0.5	0.5 或 1.0	1.0
1∶1 000	0.5	0.5 或 1.0	1.0	0.5 或 1.0
1∶2 000	0.5 或 1.0	1.0	2.0	2.0

4. 等高线的分类

（1）首曲线

在同一幅图上，按规定的基本等高距描绘的等高线称为首曲线，也称基本等高线。它是宽度为 0.15 mm 的细实线。

（2）计曲线

凡是高程能被 5 倍基本等高距整除的等高线称为计曲线。为了读图方便，计曲线要加粗（线宽 0.3 mm）描绘。

（3）间曲线和助曲线

当首曲线不能很好地显示地貌的特征时，按 1/2 基本等高距描绘的等高线称为间曲线，在图上用长虚线表示。有时为显示局部地貌的需要，按 1/4 基本等高距描绘的等高线称为助曲线，一般用短虚线表示。间曲线和助曲线可不闭合。

5. **用等高线表示典型地貌**

(1) 山丘和洼地的等高线

图 8—11 中的 1 处为山丘的等高线，2 处为洼地的等高线。它们投影到水平面上都是一组闭合曲线，从高程注记中可以区分这些等高线所表示的是山丘还是洼地，也可通过等高线上的示坡线（图 8—11 左上部分垂直于等高线的短线）来区分，示坡线的方向指向低处。

(2) 山脊和山谷的等高线

山脊的等高线是一组凸向低处的曲线（图 8—11 中的 3 处），各条曲线方向改变处的连接线（图中点画线）即为山脊线。山谷的等高线为一组凸向高处的曲线（图 8—11 中的 4 处），各条曲线方向改变处的连接线（图中虚线）称为山谷线。山脊和山谷的两侧为山坡，山坡近似于一个倾斜平面，因此，山坡的等高线近似于一组平行线。

山脊线又称为分水线，山谷线又称为集水线。在地区规划及建筑工程设计时经常要考虑到地面的水流方向、分水线、集水线等问题，因此，山脊线和山谷线在地形图测绘和地形图应用中具有重要的意义。

(3) 鞍部的等高线

典型的鞍部是在相对的两个山脊和山谷的会聚处（图 8—11 中的 5 处）。它左右两侧的等高线是对称的两组山脊线和两组山谷线。鞍部在山区道路的选线中是一个关节点，越岭道路常需经过鞍部。

(4) 绝壁和悬崖符号

绝壁和悬崖都是由于地壳产生断裂运动而形成的。绝壁有比较高的陡峭岩壁，等高线非常密集，因此，在地形图上要用特殊符号来表示绝壁（图 8—11 中的 6 处）。悬崖是近乎直立而下部凹入的绝壁，若干等高线投影到地形图上会相交（见图 8—13），俯视时隐蔽的等高线用虚线表示。

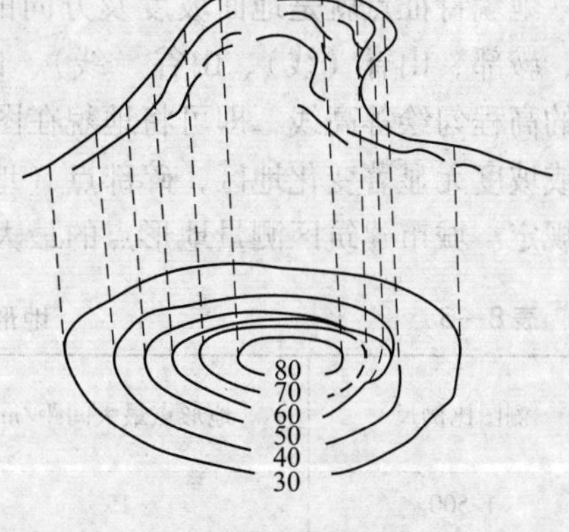

图 8—13　悬崖的等高线

6. **等高线的特性**

为了掌握用等高线表示地貌时的规律性，现将等高线的特性归纳如下：

(1) 同一条等高线上各点的高程都相同。

(2) 等高线是闭合曲线，如果不在本幅图内闭合，则必在图外闭合。

(3) 除在悬崖和绝壁处外，等高线在图上不能相交，也不能重合。

(4) 等高线平距小表示坡度陡，平距大表示坡度缓，平距相同表示坡度相等。

(5) 等高线与山脊线、山谷线成正交。

九、测绘地形图的实质

测绘地形图的实质就是测量碎部点（地形特征点）的平面位置和高程。碎部点的选择和碎部点位的测定方法如下：

1. 碎部点的选择

(1) 地物点的选择及地物轮廓线的形成

地物测绘的质量和速度在很大程度上取决于立尺员能否正确、合理地选择地物特征点。地物特征点主要是其轮廓线的转折点，如房角点、道路边线的转折点以及河岸线的转折点等。主要的特征点应独立测定，一些次要的特征点可以用量距、交会、推平行线等几何作图方法绘出。

一般来说，凡主要建筑物轮廓线的凹凸长度在图上大于 0.4 mm 时，都要表示出来。例如，对于 1∶1 000 的测图，主要地物轮廓凹凸大于 0.4 m 时应在图上表示出来。

以下按 1∶500 和 1∶1 000 比例尺测图的要求提出一些取点原则：

1）对于房屋，可只测定其主要房角点（至少 3 个），然后量取其有关的数据，按其几何关系用作图方法画出其轮廓线。

2）对于圆形建筑物，可测定其中心位置并量其半径后作图绘出；或在其外廓测定三点，然后用作图法定出圆心作圆。

3）对于公路，应实测两侧边线，大路或小路可只测其一侧的边线，另一侧边线可按量得的路宽绘出；对于道路转折处的圆曲线边线，应至少测定 3 点（起点、终点和中点）。

4）围墙应实测其特征点，按半比例符号绘出其外围的实际位置。

(2) 地貌特征点的选择

地貌特征点就是地面坡度及方向的变化点。地貌碎部点应选在最能反应地貌特征的山顶、鞍部、山脊（线）、山谷（线）、山坡、山脚等坡度变化及方向变化处。根据这些特征点的高程勾绘等高线，即可将地貌在图上表示出来。为了能真实地表示实地情况，在地面平坦或坡度无显著变化地区，碎部点（地形点）的间距和测碎部点的最大视距应符合表 8—6 的规定。城市建筑区测量地形点的最大视距见表 8—7。

表 8—6　　地形点的间距及最大视距

测图比例尺	地形点最大间距/m	最大视距/m	
		主要地物点	次要地物点和地形点
1∶500	15	60	100
1∶1 000	30	100	150
1∶2 000	50	180	250

表 8—7　　城市建筑区测量地形点的最大视距

测图比例尺	最大视距/m	
	主要地物点	次要地物点和地形点
1∶500	50（量距）	70
1∶1 000	80	120
1∶2 000	120	200

2．碎部点位的测定方法

（1）极坐标法

极坐标法是测定碎部点位最常用的一种方法。如图 8—14 所示，测站点为 A，定向点为 B，通过观测水平角 β_1 和水平距离 D_1 就可确定碎部点 1 的位置。同样，由观测值 β_2、D_2 又可测定点 2 的位置。这种定位方法即为极坐标法。

对于已测定的地物点，应该连接起来的要随测随连，例如，房屋的轮廓线 1—2、2—3 等，以便将图上测得的地物与地面上的实体相对照。这样，测图时如有错误或遗漏，就可以及时发现，并及时予以修正或补测。

（2）方向交会法

当地物点距离较远，或遇河流、水田等障碍不便丈量距离时，可以用方向交会法来测定。如图 8—15 所示，设欲测绘河对岸的特征点 1、2、3 等，因自 A、B 两控制点向河对岸的点 1、2、3 取等量距不方便，这时可先将仪器安置在 A 点，经过对点、整平和定向以后，测定 1、2、3 各点的方向，并在图板上画出其方向线，然后再将仪器安置在 B 点，按同样方法再测定 1、2、3 点的方向，在图板上画出方向线，则其相应方向线的交会点，即为 1、2、3 点在图板上的位置，并应注意检查交会点位置的正确性。

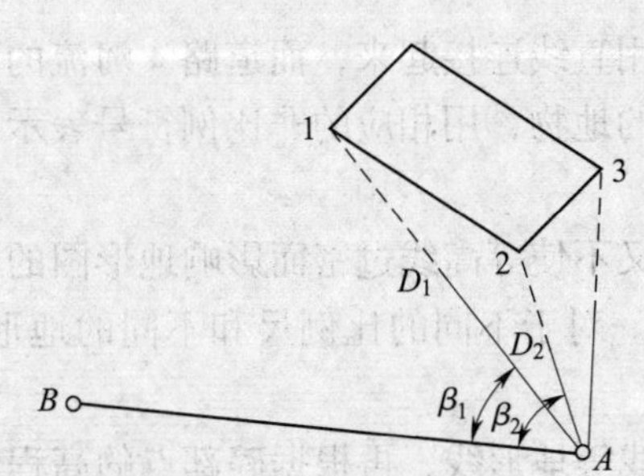

图 8—14　极坐标法测绘地物

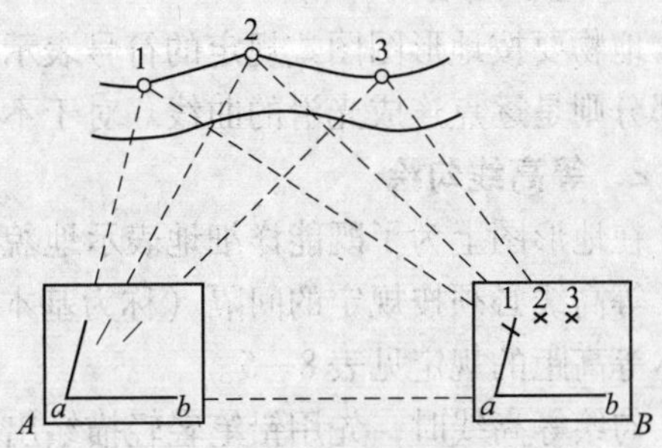

图 8—15　方向交会法测绘地物

（3）距离交会法

在测完主要房屋后，再测定隐蔽在建筑群内的一些次要地物点，特别是这些点与测站不通视时，可按距离交会法测绘这些点的位置。如图 8—16 所示，图中 P、Q 为已测绘好的地物点，若欲测定 1、2 点的位置，具体测法如下：

用皮尺量出水平距离 $P1$、$P2$ 和 $Q1$、$Q2$，然后按测图比例尺算出图上相应的长度。在图上以 P 为圆心，用两脚规以 $P1$ 长度为半径作圆弧，再在图上以 Q 为圆心，以 $Q1$ 长度为半径作圆弧，两圆弧相交得点 1；再按同法绘出点 2。连接图上的 1、2 两点即得地物一条边的位置。如果再量出房屋宽度，就可以在图上用推平行线的方法绘出该地物。

（4）直角坐标法

如图 8—17 所示，P、Q 为已测建筑物的两房角点，以 PQ 方向为 y 轴，找出地物点在 PQ 方向上的垂足，用皮尺丈量 y_1 及其垂直方向的支距 x_1，便可定出点 1。同法可以定出 2、3 等点。与测站点不通视、靠近某主要地物的次要地物，地形平坦且在支距 x 很短的情况下，适合采用直角坐标法来测绘。

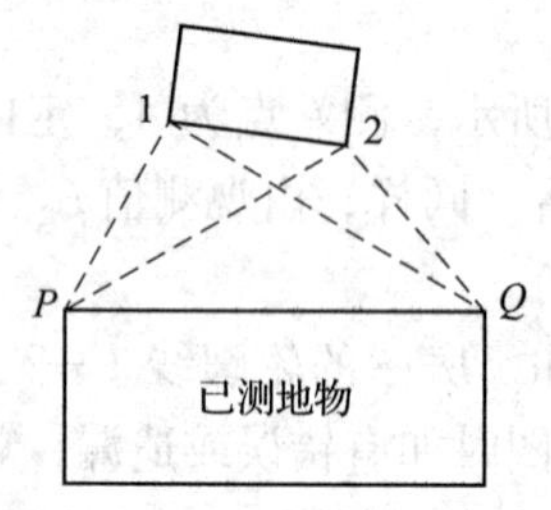

图 8—16 距离交会法测绘地物

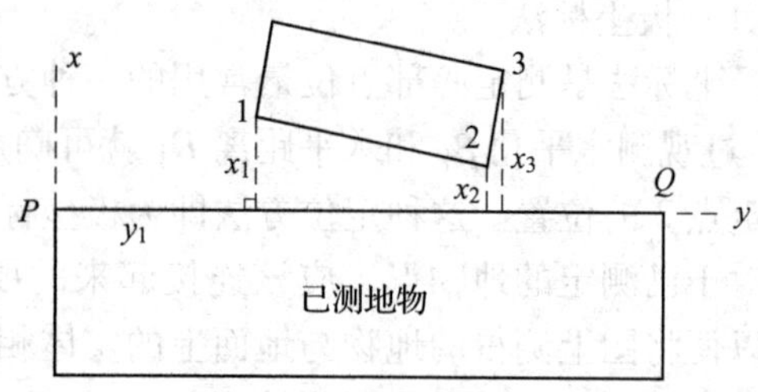

图 8—17 直角坐标法测绘地物

十、地形图的绘制与拼接

在外业工作中，当碎部点展绘在图上后，就可对照实地随时描绘地物和等高线。如果测区较大，由多幅图拼接而成，还应及时对各图幅的衔接处进行拼接、检查，最后再进行图的清绘与整饰。

1．地物描绘

地物要按地形图图式规定的符号表示。房屋轮廓需用直线连接起来，而道路、河流的弯曲部分则是逐点连成光滑的曲线。对于不能按比例描绘的地物，用相应的非比例符号表示。

2．等高线勾绘

在地形图上为了既能详细地表示地貌的变化情况，又不使等高线过密而影响地形图的清晰，等高线必须按规定的间隔（称为基本等高距）勾绘。对于不同的比例尺和不同的地形，基本等高距的规定见表 8—5。

勾绘等高线时，先用铅笔轻轻描绘出山脊线、山谷线等地形线，再根据碎部点的高程勾绘等高线。不能用等高线表示的地貌，如绝壁、悬崖、冲沟等，应按图式规定的符号表示。由于碎部点是选在地面坡度变化处，因此相邻点之间可视为均匀坡度。这样，可在两相邻碎部点的连线上，按平距与高差成比例的关系，内插出两点间各条等高线通过的位置。其方法如下：

（1）解析法

如图 8—18 所示，A、B 为地面上两个立尺点，两点间的地面为同一坡度，测定两点的高程分别为 57.6 m 和 61.3 m，等高距为 1 m，则其间有 58 m、59 m、60 m 和 61 m 四条等高线通过。A、B 的图上位置为 a、b，可以用内插法求得 ab 连线上的上述四条等高线通过的点位。

设量得图上 ab 的距离 $d=34$ mm，则每米高差在图上的平距为：$d_0=d/(H_B-H_A)=9.2$ mm，从图 8—18 可以看出，A、1 之间的高差和 4、B 之间的高差不足 1 m，其图上距离可分别计算：

$$a1'=h_{A1}\cdot d_0=(58.0-57.6)\times 9.2=3.7\ \text{mm}$$

$$4'b=h_{4B}\cdot d_0=(61.3-61.0)\times 9.2=2.8\ \text{mm}$$

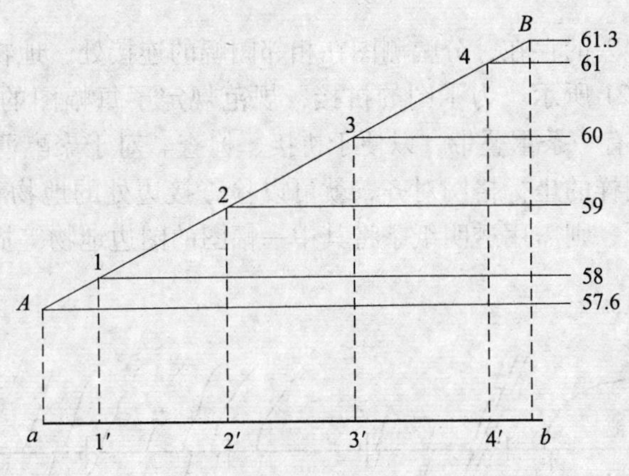

图 8—18 等高线的内插

按上述计算数据便可在图上定出1′、2′、3′和4′的位置。

(2) 图解法

按照相似三角形原理，可用图解法勾绘等高线：在一张透明纸上绘一组等间隔的平行线，并在线两端注以数字，如图 8—19 所示。使用时在图上移动透明纸，使 a、b 两点分别位于线条的 7.6 和 1.3 处，ab 线与各平行线相交的点，即 ab 之间各整米等高线通过之处，用铅笔尖刺于图样上。

(3) 目估法

根据解析法原理，可用目估法来确定等高线通过的位置，其方法是“先确定头尾，后等分中间”。如上例，先算出 A、B 的高差为 3.7 m，估计每米高差的平距值，先取 0.4 与 0.3，定出 58 m 和 61 m 的位置，再将中间分成三等分即可。此法在现场常用。

图 8—20 所示是根据地形点的高程用内插法求得整米高程点，然后用光滑曲线连接等高点勾绘而成的局部等高线地形图。勾绘等高线应在测图现场进行，至少应将计曲线勾绘好，以控制等高线走向，以便与实地地形相对照，如有错误或遗漏可以当场发现并及时纠正。

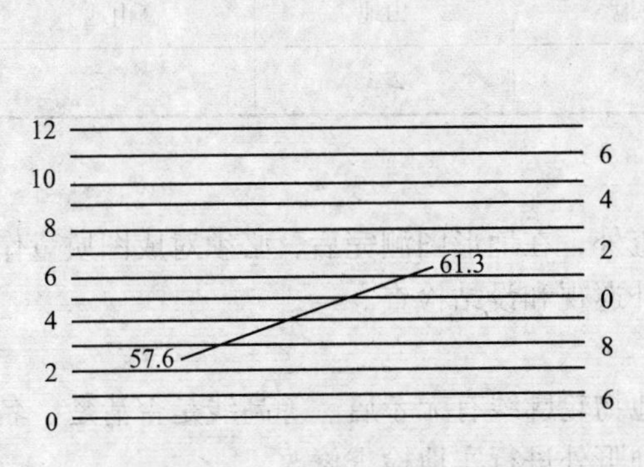

图 8—19 透明纸图解法内插等高线

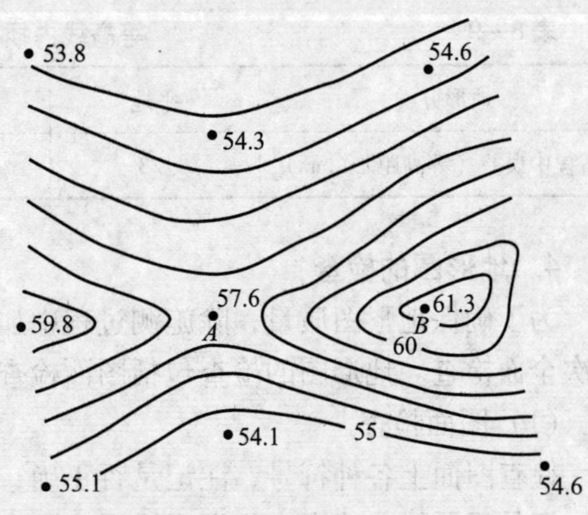

图 8—20 等高线的勾绘

3. 地形图的拼接

由于测量和绘图误差的存在，分幅测图在相邻图幅的连接处，地物轮廓线和等高线不一定完全吻合，如图 8—21 所示。为了图的拼接，规范规定了每幅图的图边应测出图幅以外 10 mm，使相邻的图幅有一条重叠带，以便于拼接、检查。对于聚酯薄膜图样，由于是半透明的，故只需把两张图样的坐标格网对齐，就可以检查接边处的地物和等高线的偏差情况。如果测图用的是图画纸，则需用透明纸条将其中一幅图的图边地物等描下来，然后与另一幅图进行拼接、检查。

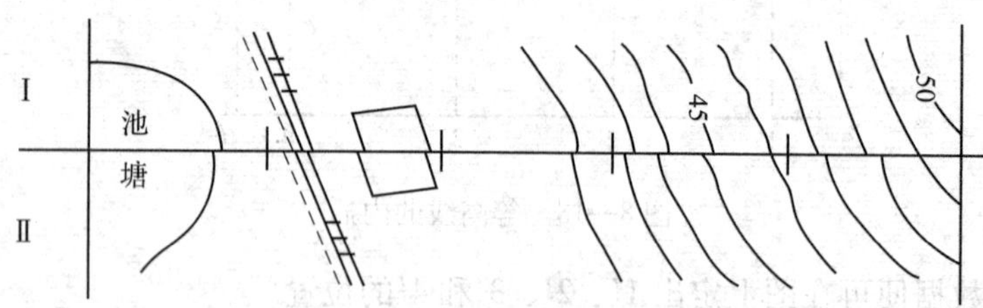

图 8—21 地形图的拼接

图的接边误差不应大于规定的碎部点平面、高程中误差的 $2\sqrt{2}$倍。在大比例尺测图中，碎部点的点位中误差和等高线内插求点的高程中误差见表 8—8 和表 8—9。图的拼接误差小于限差时，可以平均配赋（即在两幅图上各改正一半），改正时应保持地物、地貌相互位置和走向的正确性。拼接误差超限时，应到实地检查后再改正。

表 8—8 碎部点的点位中误差

地区分类	点位中误差（mm）
建筑区、平地及丘陵地	0.5
山地及旧街坊内部	0.75

表 8—9 等高线内插求点的高程中误差

地形分类	平地	丘陵地	山地	高山地
高程中误差（等高距）（mm）	1/3	1/2	2/3	1

4. 地形图的检查

为了确保地形图质量，除施测过程中加强检查外，在地形图测完后，必须对成图质量作一次全面检查。地形图的检查包括图面检查、野外巡视和设站检查。

（1）图面检查

检查图面上各种符号、注记是否正确，包括地物轮廓线有无矛盾、等高线是否清楚、名称注记是否弄错或遗漏。如发现错误或疑点，应到野外进行实地检查修改。

（2）野外巡视

根据室内图面检查的情况，有计划地确定巡视路线，进行实地对照查看。野外巡视中发现的问题，应当场在图上修正或补充。

（3）设站检查

根据室内检查和巡视检查发现的问题，到野外设站检查，除对发现的问题进行修正和补测外，还要对本测站所测地形进行检查，看所测地形图是否符合要求。如果发现点位的误差超限，应按正确的观测结果修正。

5．地形图的整饰

地形图经过上述拼接、检查和修正后，还应进行清绘和整饰，使图面更为清晰、美观，然后作为地形图原图保存。地形图整饰的次序是先图框内、后图框外，先注记、后符号，先地物、后地貌（等高线注记和地物应断开）。图上的注记、地物符号、等高线等应按规定的地形图图式进行描绘和书写。最后，在图框外应按图式要求写出图名、图号、接图表、比例尺、坐标系统及高程系统、施测单位、测绘者及测绘日期等。

一、测图前的准备工作

1．图根控制测量

测图前应先在校园进行现场踏勘并选好图根点的位置，然后进行图根平面控制和图根高程控制测量。图根控制的测量方法已在模块六和模块七中作了介绍。图根点的密度应能控制校园实际地物和地貌。

2．图样的准备

（1）图纸的选用

选用质地较好的聚酯薄膜图纸。聚酯薄膜是一面打毛的半透明图纸，其厚度为0. 07 ~ 0. 1 mm，伸缩率很小，且坚韧耐湿，沾污后可洗，在图样上着墨后，可直接复晒蓝图。

（2）绘制坐标格网

在绘图样上，先要精确地绘制直角坐标方格网，每个方格为 10 cm × 10 cm。格网线的宽度为0. 15 mm，绘制方格网一般可使用坐标格网尺，也可以用长直尺按对角线法绘制方格网。绘制坐标格网的方法如下：

将聚酯薄膜用胶带纸粘贴在绘图板上，如图 8—22 所示，沿图样的四个角用长直线尺绘出两条对角线交于 O 点，以 O 点为圆心，以略小于对角线长度的一半画弧，交出 A、B、C、D 四点，并作连线，即得矩形 $ABCD$，从 A、B 两点起沿 AD 和 BC 向右每隔 10 cm 截取一点，再从 A、D 两点起沿 AB、DC 向上每隔 10 cm 截取一点。而后 ，连接相应的各点即得到由 10 cm × 10 cm 的正方形组成的坐标格网。测绘用品商店有印刷好坐标格网的聚酯薄膜图纸出售。

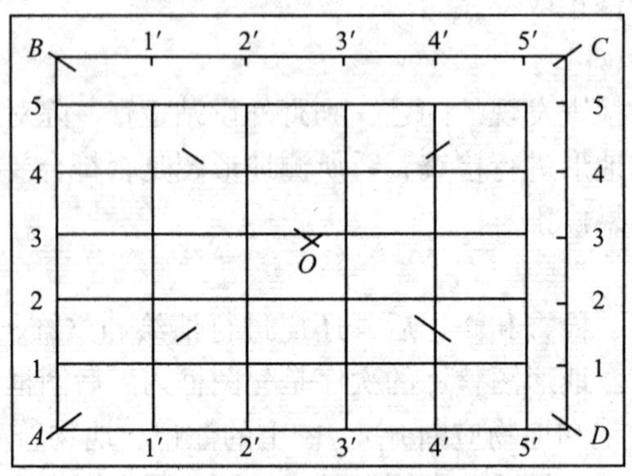

图 8—22 对角线法绘制方格网

（3）格网的检查和注记

在坐标格网绘好以后，应立即检查：先检查各方格的角点，应在一条直线上，偏离不应大于 0.2 mm；再检查各个方格的对角线，长度应为 141.4 mm，容许误差为 ±0.3 mm，图廓对角线长度与理论长度之差的容许误差为 ±0.3 mm；若误差超过容许值，则应将方格网进行修改或重绘。

坐标格网线的旁边要注坐标值，每幅图的格网线的坐标是按照图的分幅大小来确定的，如图 8—23 所示。

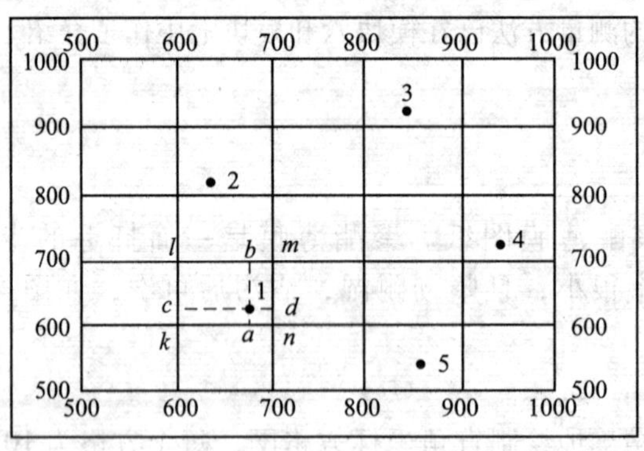

图 8—23 导线点的展绘

（4）展绘控制点

展点时，先要确定控制点（导线点）所在的方格。如图 8—23 所示（设比例尺为 1∶1 000），导线点 1 的坐标为：$x_1 = 624.32$ m，$y_1 = 686.18$ m，由坐标值确定其位置应在 *klmn* 方格内。然后从 *k* 向 *n* 方向、从 *l* 向 *m* 方向各量取 86.18 m，得出 *a*、*b* 两点，同样再从 *k* 和 *n* 点向上量取 24.32 m，可得出 *c*、*d* 两点，连接 *ab* 和 *cd*，其交点即为导线点 *l* 在图上的位置。

同法将其他各导线点展绘在图样上。最后，用比例尺在图样上量取相邻导线点之间的距离，并与已知的距离相比较，作为展绘导线点的校核，其最大误差在图样上应不超过 ±0.3 mm，否则导线点应重新展绘。经检验无误，按图式规定绘出导线点符号，并注上点号和高程，这样就完成了测图前的准备工作。

二、测图实施步骤

1. 安置仪器

如图 8—2 所示，安置仪器于测站点（控制点）A 上，量取仪器高 i，填入手簿（见表 8—10）。

表 8—10　　碎部测量手簿

测站点：A　　定向点：B　　$H_A = 56.43$ m　　$i_A = 1.46$ m　　$x = 0$

点号	视距间隔 l/m	中丝读数 v/m	竖盘读数（盘左）L	竖直角 α	高差 h/m	水平角 β	平距 D/m	高程 H/m	备注
1	0.281	1.460	93°28′	−3°28′	−1.70	102°00′	28.00	54.73	
2	0.414	1.460	74°26′	15°34′	10.70	129°25′	38.42	67.13	
…	…	…	…	…	…	…	…	…	…
50	0.378	2.460	91°14′	−1°14′	−1.81	286°35′	37.78	54.62	电杆

2. 定向

后视另一控制点 B，置水平度盘读数为 0°00′00″。

3. 立尺

立尺员依次将标尺立在地物、地貌特征点上。立标尺前，立尺员应弄清实测范围和实地情况，选定立尺点，并与观测员、绘图员共同商定跑尺路线。

4. 观测

转动照准部，瞄准特征点房角 1 的标尺，读取视距间隔 l，中丝读数 v，竖盘盘左读数 L 及水平角 β。

5. 记录

将测得的视距间隔、中丝读数、竖盘读数及水平角依次填入手簿（见表 8—10）。

6. 计算

先由竖盘读数 L 计算竖直角 $\alpha = 90° - L$，按视距测量公式用计算器计算出碎部点的水平距离和高程。

$$\text{平距公式：} D = kl\cos^2\alpha;$$

$$\text{高差公式：} h = kl\sin 2\alpha/2 + i - v。$$

7. 展绘碎部点

用细针将量角器的圆心插在图样上的测站点 a 处（即控制点 A 在图样上的位置），转动量角器，将量角器上等于 β 角值（碎部点 1 为 102°00′）的刻划线对准起始方向线 ab（见图 8—24），此时，量角器的零方向便是碎部点 1 的方向，然后用测图比例尺按测得的水平距离，在该方向上定出点 1 的位置，并在点的右侧注明其高程。

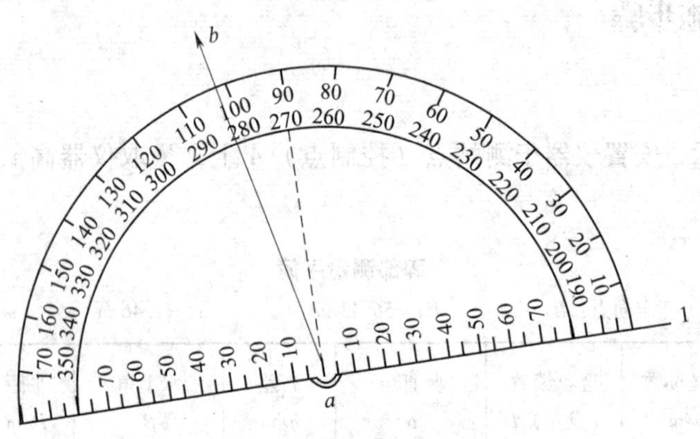

图 8—24 地形测量量角器

同法，测出其余各碎部点 2、3 等的平面位置与高程，绘于图上，并随测随绘等高线和地物。

为了检查测图质量，仪器搬到下一测站时，应先观测前站所测的某些明显碎部点，以检查由两个测站测得的该点平面位置和高程是否相符。如相差较大，则应查明原因，纠正错误，再继续进行测绘。

在外业测图过程中，应注意以下事项：

（1）为方便绘图员工作，观测员在观测时，应先读取水平角，再读取视距尺的三丝读数和竖盘读数；在读取竖盘读数时，要注意检查竖盘指标水准管气泡是否居中；读数时，水平角估读至 5′，竖盘读数估读至 1′即可，每观测 20 ~ 30 个碎部点后，应重新瞄准起始方向，检查其变化情况，经纬仪测绘法起始方向水平度盘读数偏差不得超过 3′。

（2）立尺人员在跑尺前，应与观测员和绘图员商定跑尺路线；立尺时，应将标尺竖直，并随时观察立尺点周围情况，弄清碎部点之间的关系，地形复杂时还需绘出草图，以协助绘图人员做好绘图工作。

（3）绘图人员应保持图面正确、整洁，注记清晰，并做到随测点，随展绘，随检查。

（4）当每站工作结束后，在确认地物、地貌无测错或漏测时，方可迁站。

8. 测图成果

图形经过清绘、整饰后如图 8—25 所示。

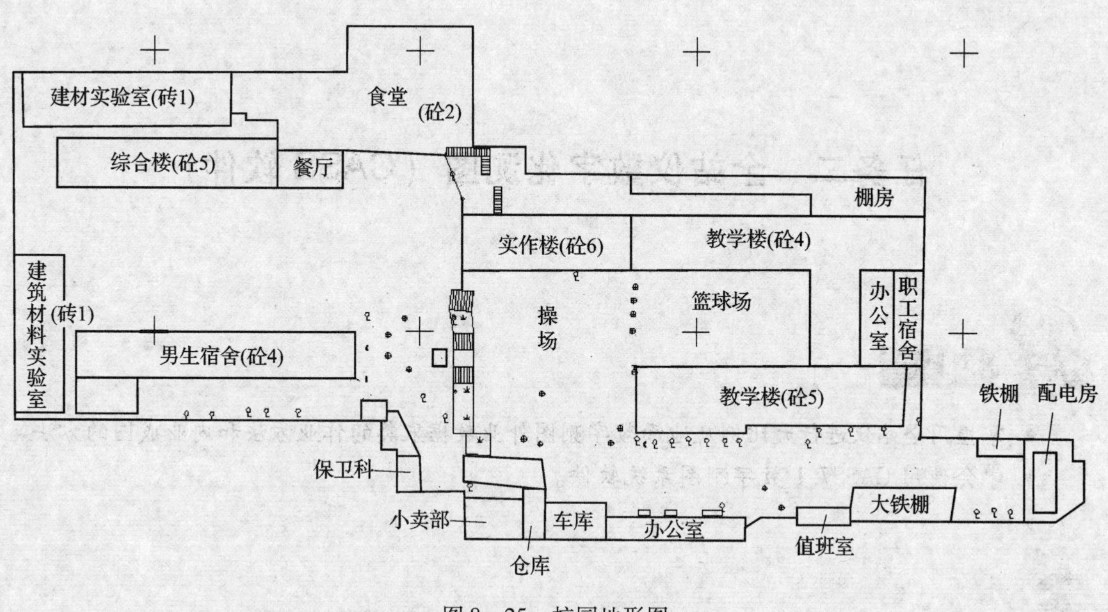

图 8—25　校园地形图

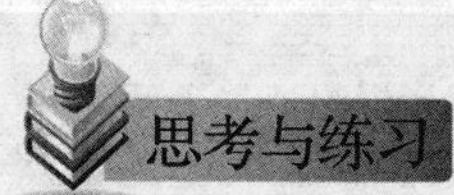

思考与练习

1. 什么是比例尺精度？它在测绘工作中有何作用？

2. 地物符号有几种？各有何特点？

3. 何谓等高线？在同一幅图上，等高距、等高线平距与地面坡度三者之间的关系如何？

4. 测图前有哪些准备工作？控制点展绘后，怎样检查其正确性？

5. 根据碎部测量记录表 8—11 中的数据，计算各碎部点的水平距离及高程。

表 8—11　　碎部测量记录表

测站点：A　　定向点：B　　$H_A=42.95$ m　　$i_A=1.48$ m　　$x=0$

点号	视距间隔 l/m	中丝读数 v/m	竖盘读数 L	竖直角 α	高差 h/m	水平角 β	平距 D/m	高程 H/m	备注
1	0.552	1.480	83°36′			48°05′			
2	0.409	1.780	87°51′			56°25′			
3	0.324	1.480	93°45′			247°50′			
4	0.675	2.480	98°12′			261°35′			

6. 简述经纬仪测绘法在一个测站测绘地形图的工作步骤。

任务二　全站仪数字化测图（CASS 软件）

◆ 掌握用全站仪进行大比例尺地面数字测图外业数据采集的作业方法和内业成图的方法。
◆ 学会使用 CASS7.1 数字测图系统软件。

用全站仪测量万家巷带状地形图，并用南方 CASS 7.1 软件成图。

随着科学技术的进步，信息化测量仪器——全站仪的广泛应用，以及微型计算机硬件和软件技术的迅猛发展，地形测量从白纸测图变革为数字测图。工程上常用的，储存在数据载体上的、数字形式的大比例尺地图就是数字地图。

大比例尺数字化成图是经过全站仪数据采集、数据编码与计算机软件处理、自动绘制成地形图。

一、CASS7.1 软件简介

南方 CASS 地形地籍成图软件是基于 AutoCAD 平台技术的 GIS 前端数据处理系统，广泛应用于地形成图、地籍成图、工程测量应用、空间数据建库等领域，全面面向 GIS，彻底打通数字化成图系统与 GIS 接口，使用骨架线实时编辑、简码用户化、GIS 无缝接口等先进技术。自 CASS 软件推出以来，已经成长为用户量最大、升级最快、服务最好的主流成图系统。

近年来，计算机辅助设计（CAD）与地理信息系统（GIS）技术取得了长足的发展。同时，社会对空间信息采集、动态更新的速度要求越来越快，特别是在城市建设能方便获取所需的大比例尺空间数据方面的要求越来越高，GIS 数据的建设成为“数字城市”发展的短板。与空间信息获取密切相关的测绘行业，在近十年来也发生了巨大而深刻的变化，基于 GIS 对数据的新要求，测绘成图软件也正由单纯的“电子地图”功能转向全面的GIS数据处理，从数据采集、数据质量控制到数据无缝进入GIS系统，GIS前端处理软件扮演着越来越重要的角色。

1. 运行平台

AutoCAD 2006平台，同时支持AutoCAD 2002/2004/2005/2006/2007。

2. CASS技术框架

CASS软件技术框架如图8—26所示。

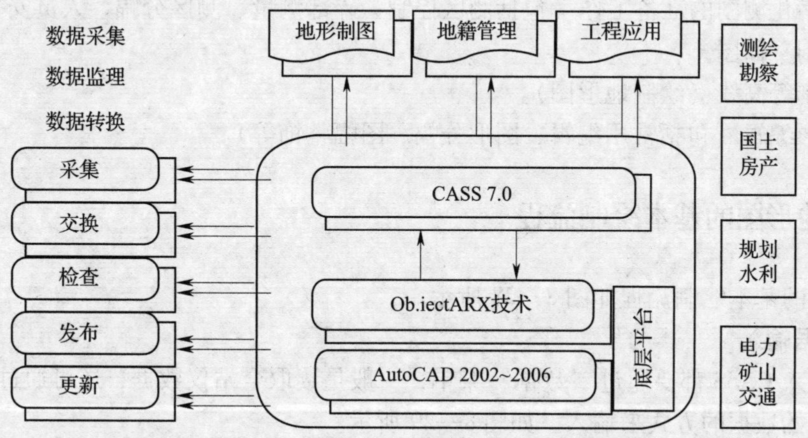

图8—26　CASS技术框架

3. CASS 7.0主界面（见图8—27）

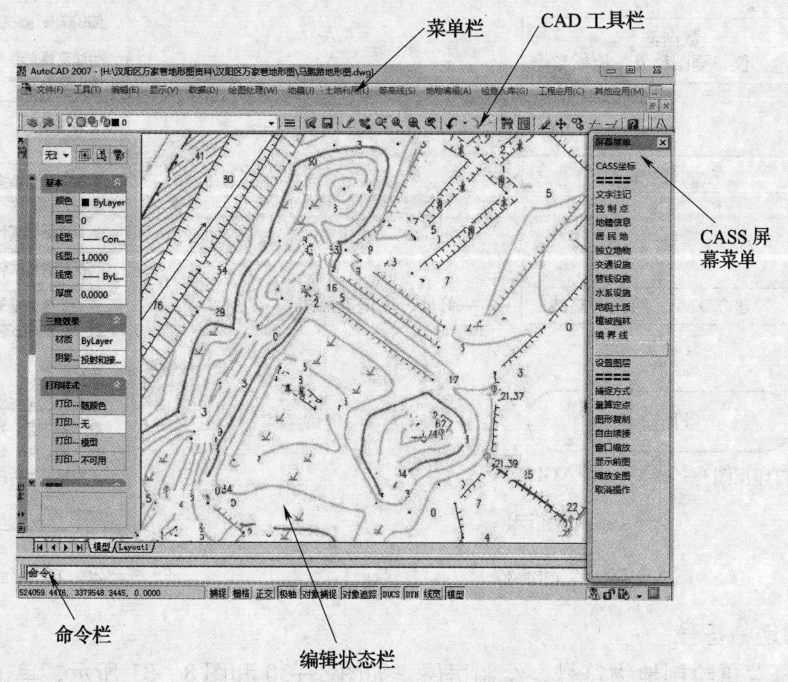

图8—27　CASS主界面

主界面主要包括菜单栏、CAD 工具栏、CASS 工具栏、CASS 屏幕菜单、命令栏、编辑状态栏等。主界面最上部是菜单栏和 CAD 工具栏，最右边是 CASS 屏幕菜单，最下面是命令栏，主界面中间是编辑状态栏等。

二、地形成图的主要工作内容

1. 数字化测图的准备工作（包括测区控制、碎部测量、测区分幅、人员安排等）。
2. 绘制平面图。
3. 绘制等高线（绘制地形图）。
4. 图形编辑（包括常用编辑、图形分幅、图幅整饰等）。

三、地形图的基本绘制流程

地形图的基本绘制流程如图 8—28 所示。

1. 数据输入

数据进入 CASS 都要通过“数据”菜单，一般是读取全站仪数据，还可通过测图精灵和手工输入原始数据的方式来输入，如图 8—29 所示。

数据输入
全站仪、测图精灵、原始数据
选择定点方式
点号、坐标
绘制地物符号
建立DTM，绘制等高线
修剪、注记等高线
数据输出
图幅整饰、打印出图
转入GIS
其他交换格式

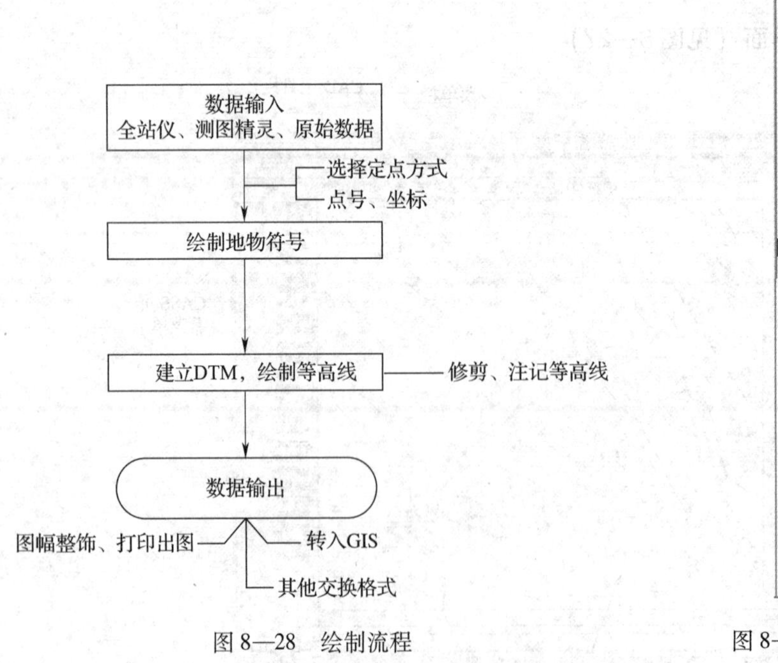

图 8—28　绘制流程

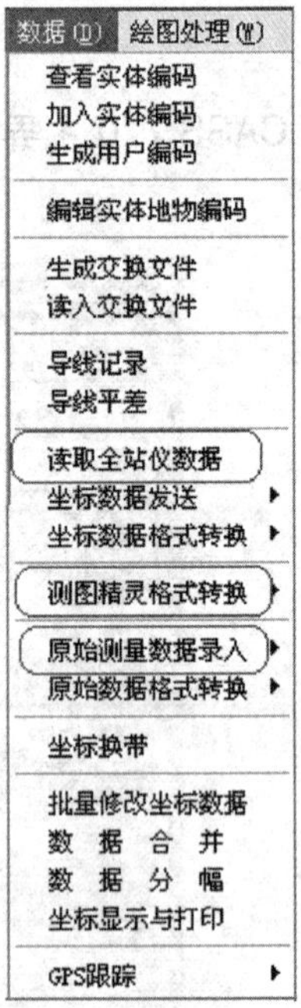

数据(D)
绘图处理(W)
查看实体编码
加入实体编码
生成用户编码
编辑实体地物编码
生成交换文件
读入交换文件
导线记录
导线平差
读取全站仪数据
坐标数据发送
坐标数据格式转换
测图精灵格式转换
原始测量数据录入
原始数据格式转换
坐标换带
批量修改坐标数据
数 据 合 并
数 据 分 幅
坐标显示与打印
GPS跟踪

图 8—29　读取全站仪数据

2. 绘制地物符号

通过屏幕菜单绘制地物符号，绘制房屋，如图 8—30 和图 8—31 所示，单击所要的房屋类型，根据主界面的命令行提示，可完成房屋绘制操作。

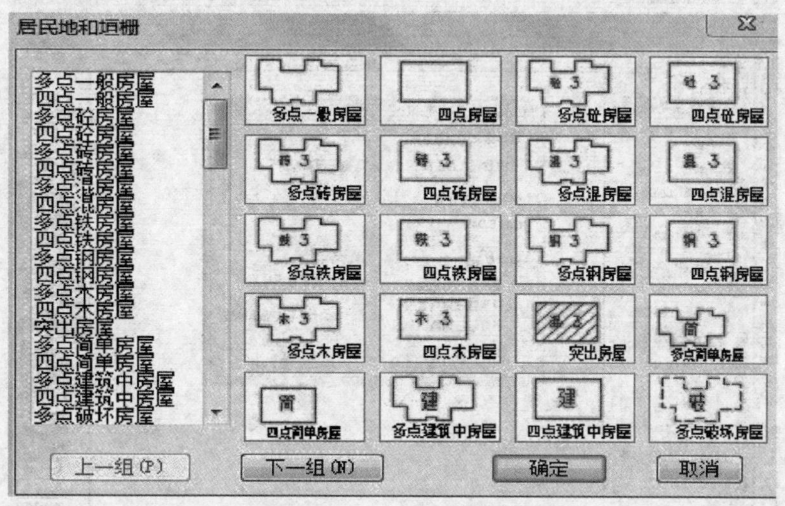

图 8—30　居民地房屋样式选择

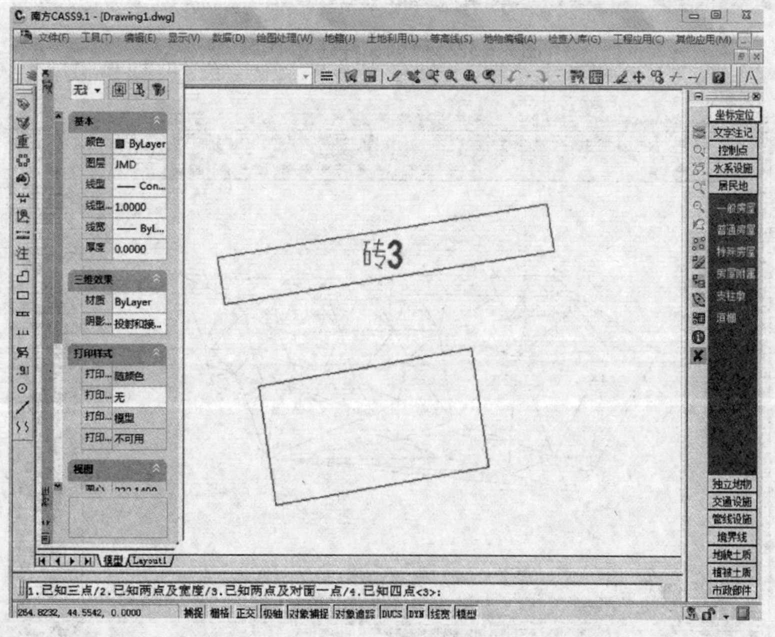

图 8—31　房屋绘制

3. 等高线绘制

(1) 建立 DTM 模型

在菜单“等高线”里，由数据文件（如文件名为 3 - 6. DAT）建立 DTM 模型，如图 8—32 所示，单击“确定”按钮后生成三角网，如图 8—33 所示。

图 8—32　数据文件建立 DTM

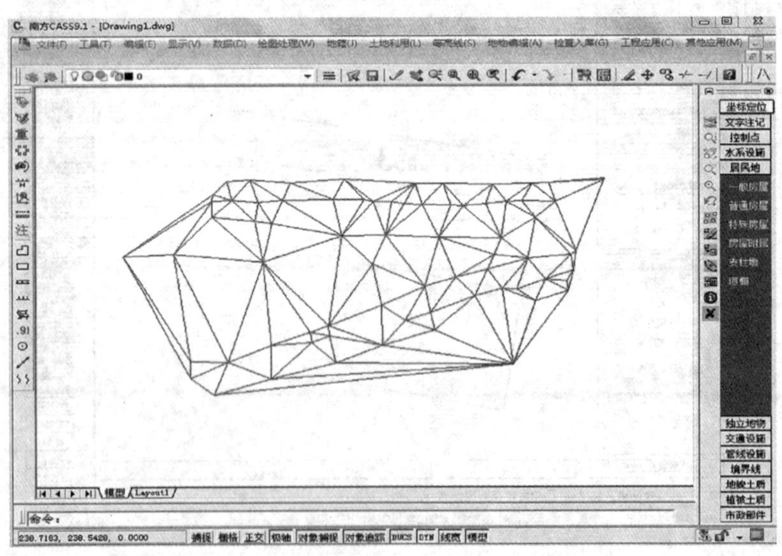

图 8—33　数据文件生成三角网

(2) 编辑修改 DTM 模型

删除不合理的三角形，修改 DTM 模型，如图 8—34 所示。

(3) 绘制等高线

绘制等高线并删掉三角网，如图 8—35 和图 8—36 所示。

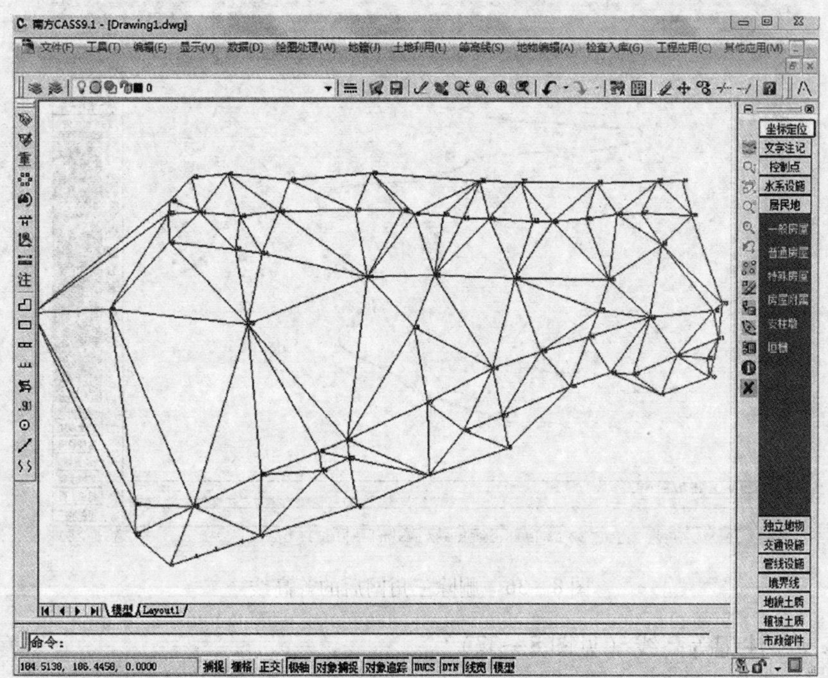

图 8—34　修改后的三角网

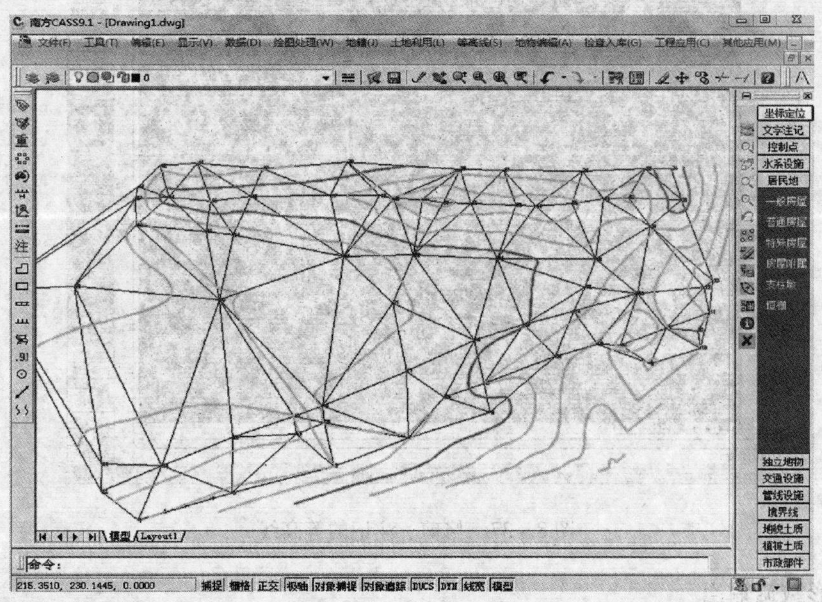

图 8—35　生成等高线

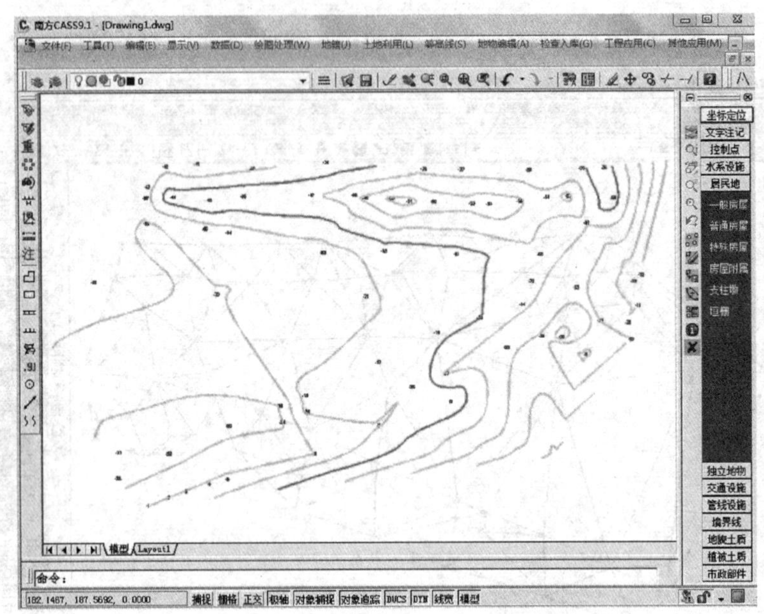

图 8—36　删除三角网后的等高线

（4）修剪、注记等高线（见图 8—37）

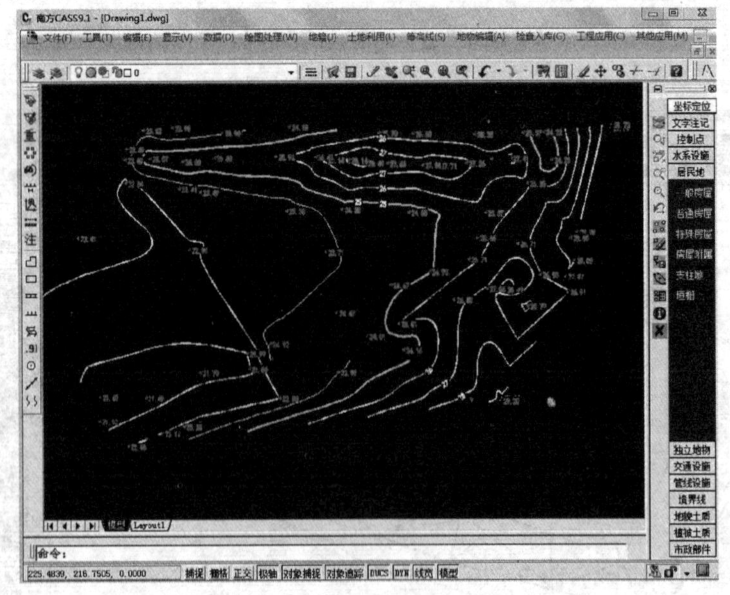

图 8—37　修剪、注记的等高线

4．图形数据输出

地形图绘制完毕，可以有多种输出方式。

（1）打印输出

图幅整饰→连接输出设备→输出。

(2) 转入 GIS

输出 Arcinfo、Mapinfo、国家空间矢量格式。

(3) 其他交换格式

生成 cass 交换文件（ *. cas）。

四、数字化测图方法

数字化测图根据所使用设备的不同，可采用两种方式实现：草图法和电子平板法。

由于电子平板法使用的笔记本电脑价格较贵，电池连续使用时间短，数字测图成本高，所以实际中多采用草图法。

草图法数字测图的流程：外业使用全站仪测量碎部点三维坐标的同时，领图员绘制碎部点构成的地物形状和类型，并记录下碎部点点号（必须与全站仪自动记录的点号一致）。

内业将全站仪或电子手簿记录的碎部点三维坐标，通过 CASS 传输到计算机、转换成 CASS 坐标格式文件并展开，根据野外绘制的草图在 CASS 中绘制地物。

一、全站仪野外数据采集

1. 置仪

在控制点上安置全站仪，检查中心连接螺旋是否旋紧，对中，整平，量取仪器高，开机。

2. 创建文件

在全站仪 Menu 中，选择“数据采集”进入“选择一个文件”，输入一个文件名后确定（文件名可以用日期命名，如 3－16），即完成文件创建工作，此时仪器将自动生成两个同名文件，一个用来保存采集到的测量数据，另一个用来保存采集到的坐标数据。

3. 输入测站点

输入一个文件名，按回车键后即进入数据采集的输入数据窗口，按提示输入测站点点号及标识符、坐标、仪高，后视点点号及标识符、坐标、镜高，仪器瞄准后视点，进行定向。

4. 测量碎部点坐标

仪器定向后，即可进入“测量”状态，输入所测碎部点点号、编码、镜高后，精确瞄准竖立在碎部点上的反光镜，按“坐标”键，仪器即测量出棱镜点的坐标，并将测量结果保存到前面输入的坐标文件中，同时将碎部点点号自动加 1 返回测量状态。再输入编码、镜高，瞄准第 2 个碎部点上的反光镜，按“坐标”键，仪器又测量出第 2 个棱镜点的坐标，并将测量结果保存到前面的坐标文件中。按此方法，可以测量并保存其后所测碎部点的三维坐标（X、Y、Z）。碎部测量过程中，要绘制草图，以示地物、地貌的连接关系和属性。

二、内业绘图

1. 下载碎部点采集坐标数据

完成外业数据采集后，使用通信电缆将全站仪与计算机的 COM 口连接好，启动通信软件，设置好与全站仪一致的通信参数后，执行下拉菜单“通讯/下传数据”命令；在全站仪上的内存管理菜单中，选择“数据传输”选项，并根据提示顺序选择“发送数据”“坐标数据”和选择文件，然后在全站仪上选择确认发送，再在通信软件上的提示对话框上单击“确定”按钮，即可将采集到的碎部点坐标数据发送到通信软件的文本区。

2. 格式转换

将保存的数据文件转换为成图软件（如 CASS）格式的坐标文件格式。执行下拉菜单“数据→读全站仪数据”命令，在“全站仪内存数据转换”对话框中的“全站仪内存文件”文本框中，输入需要转换的数据文件名和路径，在“CASS 坐标文件”文本框中输入转换后保存的数据文件名和路径。这两个数据文件名和路径均可以单击“选择文件”，在弹出的标准文件对话框中输入。单击“转换”按钮，即完成数据文件格式转换。也可用南方全站仪专用坐标数据下载软件，直接得到 CASS 的 DAT 格式的坐标数据文件，其格式为（点号，编码，Y，X，Z）。

3. 绘图

打开 CASS 软件，步骤如下：

（1）执行下拉菜单“绘图处理→定显示区”，根据已有的数据文件确定绘图区域，如图 8—38 所示。

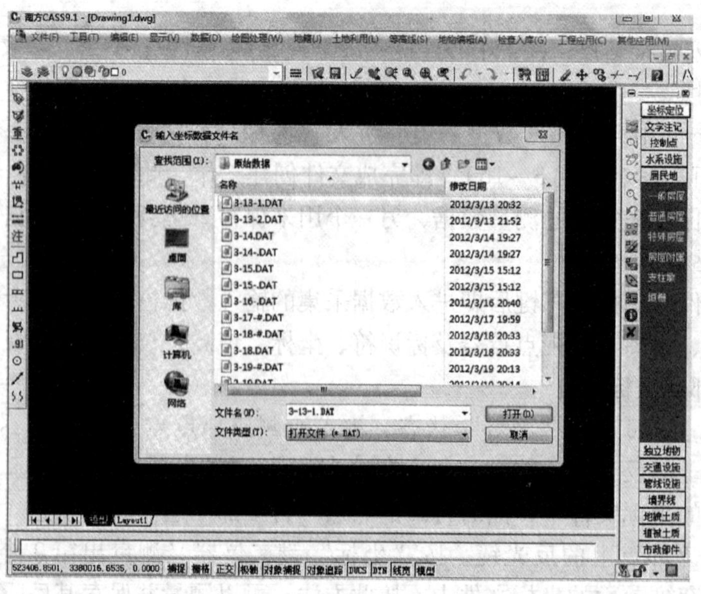

图 8—38　数据文件定显示区

（2）执行下拉菜单“绘图处理→展绘野外测点点位”，即在绘图区得到展绘好的碎部点点位，结合野外绘制的草图，用 CASS 屏幕菜单绘制地物，如图 8—39 所示。

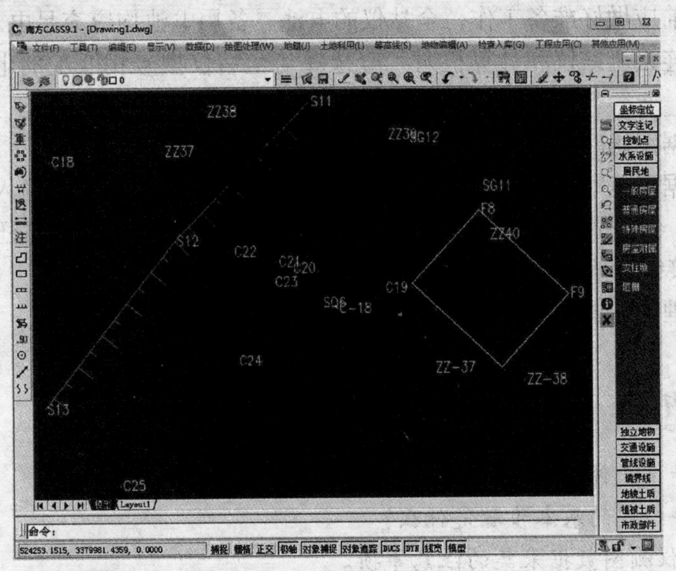

图 8—39　绘制地物

（3）再执行下拉菜单“绘图处理→展绘高程点”，建立 DTM 模型，经过对所测地形图进行屏幕显示，在人机交互方式下进行绘图处理、图形编辑、修改、整饰，最后形成数字地图的图形文件。

图 8—40 所示为使用 CASS 软件并根据绘图步骤和方法绘制的武汉汉阳万家巷水渠带状地形图。

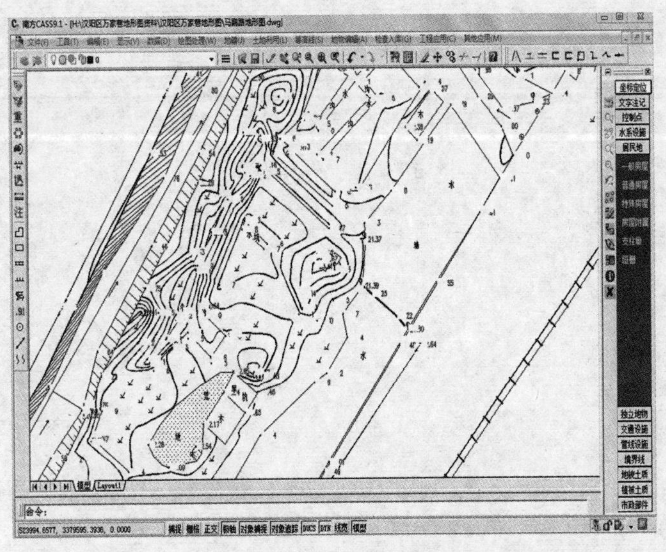

图 8—40　武汉汉阳万家巷水渠带状地形图

4．注意事项

（1）控制点数据由指导教师统一提供。

（2）在作业前应做好准备工作，全站仪的电池、备用电池均应充足电。

（3）用电缆连接全站仪和计算机时，应选择与全站仪型号相匹配的电缆，小心稳妥地连接。

（4）采用数据编码时，数据编码要规范、合理。

（5）外业数据采集时，若棱镜高改变，应及时通知观测人员重新输入目标高；记录及草图绘制应清晰、信息齐全。不仅要记录观测值及测站有关数据，同时还要记录编码、点号、连接点和连接线等信息，以方便绘图。

（6）数据处理前，要熟悉所采用软件的工作环境及基本操作要求。

1．CASS 是什么软件？它的运行平台是什么？

2．CASS 软件绘图的基本步骤是什么？

3．试述全站仪测图数据采集的注意事项。

模块九

道路工程测量

道路工程测量主要讲述公路勘测阶段的测量工作，公路工程测量就是施工放样（确定构造物的尺寸和位置），也就是通过设计图样及数据将构造物的平面和高程位置表达出来，设计图样完成后要通过测量手段在实地上标出与设计相对应的特征点位置，并钉设标桩在实地标定出来。其包括公路中线测量，公路纵、横断面测量等主要工作。

任务一 圆曲线测设

- ◆ 了解圆曲线的概念及其在公路线形中的重要作用。
- ◆ 熟悉圆曲线主点测设的元素及其计算方法。
- ◆ 掌握圆曲线的测设方法。

路线由一个方向转到另一个方向时，须用曲线加以连接。圆曲线又称单圆曲线，是最常用的一种平面曲线。根据所测路线偏角 α 和曲线半径 R 来计算圆曲线上的测设数据。圆曲线测设分两步进行，先测设曲线主点，即曲线的起点、中点和终点，再在主点间进行加密，按规定桩距测设曲线各副点。

一、圆曲线主点测设

1. 主点测设元素计算

如图9—1所示，设交点 JD 的偏角为 α，曲线半径为 R，则曲线主点的测设元素的计算公式如下：

$$T=R\cdot\tan\frac{\alpha}{2}$$

$$L=R\cdot\alpha\cdot\frac{\pi}{180°}$$

$$E=R\left(\sec\frac{\alpha}{2}-1\right)$$

$$D=2T-L$$

式中 T——切线长，即曲线起点或终点至交点的距离；

L——圆曲线的曲线长度；

E——圆曲线的外矢距，指圆曲线中点到交点的距离；

D——切曲差（或称超距）；

T、E 用于设置主点，T、L、D 用于计算里程。

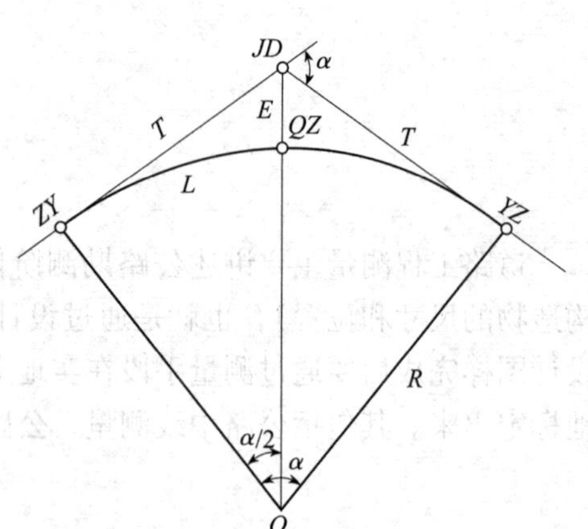

图9—1 圆曲线的主点测设

【例9—1】已知 JD 的桩号为 3＋573.36，偏角 $\alpha=34°36'$（右偏），设计圆曲线半径 $R=200$ m，求各测设元素。

$$T=200\times\tan17°18'=62.293\ \text{m}$$

$$L=200\times34°36'\times\frac{\pi}{180°}=120.777\ \text{m}$$

$$E=200\times\left(\frac{1}{\cos17°18'}-1\right)=9.477\ \text{m}$$

$$D=124.586-120.777=3.809\ \text{m}$$

2. 主点桩号计算

主点桩号是根据交点桩号推算出来，由图9—1可知：

ZY 桩号 = JD 桩号 − T

QZ 桩号 = ZY 桩号 + $L/2$

YZ 桩号 = QZ 桩号 + $L/2$

为避免计算错误，应进行校核计算：

JD 桩号 = YZ 桩号 − T + D

用上例测设元素为例：

	JD	K3+573.360	
−	T	62.293	
	ZY	K3+511.067	
+	$L/2$	60.389	
	QZ	K3+571.456	
+	$L/2$	60.389	
	YZ	K3+631.845	
−	T	62.293	
+	D	3.809	
	JD	K3+573.361	（计算无误）

3. 主点的测设

（1）测设曲线起点

置经纬仪于 JD，照准后一方向线的交点或转点，沿此方向测设切线长 T，得曲线起点 ZY，插一测钎。丈量 ZY 至最近一个直线桩的距离，如两桩号之差在相应的容许范围内，可用方桩在测钎处打下 ZY 桩。

（2）测设曲线终点

将望远镜照准前一方向线相邻的交点或转点，沿此方向测设切线长 T，得曲线终点，打下 YZ 桩。

（3）测设曲线中点

沿分角线方向量取外矢距 E，打下曲线中点桩 QZ。

二、圆曲线的测设方法

1. 偏角法

偏角法是一种类似于极坐标法的测设曲线上点位的方法。它的原理是以曲线起点或终点至曲线上任一点 P_i 的弦线与切线 T 之间的弦切角 Δ_i（偏角）和弦长 c 来确定 P_i 点的位置，如图 9—2 所示。

(1) 计算公式

根据几何原理，偏角Δ应等于相应弧长 l 或弦长 c 所对的圆心角 φ 的一半，Δ、l、c 和曲线半径的关系为

$$\Delta = \frac{l}{2R}\rho''$$

$$c = 2R\sin\Delta$$

圆心角 φ 所对圆弧 l 与弦长 c 之差称为弧弦差，计算式为

$$\delta = l - c = l - 2R\sin\left(\frac{c}{2R}\rho''\right)$$

即
$$\delta = \frac{l^3}{24R^2}$$

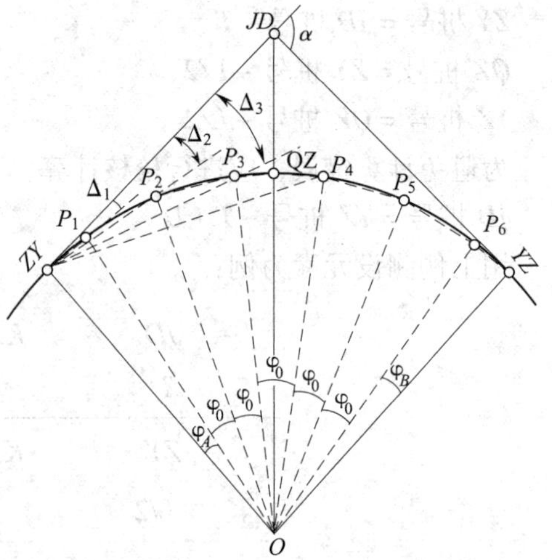

偏角Δ与曲线上起点至某桩的弧长成正比，可得

P_1 点　　$\Delta_1 = \varphi_A/2 = \Delta_A$

P_2 点　　$\Delta_2 = \varphi_A + \varphi_0/2 = \Delta_A + \Delta_0$

P_3 点　　$\Delta_3 = \varphi_A + 2\varphi_0/2 = \Delta_A + 2\Delta_0$

…　　　　…

YZ 点　　$\Delta_{YZ} = (\varphi_A + n\varphi_0 + \varphi_B)/2 = \Delta_A + n\Delta_0 + \Delta_B$

$\Delta_{YZ} = \alpha/2$（用于校核）

图9—2　偏角法测设圆曲线

式中，φ_A、φ_B、φ_0 和 Δ_A、Δ_B、Δ_0 分别为曲线首、尾段分弧长 l_A、l_B 及整弧长 l_0 所对的圆心角和偏角；n 为整弧段个数。

偏角法测设曲线，一般采用整桩号法，按规定的弧长 l_0（20 m、10 m 或 5 m）设桩。由于曲线起点、终点多为非整桩号，除首、尾段的弧长 l_A、l_B 小于 l_0 外，其余桩距均为 l_0。

由于用偏角法测设曲线上各桩，所量距离为弦长而非弧长，因此必须顾及弧弦差 δ（见表9—1），一般以差值小于 1 cm 为好。

表9—1　　曲线弧弦差 δ　　m

弧长	曲线半径（R）		
	50	100	200
20	0.133	0.033	0.008
10	0.017	0.004	0.001
5	0.002	0.001	0.000

【例 9—2】按上例的曲线元素（$R=200$ m）及桩号，取整桩距 $l_0=20$ m，算得 $\Delta_A=1°16'45''$，$\Delta_0=2°51'53''$，$\Delta_B=1°41'50''$，曲线测设数据列于表 9—2。

表 9—2　圆曲线偏角法测设数据

曲线里程桩号	弧长/m	偏角值
ZY　3+511.07		0°00′00″
	8.93	
P_1　3+520		1°16′45″
	20.00	
P_2　3+540		4°08′38″
	20.00	
P_3　3+560		7°00′31″
	11.46	
QZ　3+571.46		8°39′00″
	8.54	
P_4　3+580		9°52′24″
	20.00	
P_5　3+600		12°44′17″
	20.00	
P_6　3+620		15°36′10″
	11.85	
YZ　3+631.85		17°18′00″

（2）测设步骤

1）经纬仪置于 ZY 点，盘左时照准 JD，使水平度盘读数为 0°00′00″。

2）转动照准部，正拨（顺时针方向转动）使水平度盘读数为 $\Delta_1=1°16'45''$，沿此方向从 ZY 点量弧长 l_1 的弦长 $c_1=8.93$ m，定曲线上第一个整桩 P_1。

3）转动照准部，正拨度盘读数为 $\Delta_2=4°08'38''$，从 P_1 点量整弧 l_0 的弦长 c_0 与视线方向相交，得 P_2 点。依次类推，测设出各整桩点。

4）校核。观测者将水平度盘读数放在 8°39′00″（$\alpha/4$）时，应能看到 QZ 桩。当测设至 YZ 点时，可用 $\alpha/2$ 及 l_n 所对弦长 c_n 进行校核，其闭合差一般不得超过如下规定：

半径方向（横向）：±0.1 m；

切线方向（纵向）：±L/1 000　（L 为曲线长）。

2．切线支距法（直角坐标法）

切线支距法是以曲线起点（ZY）或终点（YZ）为原点，切线为 x 轴，过原点的半径方向为 y 轴，根据坐标 x，y 来测设曲线上各桩点 P_i，如图 9—3 所示。测设时分别从曲线的

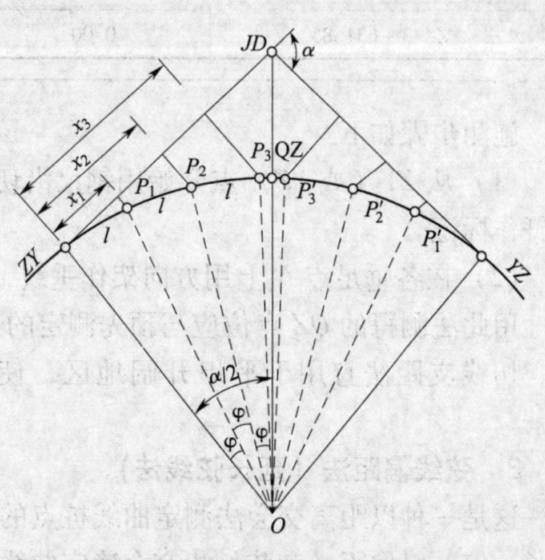

图 9—3　切线支距法测设圆曲线

起点和终点向中点各测设曲线的一半。一般采用整桩距法设桩，即按规定的弧长 l_0（20 m、10 m、5 m），桩距为整数，桩号多为零数设桩。

设 l_i 为待测点至原点间的弧长，φ_i 为 l_i 所对的圆心角，R 为半径。待定点 P_i 的坐标按下式计算：

$$\left.\begin{aligned} x_i &= R \cdot \sin\varphi_i \\ y_i &= R(1 - \cos\varphi_i) \end{aligned}\right\}$$

式中，$\varphi_i = \dfrac{l_i}{R} \cdot \dfrac{180°}{\pi}$　$(i = 1,\ 2,\ 3\cdots)$。

【例 9—3】 按上例的曲线元素（$R = 200$ m）及桩号，取 $L_0 = 20$ m，算得的曲线测设数据见表 9—3。

表 9—3　**圆曲线切线支距法测设数据**

曲线里程桩号	横距 x/m	纵距 y/m	相邻点间弧长/m
ZY　3 +511.07	0.00	0.00	
P_1　3 +531.07	19.97	1.00	20
P_2　3 +551.07	39.73	3.99	20
P_3　3 +571.07	59.10	8.93	20
QZ　3 +571.46	59.48	9.05	0.39
P'_3　3 +571.85	59.10	8.93	0.39
P'_2　3 +591.85	39.73	3.99	20
P'_1　3 +611.85	19.97	1.00	20
YZ　3 +631.85	0.00	0.00	20

施测步骤如下：

（1）从 ZY（或 YZ）点开始用钢尺沿切线方向量取 P_i 点的横坐标 X_i，得到垂足 N_i，用测钎作标记。

（2）在各垂足点 N_i 上用方向架作垂线，量出纵坐标 y_i，定出曲线点 P_i。

用此法测得的 QZ 点位应与预先测定的 QZ 点相符，作为校核。

切线支距法宜用于平坦开阔地区，使用工具简单，且有测点点位误差不累积的优点。

3．弦线偏距法（延长弦线法）

这是一种以距离交会法测定曲线桩点的方法。如图 9—4 所示，测设时把两点所连之弦延长一倍，以偏距 d 和弦长相交会确定曲线桩点位置。测设步骤如下：

(1) 由 ZY 点沿切线量弦长 c 定 P'_1，从 ZY 点量弦长 c 与由 P'_1 量偏距 d_1 交会得 P_1，其中 d_1 按下式计算：

$$d_1 = c \cdot \sin(\varphi/2)$$

P_1 点也可用切线支距法定出。

(2) 将 AP_1 延长一倍至 P'_2，使 $AP_1 = P_1P'_2 = C$，然后由点 P_1 量 c 值与由 P'_2 量偏距 d 交会得 P_2 点，其中

$$d = 2c \cdot \sin(\varphi/2)\frac{c^2}{R}$$

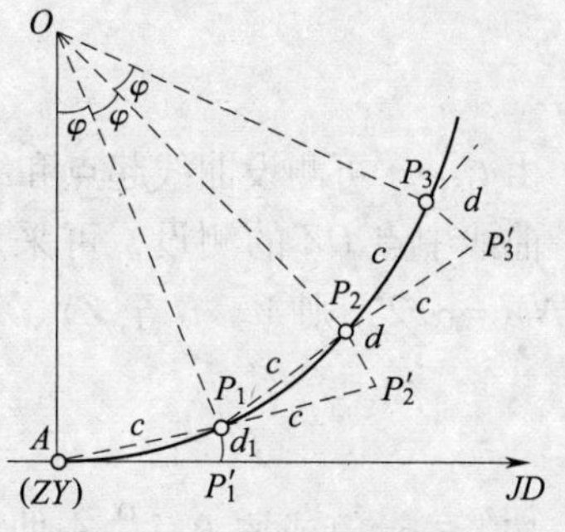

图 9—4　弦线偏距法测设圆曲线

同法，测定其余各点。

4. 圆曲线遇障碍时的测设

当受地形条件的限制、在交点和曲线起点不能安置仪器，或视线受阻时，圆曲线的测设不能按常规方法进行，必须根据现场情况，采用其他相应的方法。

(1) 虚交点法测设圆曲线主点

当路线的交点 JD 位于河流、深谷、峭壁等处，不能安置仪器测定转折角 β 时，可用另外两个转折点 A、B 来代替，形成虚交点（见图 9—5），通过间接测量的方法进行转折角测定、曲线元素计算和主点测设。有时因偏角和曲线半径较大，交点远离曲线，使切线和外矢距过长，也可作虚交处理。

测设方法如图 9—5 所示，设交点落入河中，为此，在设置曲线的外侧，沿切线方向选择两个辅助点 A、B，形成虚交点 C。在 A 点、B 点分别安置经纬仪，测算出 α_A、α_B，并用钢尺往返丈量 AB，其相对误差不得超过 1/2 000。

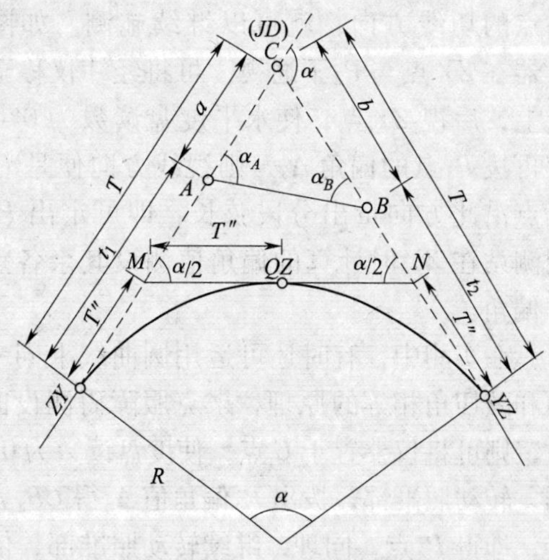

图 9—5　虚交点测设圆曲线

根据三角形 ABC 的边角关系，可以得到：

$$\left.\begin{aligned} \alpha &= \alpha_A + \alpha_B \\ a &= AB\frac{\sin\alpha_B}{\sin(180^\circ - \alpha)} = AB\frac{\sin\alpha_B}{\sin\alpha} \\ b &= AB\frac{\sin\alpha_A}{\sin(180^\circ - \alpha)} = AB\frac{\sin\alpha_A}{\sin\alpha} \end{aligned}\right\}$$

根据偏角 α 和设计半径 R，可算得 T、L。由 a、b、T 可计算辅助点 A、B 离曲线起点、终点的距离 t_1 和 t_2，即：

$$\left.\begin{aligned} t_1 &= T - a \\ t_2 &= T - b \end{aligned}\right\}$$

由 t_1、t_2 可测设曲线起点和终点。

曲线中点 QZ 的测设，可采用中点切线法。设 MN 为曲线中点的切线，由于 $\angle CMN = \angle CNM = \alpha/2$，则 M、N 至 ZY、YZ 的切线长 T''为：

$$T'' = R\tan\frac{\alpha}{4}$$

按上式计算或按 R、$\frac{\alpha}{4}$查曲线表求得 T''，然后由 ZY、YZ 点分别沿切线方向量 T''值，得 M、N 点，由 M 点沿 MN 方向量取 T''，即得曲线中点 QZ。也可由 N 点沿 MN 方向量取 T''，得 QZ，作为检查。

（2）偏角法测设视线受阻

用偏角法测设圆曲线，遇有障碍，视线受阻时，可将仪器搬到能与待定点相通视的已定桩点上，运用同一圆弧段两端的弦切角（偏角）相等的原理，找出新测站点的切线方向，就可以继续施测。如图 9—6 所示，仪器在 ZY 点与 P_4不通视。可将经纬仪移至已测定的 P_3点上，后视 ZY 点，使水平度盘读数为 0°00′00″，倒镜后再拨 P_4点的偏角 Δ_4，则视线方向便是 P_3P_4方向。从 P_3点沿此方向量出分段弦长，即可定出 P_4。以后仍可用测站在 ZY 时计算的偏角值测设其余各点，不必再另算偏角。

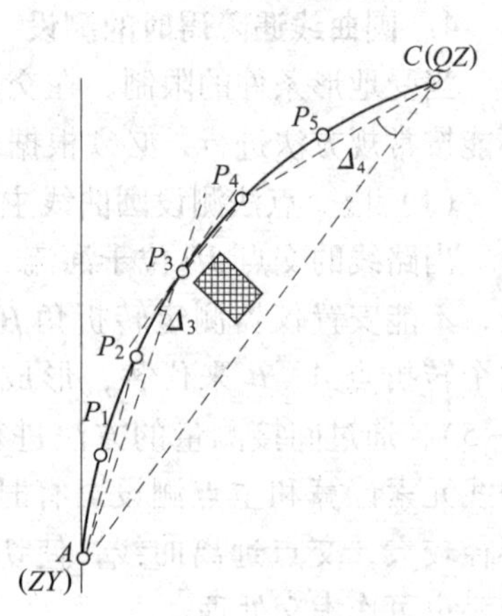

图 9—6　视线受阻

在实测中，有时还可运用圆曲线上同一弧段的圆周角和弦切角相等的原理，来克服障碍测设曲线点。如图 9—6 所示，若 P_3点不便设站施测时，则可将仪器置于 C 点，使度盘读数为0°00′00″后视 A 点，然后仍按测站在 A 点计算的数据，转动照准部，拨出 P_4偏角值 Δ_4得 CP_4方向，同时由 P_3点量出分段弦长与 CP_4方向线交会，即得 P_4点。同理，继续转动照准部，依次拨出原计算的其余各点的偏角值，则望远镜视线方向同从邻近已测的桩点量出的分段弦长相交，便可分别确定各校点的位置。

（3）曲线起点或终点遇障碍时

当曲线起点（或终点）受地形、地物限制，其里程不能直接测得，不能在起点（或终点）进行曲线详细测设时，可用以下方法进行。

里程测设如图 9—7 所示，A（ZY）落在水中。测设时，先在 CA 方向线上选一点 D，再在 C（JD）点向前沿切线方向用钢尺量出 T 定下 B（YZ）点。将经纬仪置于 B 点，测出 β_2，则在三角形 BCD 中，有

$$\beta_1 = \alpha - \beta_2$$

$$CD = \frac{T \cdot \sin\beta_2}{\sin\beta_1}$$

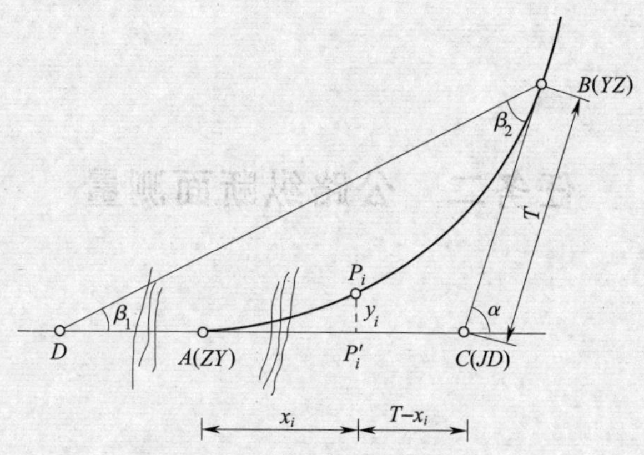

图 9—7 曲线起（终）点遇障碍

则：$AD = CD - T$

在 D 点里程测定后，加上距离 AD，即得 ZY 里程。

如图 9—7 所示，曲线上任一点 P_1，其直角坐标为 x_i，y_i。用切线支距法测设 P_i 时，不能从 ZY 点量取 x_i，但可从 JD 点沿切线方向量取 $T - x_i$，从而定出曲线点在切线上的垂足 P'_i。再从垂足 P'_i 定出垂线方向，沿此方向量取 y_i，即可定出曲线上 P_i 点的位置。

工程应用

【例 9—4】 按例 9—3 的曲线元素及 $R = 200$ m，$L_0 = 10$ m，算得：$\varphi_0 = \dfrac{l_0}{R} \cdot \dfrac{180°}{\pi} = 2°51'53''$；$C = 2R\sin（\varphi/2） = 2R\sin1°25'57'' = 9.999$ m；$d = 0.500$ m。

为减少测点误差的累积，实测中分别从 ZY 点或 YZ 点向 QZ 点测设，并进行闭合差校核。

弦线偏距法量测工具简单，测算方便，更适用于横向受限制的地段测设曲线。如隧道施工测量、半成路基上恢复中线和林区曲线测设等。

思考与练习

1. 怎样推算圆曲线的主点里程？圆曲线主点位置是如何测定的？

2. 切线支距法详细测设圆曲线的原理是什么？简述其操作步骤。

3. 已知弯道 JD10 的桩号为 K5 + 119.99，右角 $\beta = 136°24'00''$，圆曲线半径 $R = 300$ m，试计算圆曲线主点元素和主点里程。

4. 在道路中线测量中，已知交点的里程桩号为 K6 + 126.78，测得转角 $\alpha_{右} = 18°30'00''$，圆曲线半径 $R = 500$ m，若采用偏角法并按整桩设桩，试计算各桩的偏角及弦长。

任务二　公路纵断面测量

- ◆ 了解公路纵断面测量概念及其在公路线形中的重要作用。
- ◆ 熟悉公路纵断面测量的元素及其计算应用。
- ◆ 掌握公路纵断面测量的测设方法。

纵断面测量也称为路线水准测量，它是把路线上各里程桩（即中桩）的地面高程测出来，绘制成中线纵断面图，供路线纵坡设计、计算中桩填挖尺寸之用，以解决路线在竖直面上的位置问题。

已知一条道路如图9—8所示，用水准仪进行道路中平测量，将读数记入表9—4中“后视”栏、“前视”栏内，对道路中线符合水准测量，完成一测段的观测工作。

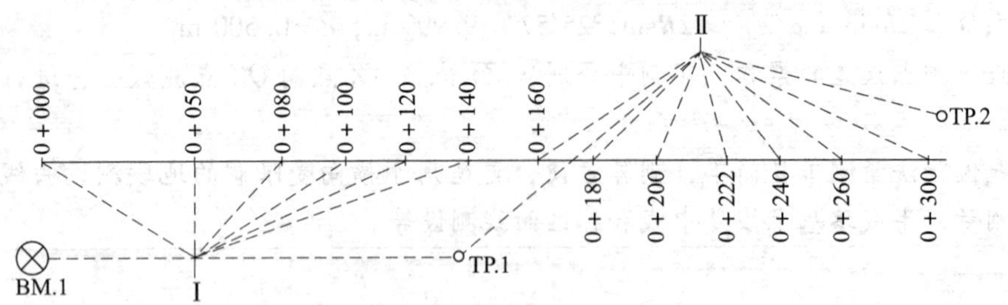

图9—8　中平测量

表9—4　**路线纵断面测量记录**

测点	水准尺读数（m）			视线高程（m）	高程（m）	备注
	后视	中视	前视			
BM. 1	2. 292			24. 710	22. 418	
0 +000		1. 62			23. 09	
+050		1. 93			22. 78	

续表

测点	水准尺读数（m）			视线高程（m）	高程（m）	备注
	后视	中视	前视			
+080		1.02			23.69	
+100		0.64			24.07	
+120		0.93			23.78	
+140		0.18			24.53	
TP.1	2.201		1.105	25.806	23.605	
+160		0.47			25.34	
+180		0.74			25.07	
+200		1.33			24.48	
+222		1.02			24.79	
+240		0.93			24.88	
+260		1.43			24.38	
+300		1.67			24.14	
TP.2	2.743		1.266	27.283	24.540	
……		……	……	……	……	
K1+260						基平 BM.2 高程
BM.2			0.632		31.627	31.646

检核：$f_{h容} = \pm 50 \times \sqrt{1.26} = \pm 56$ mm

$f_h = 31.627 - 31.646 = -0.019$ m $= -19$ mm

$H_{BM.2} - H_{BM.1} = 31.627 - 22.418 = 9.209$ m

$\sum a - \sum b =$（2.292 + 2.201 + 2.743 + …）−（1.105 + 1.266 + … + 0.632）= 9.209 m

为了提高测量精度和便于成果检查，路线测量可分两步进行：首先沿线路方向设置若干水准点，建立高程控制，称为基平测量，然后根据各水准点的高程，分段进行中桩水准测量，称为中平测量。基平测量一般按四等水准的精度要求，中平测量只作单程观测，可按普通水准精度要求。

一、基平测量

水准点是路线高程测量的控制点，在勘测阶段、施工阶段甚至以后的较长时期都要使用，应选在地基稳固、易于引测以及施工时不易受破坏的地方。

水准点分为永久性和临时性两种。永久性水准点布设密度应视工程需要而定，在路线起点和终点、大桥两岸、隧道两端，以及需要长期观测高程的重点工程附近均应布设。永久性水准点要埋设标石，也可设在永久性建筑物上或用金属标志嵌在基岩上。临时性水准点的布设密度根据地形复杂程度和工程需要来定。在重丘陵和山区，每隔0.5～1 km设置一个，在平原和微丘地区，每隔1～2 km埋设一个。此外，在中桥、小桥、涵洞以及停车场等工程集中的地段均应设点。

基平测量时，应将起始水准点与附近国家水准点进行连测，以获得绝对高程。在沿线水准测量中，也应尽可能与附近国家水准点连测，以便获得更多的校核条件。若路线附近没有国家水准点或引测有困难时，可参考地形图上量得的一个高程，作为起始水准点的假定高程。

水准点的高程测量，一般采用一台水准仪在水准点间作往返观测，也可使用两台水准仪作单程观测，精度按四等水准测量的要求。

二、中平测量

中平测量是以相邻的两个水准点为一个测段，从一个水准点出发，逐点测定各中桩的地面高程，附合到下一个水准点上。

在进行测量时，将水准仪置于测站上，首先读取后、前两转点（TP）的尺上读数，再读取两转点间所有中桩地面点的尺上读数，这些中桩点称为中间点，中间点的立尺由后视点立尺人员来完成。

由于转点起传递高程的作用，因此转点尺应立在尺垫、稳固的桩顶或坚石上，尺上读数至毫米，视线长一般不应超过120 m。中间点尺上读数至厘米（高速公路测设规定读至毫米），要求尺子立在紧靠桩边的地面上。

当路线跨越河流时，还需测出河床断面、洪水位和常水位高程，并注明年、月，以便为桥梁设计提供资料。

三、绘制纵断面图与施工量计算

纵断面图表示了中线上地面的高低起伏情况，可在其上进行纵坡设计，它是路线设计和施工中的重要资料。

纵断面图是以中桩的里程为横坐标，以中桩的高程为纵坐标面绘制的。常用的里程比例尺有1:2 000、1:1 000。为了明显地表示地面起伏，一般取高程比例尺为里程比例尺的10倍或20倍。例如里程比例尺用1:2 000，则高程比例尺取1:200或1:100。纵断面图一般自左至右绘制在透明毫米方格纸的背面，这样可防止用橡皮修改时把方格擦掉。

任务实施

如图9—8所示，水准仪置于Ⅰ站，后视水准点BM.1，前视转点TP.1。将读数记入表

9—4 中“后视”栏、“前视”栏内，然后观测 BM. 1 与 TP. 1 间的各个中桩，将后视点 BM. 1 上的水准尺依次立于 0 + 000、+ 050、…、+ 140 等各中桩地面上，将读数分别记入“中视”栏 。

仪器搬至Ⅱ站，后视转点 TP. 1，前视转点 TP. 2，然后观测各中桩地面点。用同法继续向前观测，直至附合到水准点 BM. 2，完成一测段的观测工作。

每一站的各项计算依次按下列公式进行：

视线高程 = 后视点高程 + 后视读数

转点高程 = 视线高程 − 前视读数

中桩高程 = 视线高程 − 中视读数

各站记录后应立即计算各点高程，直至下一个水准点为止，并计算高差闭合差 f_h，若 $f_{h容} = \pm 50\sqrt{L}$ mm 则符合要求，不进行闭合差的调整，即以原计算的各中桩点地面高程作为绘制纵断面图的数据。否则，应予重测。

图 9—9 所示为道路纵断面图。为了明显表示地势变化，图的高程（竖直）比例尺通常比里程（水平）比例尺大 10 倍，如水平比例尺为 1∶2 000，则竖直比例尺应为 1∶200。

（1）纵断面图的内容

纵断面图包括两部分：上半部绘制断面线，进行有关注记；下半部填写资料数据表。

如图 9—9 所示，在图的上半部，从左至右有两条贯穿全图的线，细实线表示中线方向的剖面，粗实线表示路线纵向坡度的设计线。除了断面线外，还要注记有关道路的资料，如水准点位置、编号与高程；桥涵里程、长度、结构与孔径，同其他路线交叉的位置与说明；竖曲线里程、形状及其曲线要素；施工时的填挖高度等。有时还要注明土壤地质和钻孔资料。

在图的下半部为五格横栏数据表，填写的内容如下：

1）坡度与坡长。从左至右向上斜者为上坡（正坡），向下斜者为下坡（负坡），水平线表示平坡。线上注记坡度的百分数（铁路断面图为千分数），线下注记坡长。

2）设计高程。按中线设计纵坡计算的路基高程。

3）地面高程。按中平测量成果填写的各里程桩的地面高程。

4）里程桩与里程。按中线测量成果，根据水平比例尺标注里程桩号。为使纵断面图清晰，一般只标注百米桩和千米桩，为了减少书写，百米桩的里程只写 1 ~ 9，千米桩则用符号 ◑ 表示，并注明千米数。

5）直线和曲线。直线部分用居中直线表示，曲线部分用凸出的矩形表示，上凸者表示道路右弯，下凹者表示道路左弯，并在凸出的矩形内注明交点编号和曲线半径。

（2）纵断面图绘制方法

绘制纵断面图时先要确定比例尺，一般平原与微丘地区，取 1∶5 000 和 1∶500；山地与深丘地区，取 1∶2 000 和 1∶200。纵断面图绘制在透明毫米方格纸的反面，可以防止用橡皮修改时把方格擦掉。绘制步骤如下：

1）先按规定尺寸绘制横栏表格，根据路线水准测量手簿在里程桩一栏内按水平比例写上百米桩号，同时在地面高程栏内写上各桩的相应地面高程。根据中线测量手簿填写直线与曲线栏。

比例
横 1：2000
纵 1：200
190
195
200
205
210
215
220
1~2m双曲拱桥
K11+950
R=1000
T=15
E=0.11
路线右30m
BM.16 203.411
K12+048
R=1500
T=15
E=0.08
R=1500
T=15
E=0.08
R=1000
T=37.5
E=0.70
R=2000
T=30
E=0.23
1−0.75混凝土涵管
K12+630
0.70
1.84
0.81
2.65
1.69
0.46
2.36
0.63
1.30
0.62
1.06
0.68
坡度（%）
坡长/m
设计高程/m
地面高程/m
里程桩
直线与曲线
0
100
3
100
3
150
3
100
150
4.5
200
1.5
199.38
199.38
202.38
207.38
209.38
211.38
212.88
210.63
206.13
204.63
204.18
203.13
198.68
195.07
197.54
204.12
201.57
205.42
210.03
211.57
210.92
215.24
210.00
209.75
204.83
207.12
204.01
203.12
203.81
9
12
1
2
3
4
5
6
7
JD52
R=200m
JD53
R=100m
JD54
R=300m

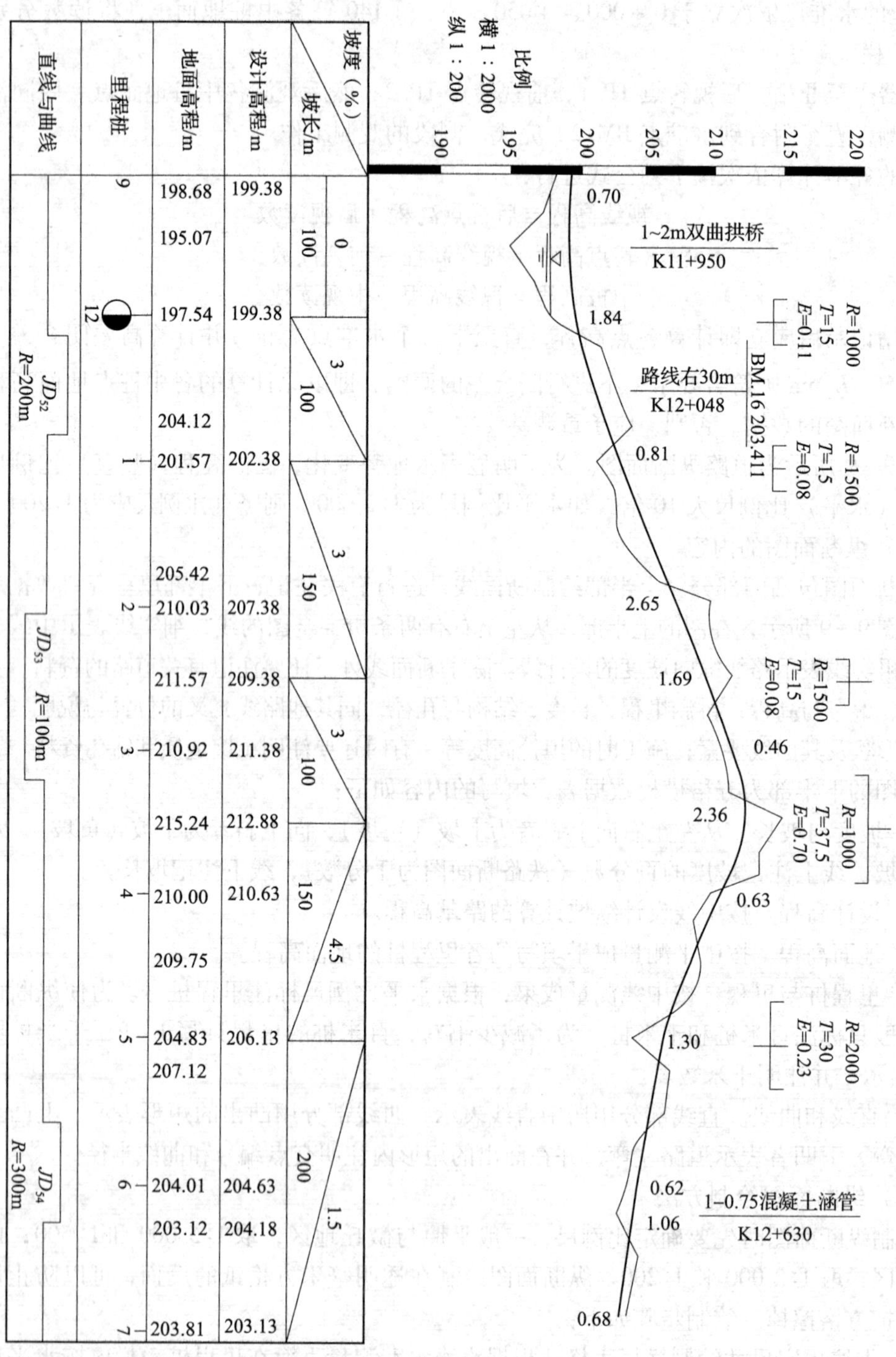

图 9—9　道路纵断面图

2）确定起始点高程在图上的位置，为点绘地面点方便起见，一般将高程的 10 m 整倍数置于毫米方格纸的 5 cm 粗横线上。然后在图上按纵横比例尺依次点出各中桩的地面点，用细实线连接，即得地面线的纵剖面形状。在山区，由于地面高差变化大，地面线可能会超出图纸，此时可从某点起将高程沿同一竖直线降低（或升高）5 ~ 10 cm，再继续点绘下去，使图形呈阶梯形。

3）计算设计高程和填挖尺寸。根据已设计好的纵坡 i 和两点间的水平距离 D，便可从起点设计高程 H_A 计算以后的设计高程，即

$$H_B = H_A + iD_{AB}$$

式中，上坡时 i 为正，下坡时 i 为负。

同一桩号设计高程减地面高程，正号为填，负号为挖，填高写于地面线之上，挖深写于地面线之下。

【例 9—5】0 +000 桩号的设计高程为 22.50 m，设计坡度为 +1.5%（上坡），则桩号0 +080 的设计高程为

$$22.50 + \frac{1.5}{100} \times 80 = 23.70 \text{ m}$$

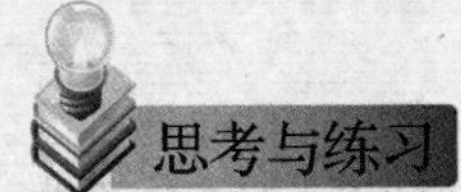

1. 路线纵断面测量的任务是什么？
2. 路线纵断面测量的施测步骤是什么？为什么要这样做？
3. 在中平测量中有一段跨沟谷测量如图 9—10 所示，试根据图上的观测数据设计成中平测量的记录和计算。已知 ZD_2 的高程为 347.426 m。

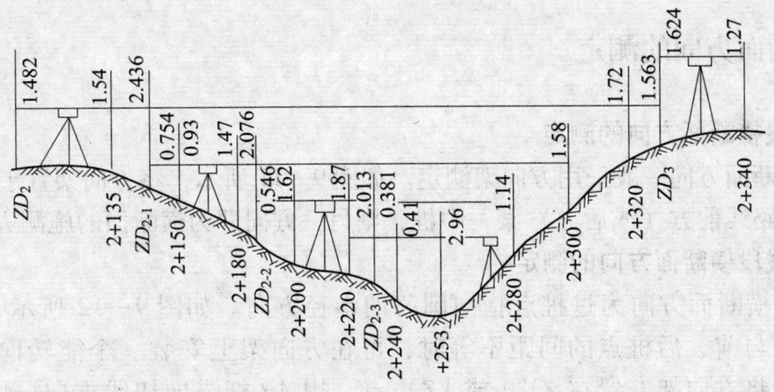

图 9—10　一段跨沟谷测量

任务三　公路横断面测量

- 了解公路横断面测量的概念及其在公路线形中的重要作用。
- 熟悉公路横断面测量的元素及其计算应用。
- 掌握公路横断面测量的测设方法。

横断面测量是测定各中桩两侧垂直于中线的地面高程，绘制横断面图，供线路基础设计、计算土石方量及施工时放样边桩之用。

路线横断面测量就是测定中线两侧垂直于中线方向地面变坡点间的距离和高差，并绘成横断面图，供路基、边坡、特殊构造物的设计、土石方计算和施工放样之用。横断面测量的宽度，应根据中桩填挖高度、边坡大小以及有关工程的特殊要求而定，一般自中线两侧各测 10 ~ 30 m。高差和距离一般准确到 0.05 ~ 0.1 m 即可满足工程要求，故横断面测量多采用简易工具和方法，以提高工效。

一、横断面方向的测定

1. 直线段横断面方向的测定

直线段横断面方向一般采用方向架测定。如图 9—11 所示，将方向架置于桩点上，以其中一方向对准路线前方（或后方）某一中桩，则另一方向即为横断面的施测方向。

2. 圆曲线段横断面方向的测定

圆曲线段横断面方向为过桩点指向圆心的半径方向。如图 9—12 所示，当欲测定横断面的加桩 1 与前、后桩点的间距不等时，可在方向架上安装一个能转向的定向杆 *EF* 来施测。首先将方向架安置在 *ZY*（或 *YZ*）点，用 *AB* 杆瞄准切线方向，则与其垂直的 *CD* 杆方向即是过 *ZY*（或 *YZ*）点的横断面方向。

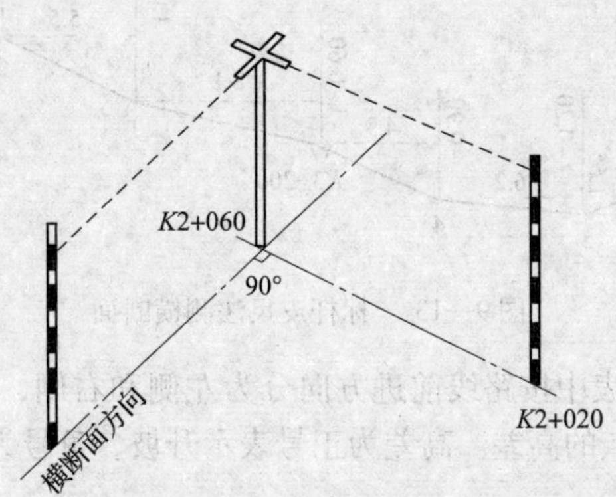

图 9—11　直线段横断面方向

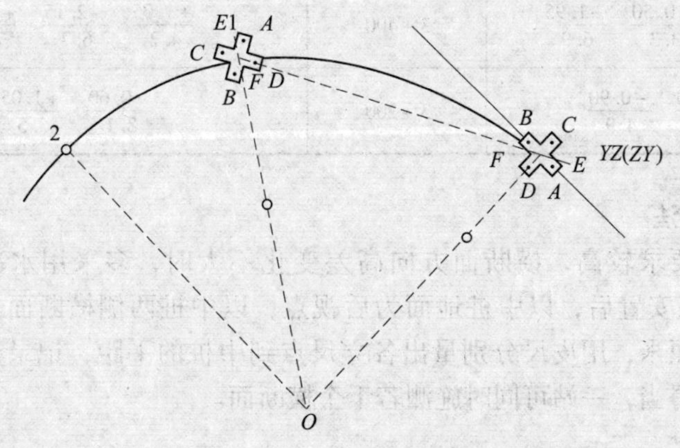

图 9—12　圆曲线段横断面方向

转动定向杆 *EF* 瞄准加桩 1 并紧固其位置。然后，搬方向架于加桩 1，以 *CD* 杆瞄准 *ZY*（或 *YZ*），则定向杆 *EF* 方向是加桩 1 的横断面方向。若在横断面方向立一标杆，并以 *CD* 瞄准它时，则 *AB* 杆方向即为切线方向，可用上述测定加桩 1 横断面方向的方法来测定加桩 2、3 等的横断面方向。

二、横断面的测量方法

1．标杆皮尺法

如图 9—13 所示，在中桩 *K*3 + 200 处，1、2 等为其横断面方向上的变坡点。施测时，将标杆立于中桩点，皮尺靠中桩点地面拉平至 1，读取平距 8.1 m，皮尺截于标杆上数值即为高差，为 0.60 m。同法可测出 1—2、2—3 等的平距和高差，直至所需宽度为止。此法简便，但精度较低，适用于测量山区等级较低的公路。

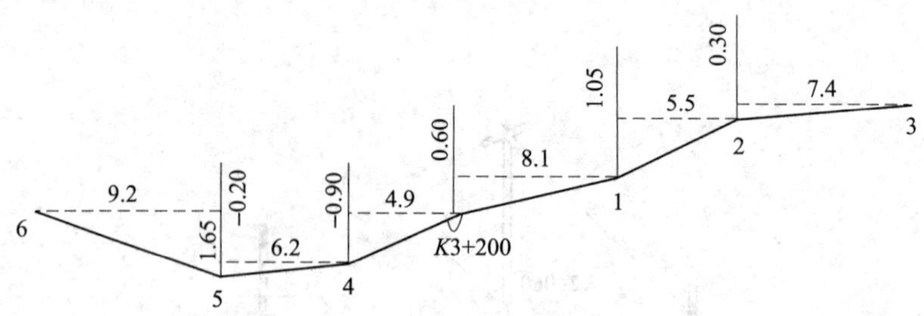

图 9—13　标杆皮尺法测横断面

记录表格见表 9—5，表中按路线前进方向分为左侧和右侧，分数中分母表示测段水平距离，分子表示测段两端点的高差。高差为正号表示升坡，负号为降坡。

表 9—5　　标杆皮尺法测横断面记录

左　侧/m	桩号	右　侧/m
$\frac{+1.80}{6.1}$ $\frac{+0.65}{5.2}$ $\frac{-0.50}{3.3}$ $\frac{-1.95}{6.9}$	3 +400	$\frac{+1.05}{4.2}$ $\frac{+2.15}{6.7}$ $\frac{+0.95}{7.3}$ $\frac{+0.50}{2.1}$
$\frac{+1.65}{9.2}$ $\frac{-0.20}{6.2}$ $\frac{-0.90}{4.9}$	3 +200	$\frac{+0.60}{8.1}$ $\frac{+1.05}{5.5}$ $\frac{+0.30}{7.4}$

2. 水准仪皮尺法

当横断面精度要求较高，横断面方向高差变化不大时，多采用水准仪皮尺法。如图 9—14 所示，水准仪安置后，以中桩地面为后视点，以中桩两侧横断面方向变坡点为前视点，水准尺读数至厘米，用皮尺分别量出各立尺点到中桩的平距，记录格式见表 9—6。实测时，若仪器安置得当，一站可同时施测若干个横断面。

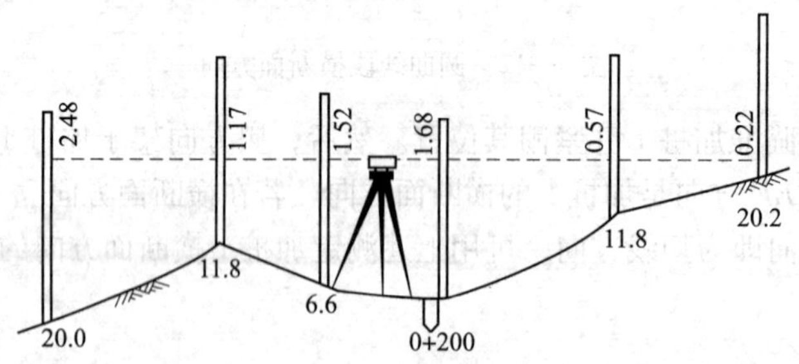

图 9—14　水准仪测横断面

表 9—6　　用水准仪测横断面记录

$\frac{前视读数}{距离/m}$（左侧）	$\frac{后视读数/m}{桩号}$	（右侧）$\frac{前视读数}{距离/m}$
——　$\frac{2.48}{20.00}$ $\frac{1.17}{11.8}$ $\frac{1.52}{6.6}$	$\frac{1.68}{0+200}$	$\frac{0.57}{11.8}$ $\frac{0.22}{20.0}$　——　——

3. 经纬仪法

在地形复杂、横坡较陡的地段，可采用此法。施测时，将经纬仪安置在中桩上，用视距法测出横断面方向上各变坡点至中桩的水平距离与高差。

三、横断面图的绘制

根据横断面测量成果，对距离和高程取同一比例尺（通常取1∶200或1∶100），在毫米方格纸上绘制横断面图。目前公路测量中，一般都是在野外边测边绘，这样便于及时对横断面图进行校核，也可按表9—5、表9—6形式在野外记录、室内绘制。绘图时，先在图样上标定好中桩位置，由中桩开始，分左、右两侧逐一按各测点间的平距和高差绘制于图上，并用细直线连接相邻各点即得横断面地面线。图9—15为经横断面设计后，在地面线上、下绘有路基横断面的图形。

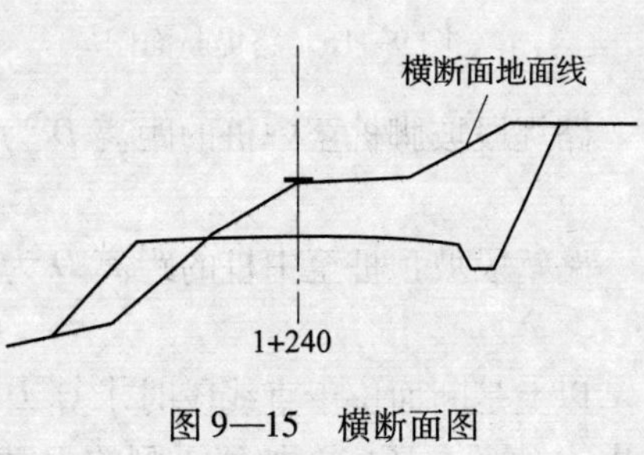

图9—15 横断面图

测设路基边桩就是把路基两侧的边坡与原地面相交的坡脚点确定出来，边桩的位置由两侧边桩至中桩的平距来确定。常用的边桩测设方法如下：

一、图解法

图解法是直接在横断面图上量取中桩至边桩的平距，然后在实地用钢尺沿横断面方向丈量该长度并标定出来。此法在填挖土方量不大时使用较多。

二、解析法

解析法是根据路基填挖高度、边坡率、路基宽度和横断面地形情况，先计算出路基中桩至边桩的水平距离，然后在实地沿横断面方向按距离将边桩放出来。具体方法按下述两种情况进行：

1. 平坦地段的边桩测设

图9—16所示为填土路堤，图9—17所示为挖方路堑。路基宽度为 B，m 为边坡率，h 为填挖高度，S 为路堑边沟顶宽。

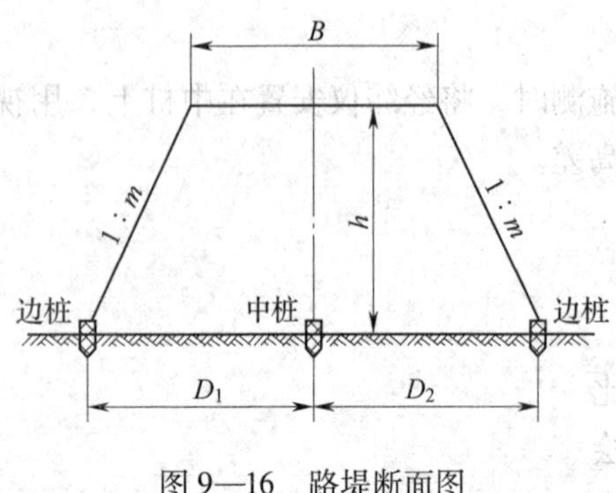

图 9—16　路堤断面图

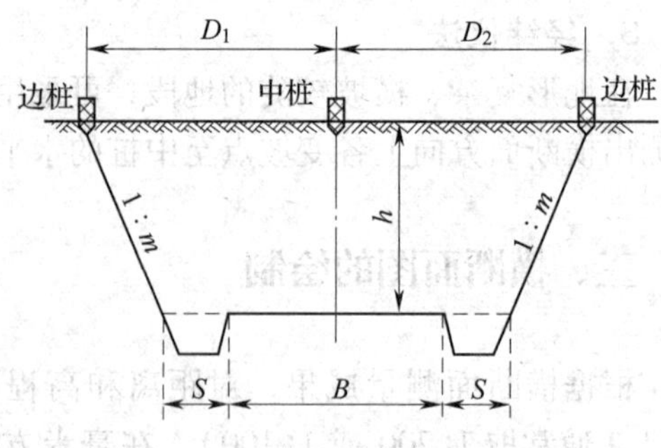

图 9—17　路堑断面图

路堤段坡脚桩至中桩的距离 D 为：

$$D = B/2 + mh$$

路堑段坡顶桩至中桩的距离 D 为：

$$D = B/2 + S + mh$$

以上是断面位于直线段时求算 D 值的方法。若断面位于弯道上有加宽时，按上述方法求出 D 值后，还应在加宽一侧的 D 值中加入加宽值。

沿横断面方向，根据计算的坡脚（或坡顶）至中桩的距离 D，在实地从中桩向左、右两侧测设出路基边桩，并用木桩标定。

2. 倾斜地段的边桩测设

在倾斜地段，边桩至中桩的平距随着地面坡度的变化而变化。如图 9—18 所示，路基坡脚桩至中桩的距离 D_1、D_2 分别为：

$$D_1 = B/2 + m(h - h_1)$$
$$D_2 = B/2 + m(h + h_2)$$

如图 9—19 所示，路堑坡顶桩至中桩的距离 D_1、D_2 分别为：

$$D_1 = B + S + m(h + h_1)$$
$$D_2 = B + S + m(h - h_2)$$

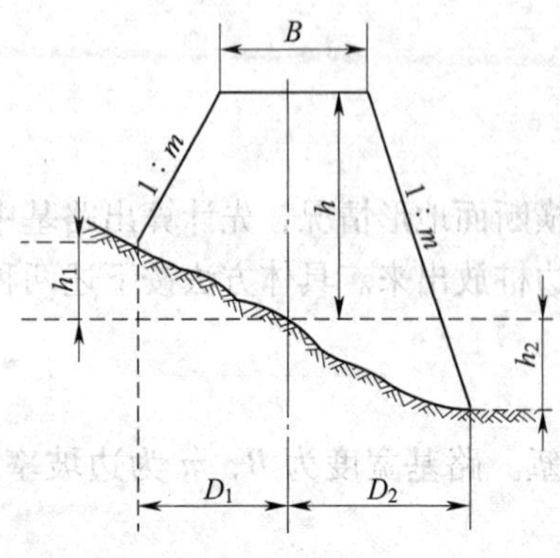

图 9—18　路基坡脚桩与中桩测设

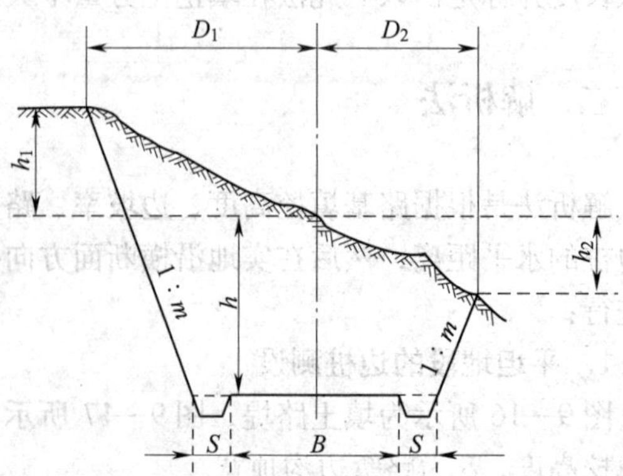

图 9—19　路堑坡顶桩与中桩测设

在式中，B、m、h、S 都是已知的，由于边坡未定，h_1、h_2 未知。实际工作中，可以采用逐点趋近法来测设标定。

思考与练习

1. 横断面测量的任务是什么？
2. 横断面测量的施测方法有哪几种？请简单说明。
3. 横断面测量的记录有何特点？横断面的绘制方法是怎样的？
4. 根据表 9—7，用标杆皮尺法进行横断面测量的记录绘制横断面图。

表 9—7 横断面测量记录

左　侧（m）	桩号	右　侧（m）
$\frac{+2.4}{1.0}$ $\frac{+0.0}{1.4}$ $\frac{-1.4}{0.8}$ $\frac{0.0}{0.8}$	+080	$\frac{+1.2}{1.0}$ $\frac{0.9}{1.0}$ $\frac{1.0}{0.0}$ $\frac{0.0}{13}$
$\frac{0.0}{7.0}$ $\frac{+2.8}{1.8}$ $\frac{0.0}{1.0}$ $\frac{-1.2}{5.2}$	+068.259	$\frac{+1.0}{1.0}$ $\frac{1.5}{6.0}$ $\frac{+1.4}{4.0}$ $\frac{1.0}{3.0}$
$\frac{0.0}{9.0}$ $\frac{+1.0}{1.0}$ $\frac{2.0}{1.0}$ $\frac{-2.0}{3.0}$	+060	$\frac{0}{1.0}$ $\frac{+2.0}{4.0}$ $\frac{+1.0}{4.0}$ $\frac{+2.0}{6.0}$
$\frac{-1.4}{2.8}$ $\frac{-2.1}{3.4}$ $\frac{-1.6}{6.9}$ $\frac{-1.0}{1.6}$	+040	$\frac{+1.0}{4.0}$ $\frac{+1.2}{6.0}$ $\frac{+1.4}{5.0}$ $\frac{+1.8}{7.0}$
$\frac{-1.2}{5.2}$ $\frac{-0.9}{4.8}$ $\frac{-0.7}{3.8}$ $\frac{-0.4}{2.0}$	+020	$\frac{0.0}{5.8}$ $\frac{+1.0}{1.3}$ $\frac{+1.4}{4.0}$ $\frac{+1.6}{3.9}$
$\frac{-0.4}{5.0}$ $\frac{-0.8}{4.0}$ $\frac{-0.6}{3.0}$ $\frac{-0.2}{3.0}$	$K0+000$	$\frac{+1.7}{5.0}$ $\frac{+2.0}{4.0}$ $\frac{0.0}{1.0}$ $\frac{+1.8}{4.6}$

任务四　竖曲线测设

学习目标

- 了解公路竖曲线的概念和分类。
- 熟悉公路竖曲线测设的元素及其计算应用。

竖曲线测设在线路的纵坡变更处，为了满足视距的要求和行车的平稳，在竖直面内用圆曲线将两段纵坡连接起来，这种曲线称为竖曲线（见图9—20）。竖曲线又包括凸形竖曲线和凹形竖曲线。

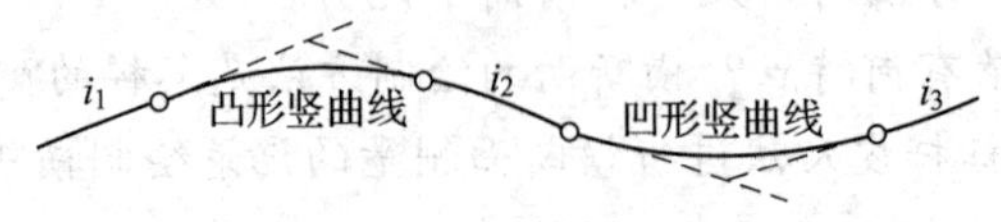

图9—20　竖曲线

现要测设某凹形竖曲线，已知：坡度 $i_1=-1.141\%$，$i_2=+1.540\%$，变坡点的桩号为 $K2+570$，高程为76.80 m，欲设置竖曲线半径 $R=3\ 000$ m 的竖曲线，求各测设元素、起点、终点的桩号和高程，曲线上每10 m间距里程桩的标高改正数和设计高程。

一、竖曲线的概念

在线路纵断面上，以变坡点为交点，连接两相邻坡段的曲线称为竖曲线。道路纵断面线形常采用直线（又称直坡段）、竖曲线两种线形，两者是纵断面线形的基本要素。竖曲线常采用圆曲线。在道路纵断面上两个相邻纵坡线的交点称为变坡点。为了保证行车安全、舒适以及视距的需要，在变坡处设置竖曲线。竖曲线的主要作用是：缓和纵向变坡处行车动量变化而产生的冲击作用，确保道路纵向行车视距；将竖曲线与平曲线恰当地组合，有利于路面排水和改善行车的视线诱导和舒适感。竖曲线技术指标主要有竖曲线半径和竖曲线长度。凸形竖曲线的视距条件较差，应选择适当的半径以保证安全行车的需要。凹形竖曲线视距一般能得到保证，但由于在离心力作用下汽车要产生增重，因此应选择适当的半径来控制离心力不要过大，以保证行车的平顺和舒适。

二、竖曲线测设的元素及计算

测设竖曲线时，根据路线纵断面图设计中所设计的竖曲线半径 R 和相邻坡道的坡度 i_1、i_2 计算测设数据。如图9—21所示，竖曲线测设元素有切线长 T，弧长 L，切曲差 E。竖曲线元素的计算可用平曲线的计算公式：

$$T=R\cdot\tan\frac{\alpha}{2}$$

$$L = R \cdot \frac{\alpha}{\rho}$$

$$E = R\left(\sec\frac{\alpha}{2} - 1\right)$$

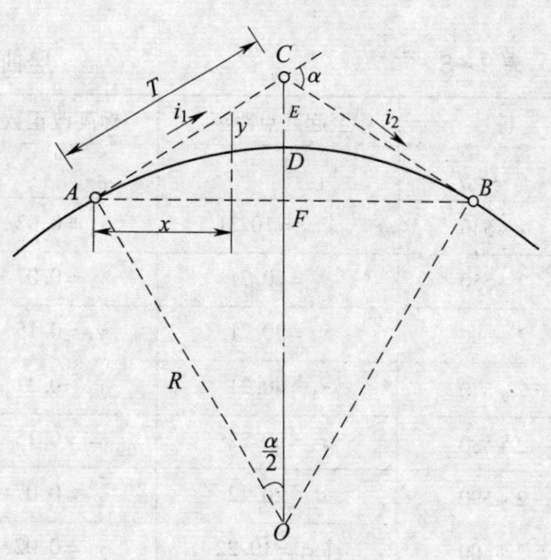

图 9—21　竖曲线测设元素

由于竖曲线的坡度转折角 α 很小，计算公式可简化，即

$$\alpha \approx (i_1 - i_2)/\rho$$

$$\tan\frac{\alpha}{2} \approx \frac{\alpha}{2\rho}$$

因此

$$T = \frac{1}{2}R(i_1 - i_2)$$

$$L = R(i_1 - i_2)$$

对于 E 值也可按下面的近似公式计算：

如图 9—21 所示，因为 $DF \approx CD = E$，$\triangle AOF \sim \triangle CAF$，则 $R: AF = AC: CF = AC: 2E$，因此

$$E = \frac{AC \cdot AF}{2R}$$

又因为 $AF \approx AC = T$，得

$$E = \frac{T^2}{2R}$$

同理，可导出竖曲线中间各点按直角坐标法测设的纵距（即标高改正值）计算式：

$$y_i = \frac{x_i^2}{2R}$$

上式中 y_i 值在凹形竖曲线中为正号，在凸形竖曲线中为负号。

任务实施

按前面工作任务现要测设某凹形竖曲线，求各测设元素、起点、终点的桩号和高程，曲线上每 10 m 间距里程桩的标高改正数和设计高程。

按公式求得：$T = 40.21$ m，$L = 80.43$ m，$E = 0.27$ m，竖曲线起点、终点的桩号和高程分别为

起点桩号：　$K2 + (570 - 40.21) = K2 + 529.79$

终点桩号：　$K2 + (529.79 + 80.43) = K2 + 610.22$

起点坡道高程：　$76.80 + 40.21 \times 1.141\% = 77.26$ m

终点坡道高程：　$76.80 + 40.21 \times 1.540\% = 77.42$ m

按 $R = 3\,000$ m 和相应的桩距 x_i，即可求得竖曲线上各桩的标高改正数 y_i（纵距），计算结果列于表 9—8。

表 9—8　竖曲线各桩标高　m

桩号	至起终点距离	标高改正数	坡道高程	竖曲线高程	备　注
2 +529.79			77.26	77.26	竖曲线起点
2 +540	↓ $x_1=10.21$	$y_1=0.02$	77.14	77.16	
2 +550	$x_2=20.21$	$y_2=0.07$	77.03	77.10	$i_1=-1.141\%$
2 +560	$x_3=30.21$	$y_3=0.15$	76.92	77.07	
2 +570	$x_4=40.21$	$y_4=0.27$	76.80	77.07	变坡点
2 +580	$x_3=30.22$	$y_3=0.15$	76.95	77.10	
2 +590	$x_2=20.22$	$y_2=0.07$	77.11	77.18	$i_2=+1.540\%$
2 +600	↑ $x_1=10.22$	$y_1=0.02$	77.26	77.28	
2 +610.22			77.42	77.42	竖曲线终点

竖曲线起点、终点的测设方法与圆曲线相同，而竖曲线上辅点的测设实质上是在曲线范围内的里程桩上测出竖曲线的高程。因此实际工作中，测设竖曲线多与测设路面高程桩一起进行。测设时只需把已算出的各点坡道高程再加上（凹形竖曲线）或减去（凸形竖曲线）相应点上的标高改正值即可。

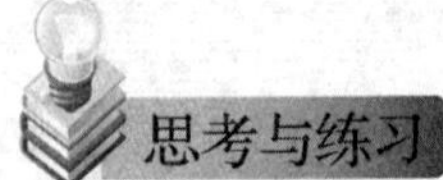

思考与练习

1. 路线上为什么要设竖曲线？

2. 怎样推算竖曲线的主点里程？竖曲线主点位置是如何测定的？

3. 测设凹形竖曲线，已知 $i_1=-1.2\%$，$i_2=+1.5\%$，变坡点的桩号为 $K2+370$，高程为 74.80 m，欲设置 $R=3\ 500$ m 的竖曲线，求各测设元素、起点、终点的桩号和高程，曲线上每 10 m 间距里程桩的标高改正数和设计高程。

4. 设竖曲线半径 $R=3\ 000$ m，相邻坡段的坡度 $i_1=+0.1\%$，$i_2=-2.0\%$，变坡点的里程桩号为 $K0+457$，其高程为 75.545 m，如果曲线上每隔 5 m 设置一桩，试计算竖曲线上各桩点的高程。

模块十

桥梁施工测量

任务一　建立桥梁施工控制网

- 了解桥梁的类型及测量的主要内容。
- 了解桥梁施工平面控制测量方法。
- 了解桥梁施工高程控制测量方法。

前面已经学习过公路施工测量的仪器和方法，在桥梁施工测量时，因为涉及桥梁控制桩的定位，所以需要建立桥梁平面控制网，进行桥梁控制测量。

如图 10—1 所示的某导线环为四等精密导线，点位布设如下，用 DJ_2 型光学经纬仪观测其内角并用 topcon6001 全站仪往返双向观测相邻边长，推算各点坐标。

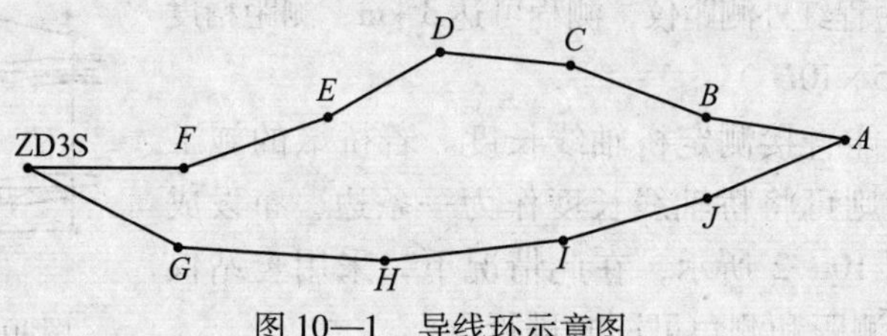

图 10—1　导线环示意图

一、桥梁的类型及其测量内容

桥梁是交通工程建设的重要设施，是地区性经济发展的标志，特别是在现代化建设中，大桥、特大桥已成为城市交通建设的时代象征。

公路桥梁按其多孔跨径总长或单孔跨径可分为特大桥、大桥、中桥、小桥四种形式，见表 10—1。桥梁施工测量的方法及精度要求随跨径、河道及桥梁结构的情况而定。桥梁工程测量的主要内容有控制测量、地形测量、断面测量、施工测量及变形测量等。其中，控制测量、地形测量、断面测量是桥梁工程测量的基本内容。

表 10—1　桥梁的类型及桥长　m

桥梁类型		小桥	中桥	大桥	特大桥
桥长	单孔	5 ~ 20	20 ~ 40	>40	>100
	多孔	8 ~ 30	30 ~ 100	>100	>500

桥梁工程往往地处交通繁忙地带，特别是河流两岸的大气密度变化无常，测量工作将在比较恶劣的情况下进行，所以必须因地制宜，采取适当的措施，解决困难环境中的测量技术问题。

桥梁控制测量是桥梁工程建设的重要工作，目的是为桥梁选址、设计及施工各阶段提供统一的基准点和准确参数。桥梁控制测量包括平面控制测量和高程控制测量。

二、平面控制测量

1．直接测量法

在桥梁位于干涸或浅水或河面较窄的河段，有良好的测量条件，宜采用直接测量法测量桥轴线长度。这种方法设备简单，精确、可靠、直观。由于桥轴线长度的精度要求较高，一般采用精密测量的方法。测距精度要求应高于 1∶5 000。

2．光电测距法

光电测距法具有作业精度高、速度快、操作和计算简便等优点，且不受地形条件限制。目前公路工程多使用中、短程红外测距仪，测程可达 3 km，测距精度一般优于 $\pm(5\ \text{mm} + 5 \times 10D)$。

使用红外测距仪能直接测定桥轴线长度。若桥墩的施工要采用交会法定位，则可将桥轴线长度作为一条边，布设成双闭合环导线，如图 10—2 所示，在此情况下，采用全站仪进行观测尤为方便，测距和测角可同时进行。

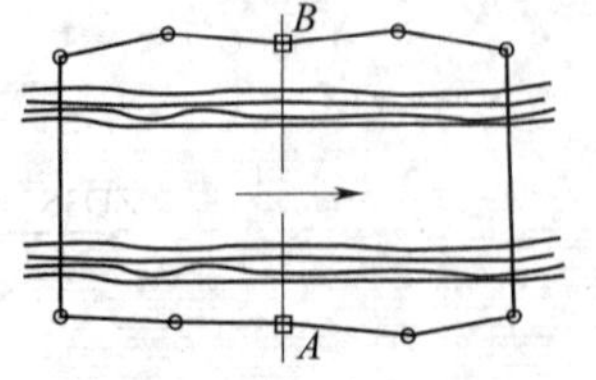

图 10—2　双闭合环导线

在布设导线时，应考虑将导线点的位置尽可能选在高处，以便于对桥墩进行交会定位及减少水面折光对测距的影响。交会角应尽可能接近90°。在岸上的导线边长不宜过短，以免降低测角的精度。在选好的导线点上，一般应埋设混凝土标志桩。

在实测之前，应按规范中规定的检验项目对测距仪进行检验，以确保观测的质量。观测应选在大气稳定、透明度好的时间里进行。测距时应同时测定温度、气压及竖直角，用来对测得的斜距进行气象改正和倾斜改正。每一条边均应进行往返观测。如果反射棱镜常数不为零还要对距离进行修正。

导线点的精度要根据施工时桥墩的定位方法而定，如果施工时桥墩的基础部分用交会法定位，而当桥墩修出水面之后用测距仪直接测距定位，则导线的精度要求可适当降低。

3．三角网或边角网法

特大桥桥轴线的测定一般采用三角测量的方法。选点时将桥轴线作为三角网的一条边长，在精确测定三角网的1～2条边长（称为基线）、观测所有角度后，即可计算桥轴线长度。近年来，由于光电测距的广泛应用，精密测定边长已不困难，因此可在三角网的基础上加测若干边长，称为边角网，其精度一般优于三角网，但外业工作量及平差工作的难度都比三角网大。

桥梁三角网的基本图形为大地四边形和三角形，并以控制跨越河流的正桥部分为主。图10—3所示为桥梁三角网最为常用的图形。图10—3a、b两种图形适用于桥长较短且需要交会的水中墩台数量不多的情况。图10—3c、d两种图形的控制点数多、精度高，便于交会墩位，适用于特大桥。图10—3e为利用江河中的沙洲建立控制网的情况。实际工程施工中，应从实际出发，选择最适宜的网形。桥梁三角网的布设，除满足测量本身的需要外，还要求三角点要设立在不被水淹没、不受施工干扰的地方。桥位的控制桩应包含在桥位三角网内，使桥轴线与基线一端连接，成为三角网的一边，基线尽可能与桥轴线正交，基线长度一般不小于桥轴长度的0.7倍，困难地段不小于0.5倍。

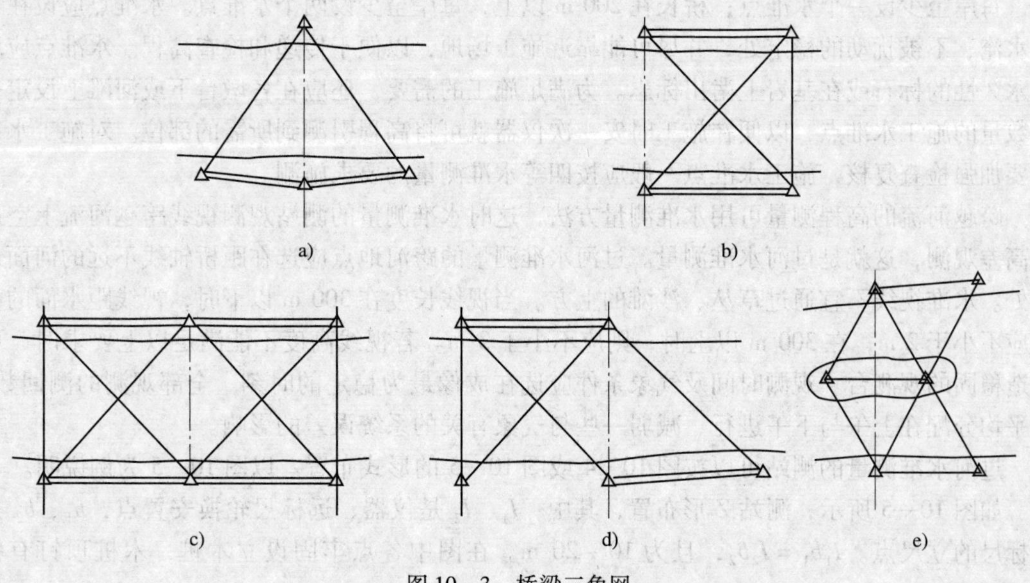

图10—3　桥梁三角网

由于桥轴长度不同，对桥轴线长度的精度要求也不同。因此三角网的测角和测边精度也有所不同。在《公路工程水文勘测设计规范》（JTGC 30—2002）中，按照桥轴的长度，将三角网的精度等级分为六个等级，具体技术指标见表 10—2。

角度观测一般用方向观测法。观测时应选择距离适中、通视良好、成像清晰稳定、竖直角仰俯小、折光影响小的方向作为零方向。

表 10—2　　桥位网的主要技术要求

等级	桥轴线长度（m）	测角中误差（″）	桥轴线相对中误差（m）	基线相对中误差（m）	测回数			三角形闭合差（″）
					DJ_1	DJ_4	DJ_6	
二	5 000	±1.0	1 / 130 000	1 / 260 000	12			±3.5
三	2 000 ~ 5 000	±1.8	1 / 70 000	1 / 140 000	9	12		±7.0
四	1 000 ~ 2 000	±2.5	1 / 40 000	1 / 80 000	6	9	12	±9.0
五	1 000 ~ 2 000	±2.5	1 / 40 000	1 / 80 000	4	6	9	±15.0
六	200 ~ 500	±10.0	1 / 10 000	1 / 20 000	2	4	6	±30.0
七	<200	±20.0	1 / 5 000	1 / 10 000		2	4	±60.0

三、高程控制测量

1. 跨河水准测量

在桥梁施工阶段，应将高程从河的一岸传递到河的另一岸，以在两岸建立统一可靠的高程系统。当河宽超过规定的视线长度时，可采用跨河水准测量的方法解决。桥长在 200 m 以下，每岸至少设一个水准点；桥长在 200 m 以上，每岸至少设两个水准点。水准点应设在不受水淹、不被扰动的稳定处，并尽可能靠近施工场地，以便于传递和检查高程。水准点应埋设永久性的标石或在基岩上凿出标志。为满足施工的需要，还应在各墩台下或河滩上设定一定数量的施工水准点，以便在施工时安一次仪器就可将高程引测到所需的部位。对施工水准点要加强检查复核，施工水准点一般应按四等水准测量的要求施测。

跨越河流的高程测量可用水准测量方法，这时水准测量的测站观测视线跨越河流上空进行高差观测，这就是过河水准测量。过河水准测量的跨河地点应选在距桥轴线不远的河面最窄处。水准视线不宜通过草丛、沙滩的上方。当视线长度在 300 m 以下时，视线距水面的高度应不小于 2 m；在 300 m 以上时，则应不小于 3 m。若视线高度不能满足以上要求时，可建造稳固的观测台。观测时间及气象条件应选在成像最为稳定的时刻。全部观测的测回数，应平均分配在上午与下午进行，减弱一些与气象有关的系统误差的影响。

过河水准测量的测站可以按图 10—4 或图 10—5 的形式布置。以图 10—5 为例说明。

如图 10—5 所示，测站 Z 形布置，其中，I_1、I_2 是仪器、远标尺轮换安置点，b_1、b_2 是近标尺的立尺点。$I_1b_1 = I_2b_2$，且为 10 ~ 20 m。在图中各点牢固设立木桩，木桩顶钉有铁帽钉。

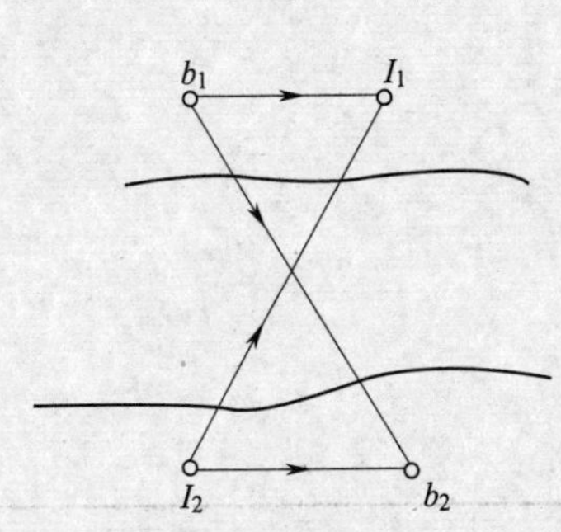

图 10—4 过河水准测量测站形式（一）

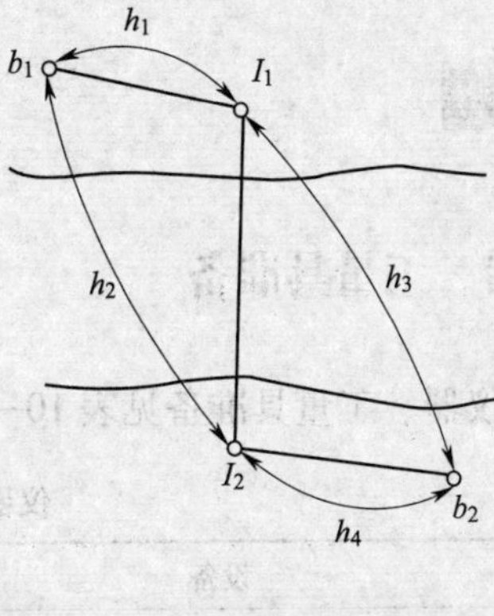

图 10—5 过河水准测量测站形式（二）

2．直接法过河水准测量

（1）按常规测站观测方法在 I_1、b_1 之间测量高差 h_1。

（2）在 I_1 处设水准仪，按望远镜中横丝观测 b_1 的标尺读数。

（3）瞄准（并调焦）I_2 远标尺，用胶布固定调焦螺旋钮，按望远镜中横丝观测 I_2 标尺的读数，测得高差为 h_2。

（4）确保调焦螺旋不变动，立即搬站于 I_2，b_1 点的标尺立于 I_1，水准仪按要求瞄准 I_1 远标尺，按步骤（3）读数，并观测 b_2 读数，测得高差 h_3。

（5）水准仪在 I_2、b_2 之间设站，按步骤（1）测得高差 h_4。以上（1）、（2）、（3）为上半测回观测，（4）、（5）为下半测回观测。

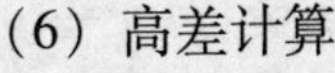

（6）高差计算

上半测回计算高差为

$$h_{上} = h_1 + h_3 \quad (10—1)$$

下半测回计算高差为

校核计算公式为 $h_{下} = h_2 + h_4$ （10—2）

$$\Delta h = h_{上} + h_{下} \quad (10—3)$$

$$h = (h_{上} - h_{下})/2 \quad (10—4)$$

3．微动觇板法过河水准测量

该法以一个微动觇板（见图 10—6）作为标尺上的瞄准目标。测站设立仍如图 10—5 所示，装有微动觇板的水准标尺作为远标尺，有关的观测方法与直接法相同，不同的是远标尺的读数。观测时，观测员以约定的信号指挥对岸扶尺员微动标尺觇板，直到觇板标志线中央与水准仪的十字丝横丝切合时，由扶尺员记录指标线在水准尺上的读数。

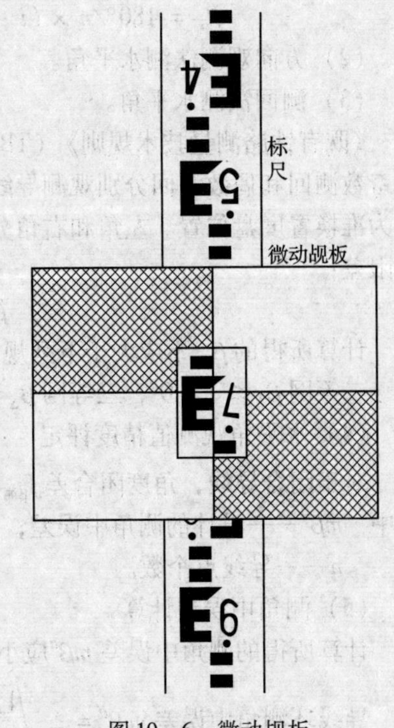

图 10—6 微动觇板

4．过河水准测量的记录与高差计算

将水准测量结果记入记录表中，进行高差计算。

任务实施

一、仪器、工量具准备

本任务的仪器、工量具准备见表10—3。

表10—3　仪器、工量具准备

序号	设备	序号	工量具
1	DJ_2 经纬仪一台	1	测钎若干
2	topcon6001 全站仪	2	记录板一个
3	三脚架一副	3	铅笔1支

二、测量步骤

外业工作要求：四等精密导线，其测角精度设计为 $m\rho \leqslant +2.5''$，其角度用 DJ_2 型光学经纬仪观测四个测回，以导线前进方向的左角为转折角值，其边长用 topcon6001 全站仪往返双向观测。

（1）第 i 测回起始方向读数的变动值 R_i 按式（10—5）计算。

$$R_i = 180°/n \times (i-1) + 10' \times (i-1) + 600''/n \times (i-1) \qquad (10—5)$$

（2）方向观测法测水平角。

（3）测回法测水平角。

《既有铁路测量技术规则》（TBJ 105—1988）要求，导线环的水平角观测应以总测回数的奇数测回和偶数测回分别观测导线前进方向的左角和右角。观测右角时，仍以左角起始方向为准换置度盘位置。左角和右角分别取中数后，按式（10—6）计算测站周围角度闭合差的限差：

$$\beta_\Delta = \beta_{左} + \beta_{右} - 360° \qquad (10—6)$$

计算所得的 β_Δ 不应大于下列规定：

二等网 $\beta_\Delta \leqslant \pm 2.0''$，三等网 $\beta_\Delta \leqslant \pm 3.5''$，四等网 $\beta_\Delta \leqslant \pm 5.0''$。

（4）水平角观测值精度评定

对于闭合导线，角度闭合差 $f_{\beta测} \approx \pm 2m\beta\sqrt{n}$

式中　$m\beta''$——设计的测角中误差；

n——导线点个数。

（5）测角中误差计算

计算所得的测角中误差 $m\beta''$ 应小于设计的测角中误差 $m\beta$。

导线环测角中误差 $m\beta'' = \pm\sqrt{\dfrac{[f_\beta f_\beta]}{n}}$

式中 f_β——导线环角度闭合差；

n——导线环内角个数。

如果按左右角闭合差计算

$$m\beta'' = \pm\sqrt{\frac{[\Delta\Delta]}{2n}}$$

式中 Δ——左角、右角之和与360°之差；

n——测站数。

三、测量结果

测量结果填入表10—4。

表10—4 测量结果

点名	角度观测值（内角）°′″	边长观测值（m）		往返边长平均值（m）	往返边长较差（mm）
		往测	返测		

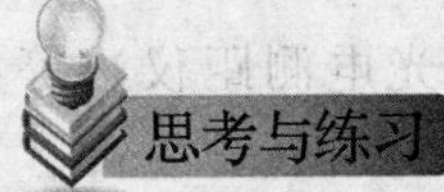

1. 桥梁施工控制网有哪几种形式？各有什么特点？
2. 试述直接法过河水准测量的基本方法。

任务二 桥梁墩台中心与轴线放样

◆ 了解墩台中心定位的方法，如直接测距法、角度交会法和光电测距仪法等。

◆ 能够根据实际情况放样出桥梁墩台中心位置。

如图 10—7 所示，C、A、D 为控制网的三角点，且 A 为桥轴线的端点，E 为墩中心设计位置。C、A、D、E 各控制点坐标已知，分别为 C（950，-400）、A（1 000，0）、D（970，350）、E（1 500，0）。E 点在水中，请设计相关的测设方案放样出 E 点。

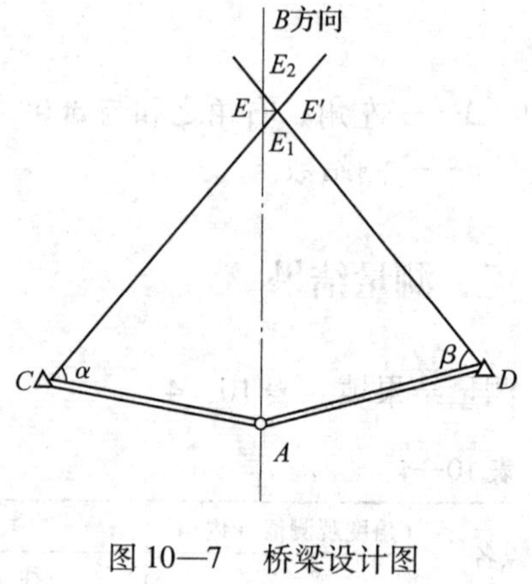

图 10—7　桥梁设计图

该任务属于桥梁施工测量范畴，桥梁施工测量的主要内容包括墩、台定位测量和墩、台基础及其顶部测设等。下面就来学习桥梁桩基、墩台中心的定位方法。本题由于 E 点（桥墩）位于水中，无法直接丈量距离及安置反光镜，应采用角度交会法。

直线桥梁的墩台定位所依据的原始资料为桥轴线控制桩的里程和桥梁墩台的设计里程。根据里程可以算出它们之间的距离，并由此距离定出墩台的中心位置。

桥梁墩台中心定位的方法可以分为直接测量法、角度交会法、光电测距仪法等多种。

一、直接测量法

当桥梁墩台位于无水河滩上，或水面较窄，用钢尺可以跨越测量时，可用直接测量法。此法是根据桥轴线的控制桩、两桥台和各桥墩中心的里程算出其间的距离。用钢尺或在控制桩上架设红外测距仪，沿桥梁中心线方向依次放出各段距离，定出两桥台和各桥墩的中心位置，如图 10—8 所示。墩台中心位置可用大木桩标定，并在桩顶面钉一铁钉；然后在这些点上设置经纬仪，以桥轴线为基准放出与桥轴线相重合的墩台纵向轴线和与桥轴线相垂直的墩台横向轴线，并在纵横轴线的每端方向上至少定出两个方向桩。各方向桩应设在基坑开挖线外 5 ~ 10 m 处，它们是施工过程中随时恢复墩台中心位置的基础，应妥善保存，如图 10—9 所示。

直接测量定位，其距离必须测量两次以上，以便校核。当校核结果证明定位误差不超过 1.5 ~ 2 cm 时，则认为满足要求。

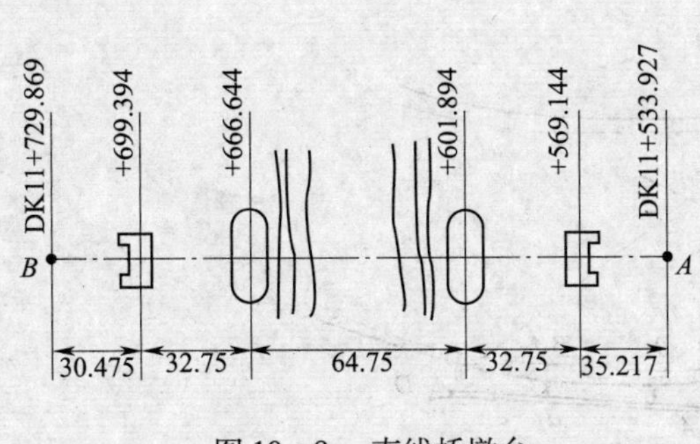

图 10—8 直线桥墩台

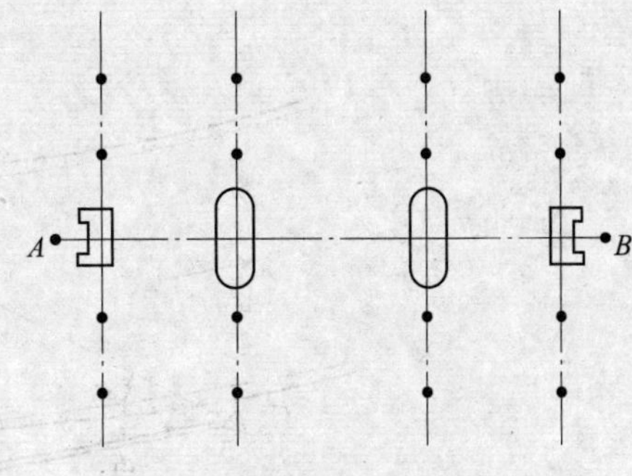

图 10—9 直线桥纵横轴线

二、角度交会法

如果桥墩所在的位置河水较深，无法直接测量，也不便于采用电磁波测距仪时，则可用角度交会法测设墩位。两岸桥台的中心位置可根据桥位控制桩按设计尺寸测设出来，而在水中的桥墩基础的中心位置则可根据已建立的桥位三角网，在已知三角点上安置仪器，从三个方向（其中一个为桥轴线方向）交会得出。其具体施测方法如下。

如图 10—10 所示，在 C、A、D 三站各安置一台经纬仪。置于 A 站的仪器瞄准 B 点，标出桥轴线方向；置于 C、D 两站的仪器，均后视点 A，以正倒镜分中法测设 α_i、β_i；在桥墩处人员分别标定出由 A、C、D 三测站拨来的交会方向线。由于测量误差的影响，三个测站拨出的方向线不会交于一点，而构成一个误差三角形，如图 10—11 所示。若误差三角形在桥轴线上的边长不大于规定数值（对墩底测设为 2.5 cm，对墩顶测设为 1.5 cm），则取 C、D 两站拨来方向线的交点 i' 在桥轴线上的投影 i 作为墩台的中心位置。

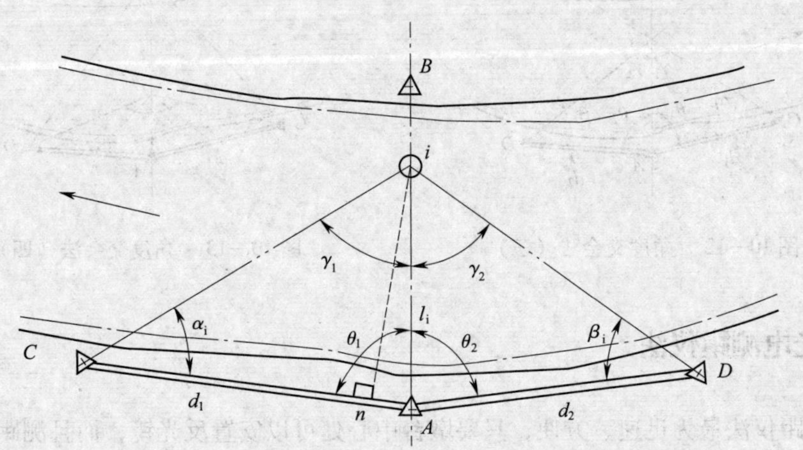

图 10—10 角度交会法（一）

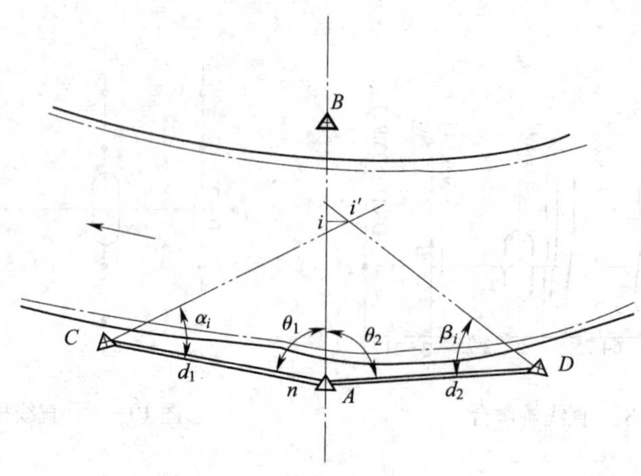

图 10—11　角度交会法（二）

在桥墩施工中，角度交会工作需经常反复进行，且要求迅速、准确。为此在求得正确的中心位置 i 后，将通过 i 点的交会方向线延长到彼岸设立标志，如图 10—12 所示的 C'、D'。标志设好后，用测角方法加以校核。这样在以后的每次交会时，可直接瞄准彼岸标志即得交会方向。若桥墩砌高后阻碍视线，可将标志移设在部分完工的桥墩上。

实践与理论证明，交会精度与交会角 γ 有关，当交会角 γ 在 90°~110°时，交会精度最高。故在选择基线和布网时应考虑使 γ 在 70°~130°之间，即 $60° \leq (\gamma_1 + \gamma_2) < 150°$。若 $(\gamma_1 + \gamma_2) > 150°$，则需加测交会用的控制点，如图 10—13 所示，在基线的适当位置上设置辅助点 M 和 N，然后安置经纬仪进行交会，但交会角 α_i、β_i 要重新计算。

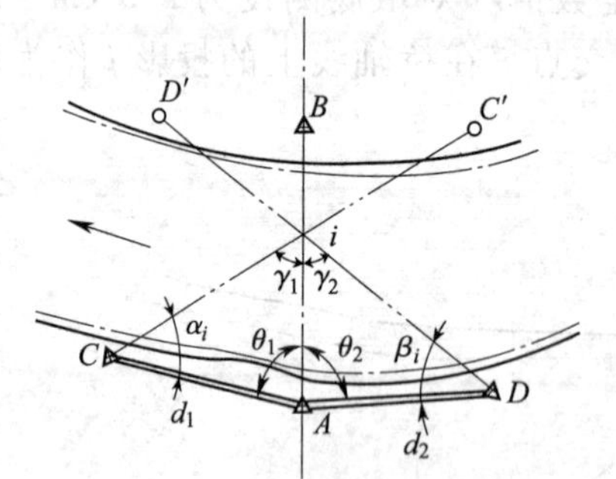

图 10—12　角度交会法（三）

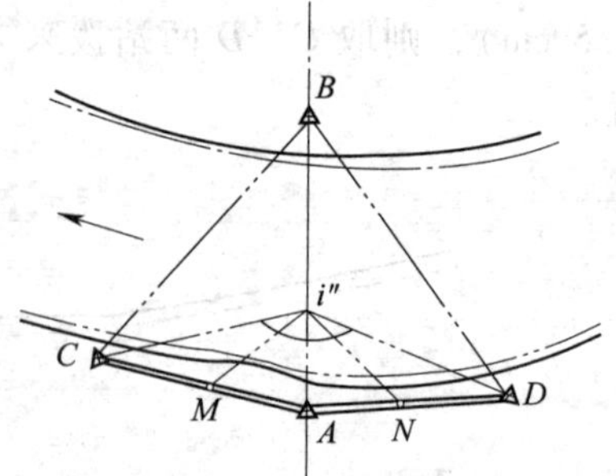

图 10—13　角度交会法（四）

三、光电测距仪法

光电测距仪法最为迅速、方便，只要墩台中心处可以安置反光镜，而且测距仪与反光镜能够通视，不管中间是否有水流障碍均可采用。若采用的测距仪为全站仪，要先算出放样墩台的中心坐标，测站点可以选在施工控制网的任意控制点上，用直角坐标法即可。

如图 10—7 所示，该桥墩位于水中，无法直接丈量距离及安置反光镜，因此，可以采用角度交会法进行测设。

一、仪器、工量具准备

仪器、工量具准备见表 10—5。

表 10—5　　仪器、工量具表

序号	设备	序号	工量具
1	DJ_2经纬仪一台	1	测钎若干
2	三脚架一副	2	记录板一个
		3	铅笔 1 支
		4	直尺 1 把

二、实施步骤

1. 计算交会角 α、β

利用余弦定理，可推导出交会角 α、β。

$$\cos\alpha = \frac{CE^2 + CA^2 - EA^2}{2 \times CE \times CA}$$

$$\alpha = 46°50'51''$$

$$\cos\beta = \frac{DE^2 + AD^2 - EA^2}{2 \times AD \times ED}$$

$$\beta = 51°39'40''$$

2. 测设

在 C、D 点上安置经纬仪，分别自 CA 及 DA 测设出交会角 α、β，则两方向的交点即为墩心 E 点的位置。为了校核精度及避免错误，通常还利用桥轴线 AB 方向，用三个方向交会出 E 点。

3. 校核

示误三角形的最大边长，在建筑墩台基础测设时不应大于 25 mm，墩身测设时不应大于 15 mm。如果在限差范围内，则将交会点 E' 投影至桥轴轴线上，作为墩中心 E 的点位。

1. 如图 10—14 所示，有加密控制点 P，现采用前方交会法在现有导线点 A、B 处测得

α 为 40°11″35″，β 为 69°06″24″。已知 A、B 两点的坐标为 A（300.00，450.00）、B（471.28，625.34），试计算 P 点的坐标（x_P，y_P）。

2. 如图 10—15 所示，已知某直线桥的施工平面控制网各控制点 A，B，C，E 及水中 P_2 号墩中心点的设计坐标（见表 10—6），各控制点间互相通视，试计算用角度交会测设出点的测设数据，并简述其测设方法（角度计算准确到″）。

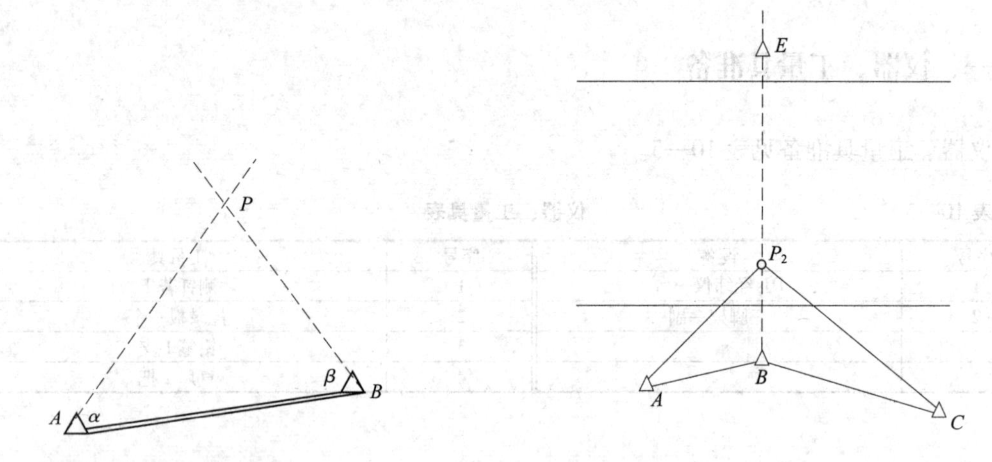

图 10—14　题图 1

图 10—15　题图 2

表 10—6　设计坐标　m

点号	X	Y	坐标方位角
A	−23.125	−305.440	
B	0	0	85°40′13″
C	−9.033	354.024	91°27′42″
E	400.750	0	
P_2	248.516	0	

模块十一

地下工程测量

任务一　隧道洞外、洞内控制测量

学习目标

◆ 了解隧道洞外、洞内控制测量的概念及其重要作用。

◆ 熟悉隧道洞外、洞内控制测量计算及其应用。

◆ 掌握隧道洞外、洞内控制测量的测设方法。

工作任务

隧道施工不同于桥梁等其他构造物，它除了造价高、施工难度大以外，在施工测量上，也有许多不同之处。隧道施工测量首先要建立洞外平面和高程控制网，每一开挖洞口附近都应设立平面控制点及水准点，这样可将各开挖面联系起来，作为开挖放样的依据。随着坑道向前掘进，必须将洞口控制桩坐标、方向及洞口水准点的高程传递到洞内，再用导线测量的方法建立洞内的平面控制，用水准测量方法建立高程控制。根据洞内控制点的坐标及高程指导开挖方向，并作为洞内衬砌及建筑物放样的数据。隧道贯通后，必然产生平面及高程的贯通误差，此时需进行中线调整。设有竖井的隧道还需专门进行竖井测量。在隧道所有的施工项目完成后，要作竣工测量，并在施工过程中和竣工后对隧道及有关建筑物进行沉陷和位移的观测。

一、洞外地面控制测量

1．洞外平面控制测量

隧道洞外平面控制测量的主要任务是测定洞口控制点的平面位置，并同道路中线联系，以便根据洞口控制点位置，按设计方向和坡度对隧道进行掘进，使隧道以规定的精度贯通。根据隧道的分级和地形状况，洞外平面控制测量通常有中线法、导线法、三角测量法以及全球定位系统（GPS）法等。

（1）中线法

中线法就是在隧道洞顶地面上用直接定线的方法，把隧道的中线每隔一定的距离用控制桩精确地标定在地面上，作为隧道施工引测进洞的依据。如图 11—1 所示，*A*、*D* 两点为设计选定的直线隧道的进、出口控制点，*B*、*C* 为洞顶地面测设的中线点。施工时，在 *A*、*D* 两点安置经纬仪，分别照准 *B*、*C* 两点得 *AB*、*DC* 方向线，固定照准部并转动望远镜，将 *AB*、*DC* 方向延伸到洞内，作为隧道的掘进方向，该法适用于隧道较短、洞顶地形较平坦且无较高精度的测距设备的情况。但必须反复测量，防止错误，并要注意延伸直线的校核。直接定线法的优点是中线长度误差对贯通的横向误差几乎没有影响。

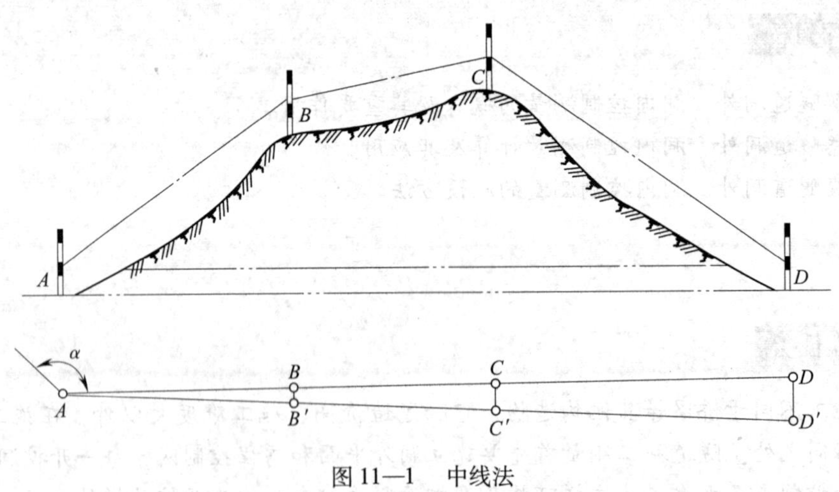

图 11—1　中线法

（2）导线法

当隧道洞外地形复杂，钢尺量距又特别困难时，可用光电测距导线作为洞外控制。如图 11—2 所示，*A*、*B* 分别为进口点和出口点，1、2、3、4 为导线点。施测导线时尽量减少导线转折角，使测距误差和测角误差对贯通的横向误差影响减小。为了提高精度和增加校核条件，一般都将导线布置成闭合或附合导线，也可采用复测支导线，转折角采用 DJ_2 型光学经纬仪多测回观测，边长距离采用光电测距，测距相对误差不大于 1/10 000。

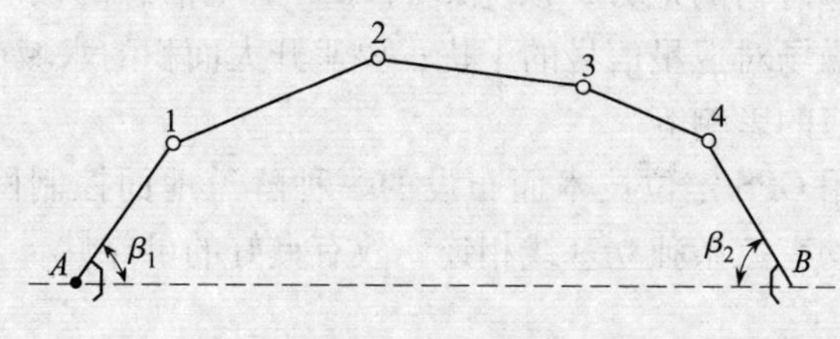

图 11—2 导线法

(3) 三角测量法

对于隧道较长、地形复杂的山岭地区或城市的地下隧道，地面平面控制网一般布设成线形三角锁形式，如图 11—3 所示。测定三角锁的全部角度和若干条边长，或测定全部边长称为边角锁。三角锁的点位精度比导线高，一般长隧道测角精度为 ±1.2″左右，起始边精度要达到 1/300 000，因此要付出较大的人力和物力。如果有较高精度的测距仪，应多测几条起始边，用边角锁计算比较简便。用三角锁作为控制网，最好将三角锁布设成直伸形。用于直线隧道时，三角点应尽量靠近中线，最好使三角锁的一边位于中线上，以减小横向贯通误差的影响。布设三角点时，图形要简单，尽量选择长边，减少三角形个数；每个洞口最好有三个控制点作为引测进洞的依据，引测要方便，以利于提高测量的精度。

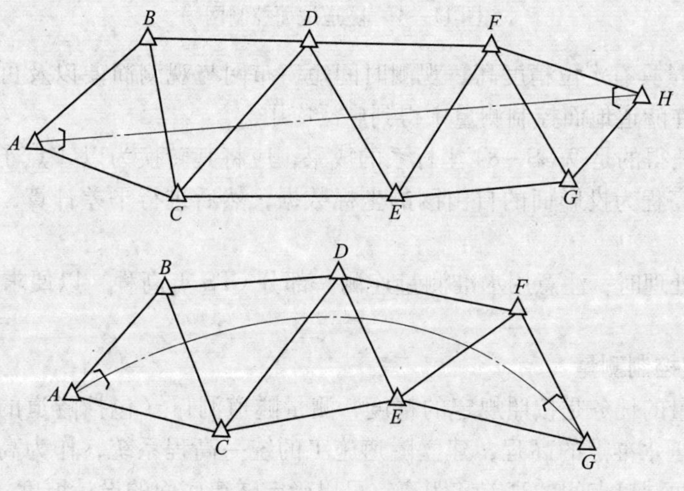

图 11—3 三角测量法

(4) GPS 定位法

用 GPS 定位技术作隧道地面控制，只需要在洞口外布点。对于直线隧道，洞口控制点应选在路线中线上，另外再布设两个定向点。定向点要与洞口点通视，但定向点间可不通视。对于曲线隧道，还应将曲线的主要控制点（如曲线的起点、终点）和切线上的两点纳入网中。

GPS 在观测时不要求点之间相互通视，而且对于网的图形也没有严格要求，因此比选点较传统的控制测量简便。但 GPS 点要求有良好的观测环境，如 GPS 点上空要开阔，不能选在隐蔽或其周围有高大障碍物的地方，以免影响 GPS 卫星信息的接收；要避开无线电发射台及高压输电线，防止磁场对卫星信号的干扰；要避开大面积的水域或对电磁波反射强烈的物体，以减弱多路径效应的影响等。

图 11—4 所示为采用 GPS 定位技术而布设的一种隧道地面控制网。图中两点间连线为独立基线，网中每个点均有三条独立基线相连，故有良好的可靠性。

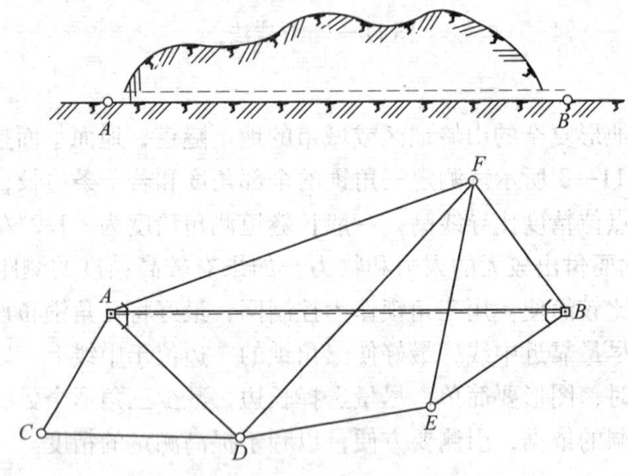

图 11—4 隧道地面控制网

由于 GPS 测量具有定位精度高、观测时间短、布网与观测简便以及可以全天候作业等优点，所以将会在隧道地面控制测量中得到广泛应用。

GPS 网首先获得的是 WGS - 84 坐标系的成果，应将其转换为以 *A* 点子午线为中央子午线，以 *A* 点平均高程为投影面的自由网的坐标数据，然后进行平差计算，从而获得控制网的成果。

GPS 网数据处理时，注意用水准测量连测一部分 GPS 点高程，以便求得其他 GPS 点的高程。

2. 地面高程控制测量

高程控制测量的任务是按照规定的精度，测量隧道洞口（包括隧道的进出口、竖井口和坑道口等）附近水准点的高程，建立隧道施工的统一高程系统，作为高程引测进洞的依据。而且，根据两洞口点间的高差和距离，可以确定隧道底面的设计坡度，并按设计坡度控制隧道底面开挖的高程。

水准路线应选择在连接两端洞口最平坦和最短的地段，以期达到设站少、观测快、精度高的要求。水准路线应尽量直接经过辅助坑道附近，以减少连测工作。每一洞口埋设的水准点应不少于两个；两个水准点间的高差以能安置一次水准仪即可连测为宜；两端洞口之间的距离大于 1 km 时，应在中间增设临时水准点，水准点间距以不大于 1 km 为宜。洞外高程控制通常采用三等、四等水准测量方法，往返观测或组成闭合水准路线进行施测。

地面水准测量的技术要求，参照水准测量相关规范相应等级的规定。

二、路线进洞测量和进洞关系数据的计算

洞外平面和高程控制测量完成后，就要进一步用平面和高程控制网精确求得相向开挖洞口附近的路线中线点（各洞口最少两个中线点）的坐标和高程，同时计算洞内待定点的设计坐标。按坐标反算的方法，可求出这些洞内待定点和洞外控制点之间的距离和夹角关系，根据这些数据，就可以用极坐标法或其他方法指导进洞的开挖方向并测设洞内待定点的点位，从而使隧道中线按设计位置在洞内延伸。

图11—5所示为一直线隧道，两洞口控制桩位于三角网的两端，各三角点的坐标为（x_i，y_i），其引进数据的计算是要算出角β_1、β_2和AB水平距离D_{AB}。

$$\beta_1 = \alpha_{AB} - \alpha_{A1} \qquad \beta_2 = \alpha_{B3} - \alpha_{BA}$$

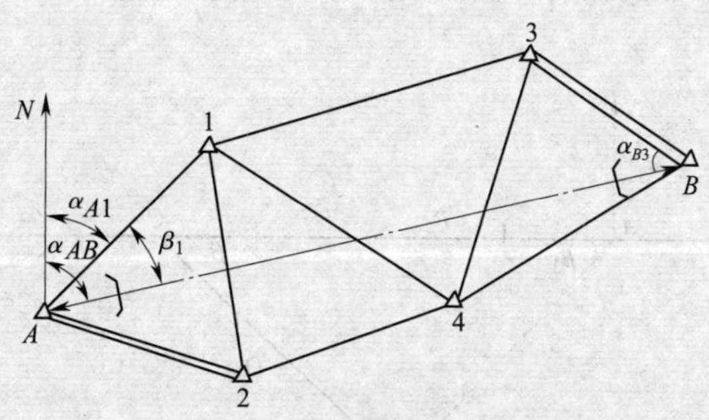

图11—5 直线隧道

用坐标反算的方法，可求出以上两式中各方位角：

$$\alpha_{AB} = \arctan(y_B - y_A)/(x_B - x_A)$$
$$\alpha_{A1} = \arctan(y_1 - y_A)/(x_1 - x_A)$$
$$\alpha_{B3} = \arctan(y_3 - y_B)/(x_3 - x_B)$$
$$\alpha_{AB} = \alpha_{BA} + 180°$$

同样按坐标反算法可求D_{AB}。

$$\left.\begin{aligned} D_{AB} &= \frac{y_B - y_A}{\sin\alpha_{AB}} = \frac{x_B - x_A}{\cos\alpha_{AB}} \\ D_{AB} &= \sqrt{(x_B - x_A)^2 + (y_B - y_A)^2} \end{aligned}\right\}$$

以上角度值精确到秒，距离精确到毫米。在实地置仪器于A点后视1点，拨角β_1，即为AB进洞方向；同样置仪器于B点后视3点，拨角（$360° - \beta_2$），即为BA进洞方向。

图11—6所示为用三角网控制的曲线隧道，设各三角点坐标为（x_i、y_i）；路线转折点C（JD）、曲线的起点B（ZH）、终点D（HZ）的坐标根据设计图也可求得。有了这些洞外、洞内坐标，同样按坐标反算的方法可求得β_1、β_2及AB、ED的距离，从而可在实地标定出AB及ED的进洞开挖方向和控制其开挖长度。当掘进至B点（或D点）后，曲线部分的掘进方向可按曲线测设方向指导开挖。

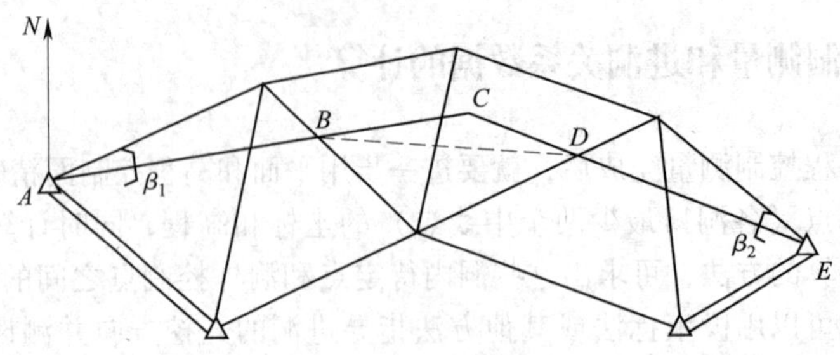

图 11—6　曲线隧道

设有辅助巷道的隧道如图 11—7 所示，在直线隧道上设一横洞，A、B 为正洞口控制点，D、E 为横洞洞口控制点，其坐标均为已知。引进数据计算，主要是计算出 D、E 与正洞中线的交角 β_1，E（或 D）点到正洞与横洞交点 C 的距离和 A 点到 C 点的距离。其计算方法如下：

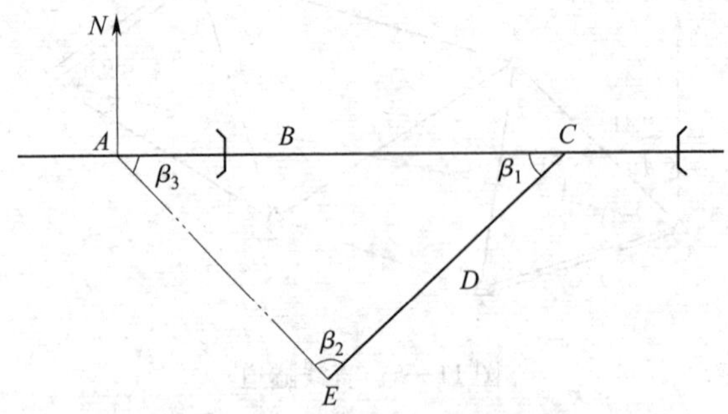

图 11—7　设有辅助巷道的隧道

按坐标反算的方法分别求出 BA、DE、AE 的方位角 α_{BA}、α_{DE}、α_{AE}及 AE 的距离 D_{AE}，则

$$\left.\begin{aligned}\beta_1 &= \alpha_{BA} - \alpha_{DE}\\ \beta_2 &= \alpha_{ED} - \alpha_{EA}\\ \beta_3 &= \alpha_{AE} - \alpha_{AB}\end{aligned}\right\}$$

在△ACE 中，已知三个内角 β_1、β_2、β_3 和一条边 D_{AE}，则

$$\left.\begin{aligned}D_{AC} &= \frac{D_{AE}\sin\beta_2}{\sin\beta_1}\\ D_{EC} &= \frac{D_{AE}\sin\beta_3}{\sin\beta_1}\end{aligned}\right\}$$

在得出掘进方向以后，要埋设若干个固定桩把进洞口和掘进方向标定于地面上。如图 11—8 所示，用 1、2、3、4 桩标定掘进方向，再在大致垂直于掘进方向上埋设 5、6、7、8 桩，掘进方向桩要用混凝土桩或石桩，埋设在施工过程中不受损坏、不被扰动的地方，并量出进洞点 4 至 2、3、6、7 等桩的距离。有了方向桩和距离数据，在施工过程中可随时检查或恢复进洞点的位置。有时在现场不能测量距离，则可在各 45°方向再打两对桩，成米字形控制，用四个方向线把进洞点固定下来。

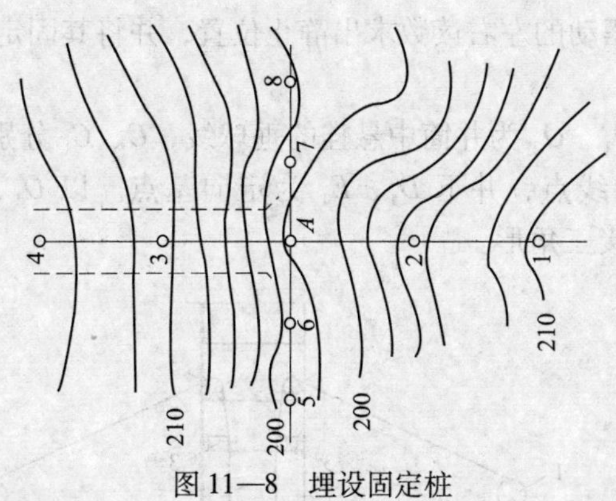

图 11—8　埋设固定桩

三、竖井联系测量

在隧道工程建设、矿井建设和地下工程建设中，为建立地面和地下的统一坐标系统和高程系统所进行的测量工作称为联系测量。联系测量包括平面联系测量和高程联系测量。

在长隧道施工中，为了增加工作面、缩短工期，当隧道顶部覆盖层薄，而且地质条件较好时，常用竖井施工。首先应根据地面控制测量定出竖井中心位置和纵横中心线即十字线，并在每条线的两端各埋设两个混凝土永久桩，该桩距井筒周边大于 50 m，在开挖过程中，竖井的垂直度靠悬挂重锤的铅垂线来控制，开挖深度用钢尺测量。

当竖井挖掘到设计深度，根据初步中线方向分别向两端掘进十多米后，就必须进行竖井联系测量，其中坐标和坐标方位角的传递称为竖井定向测量。通过定向测量，使洞内的平面控制网与地面控制网具有统一的坐标系统；通过高程传递，使洞内取得高程起算数据。

1. 竖井的定向

竖井的定向一般有几何定向和陀螺经纬仪定向。几何定向又分为一井定向和两井定向。本节只介绍一井定向。

一井定向通常采用三角形连接法，如图 11—9 所示。外业工作包括定向投点和井上、井下连接测量。

（1）定向投点

定向投点是在井筒中挂两根钢丝垂线，在地面测算两钢丝的坐标，同时在井下与永久控制点连接，如此达到将一点坐标和一个方向导入地下的目的。投点所用垂球的质量与钢丝的直径随井深而异。井深小于 100 m 时，垂球的质量为 30 ~ 50 kg；井深大于 100 m 时，垂球的质量为 50 ~ 100 kg。钢丝的直径大小取决于垂球的质量。一般，钢丝直径为 1. 0 mm 时，可悬挂垂球的质量为 90 ~ 100 kg；钢丝直径为 2. 0 mm 时，可悬挂垂球的质量为 360 ~ 370 kg。

投点时，先用小垂球（2 kg）将钢丝放到井下，然后换上大垂球，并置于油桶或水桶内，使其稳定（见图 11—9）。由于井筒内受气流、滴水的影响，致使垂球线发生偏移和不停摆动，故投点时，常采用稳定投点和摆动投点两种方法。稳定投点是指垂球的摆动振幅不大于 0. 4 mm 时，即认为垂球线是稳定的，可进行井上、井下同时观测；垂球摆动振幅大于

0.4 mm 时，则按照观测摆动的左右读数求出静止位置，并将其固定。

（2）连接测量

如图 11—10 所示，O_1、O_2 为井筒中悬挂的垂球线，C、C_1 分别表示地面和井下的连接点，地面 D、E 为连测导线点，井下 D_1、E_1 为定向基点。以 O_1、O_2 为公共边的三角形 O_1O_2C 和 $O_1O_2C_1$ 通称连接三角形。

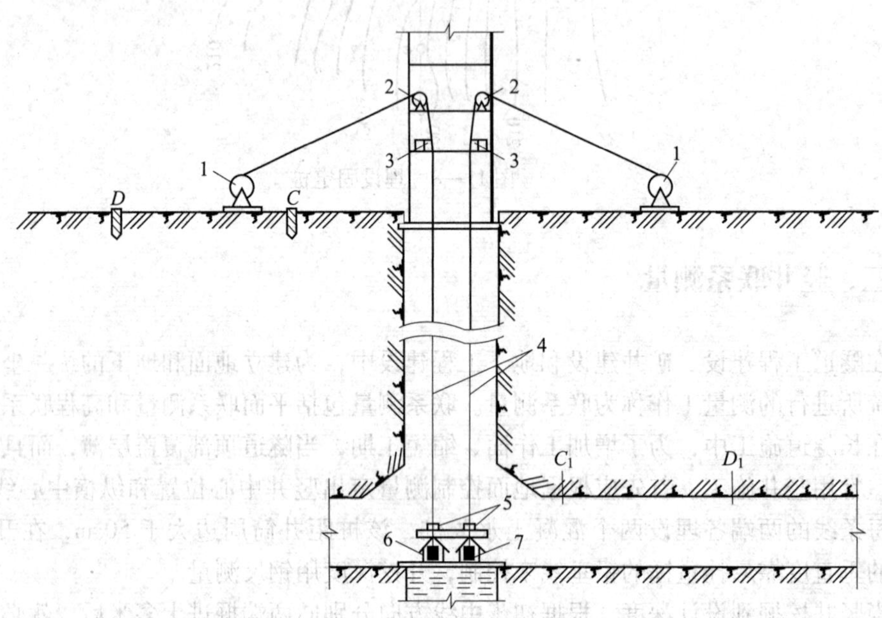

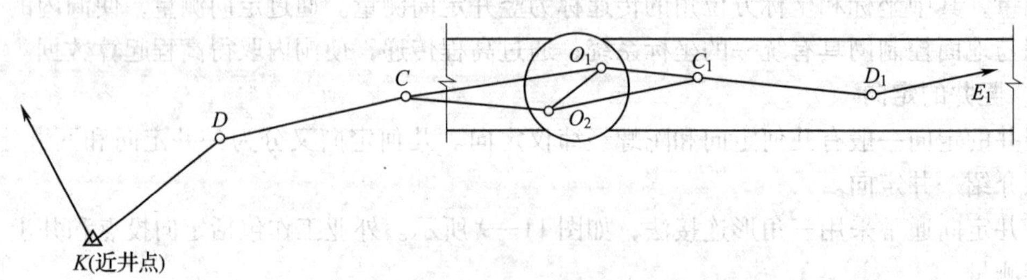

图 11—9　一井定向

1—绞车　2—滑轮　3—定点板　4—钢丝　5—定中板　6—稳定液容器　7—重铊

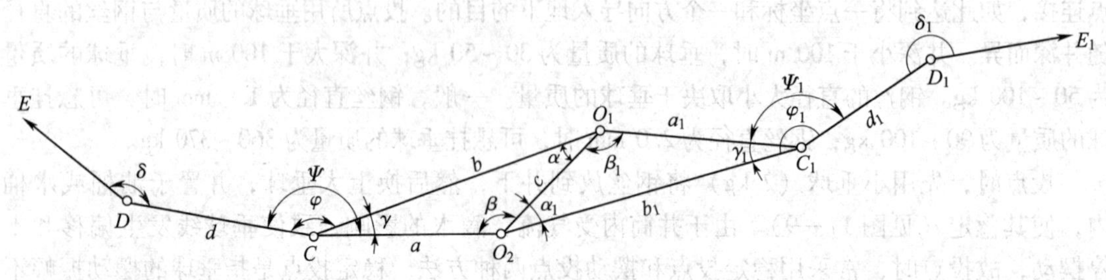

图 11—10　连接测量

1）连接三角形的有利形状。如图 11—10 所示，c 边越长、a/c 值越小（即 C 点应尽可能靠近邻近的垂线，但不小于望远镜最短视距）、γ 越小的延伸三角形是有利的连接图形，即计算角 α、β 的误差较小。井上、井下连接三角形的图形条件应满足下列要求：

①两垂线间距离 c 应尽可能大。

②三角形的锐角 γ（或 γ_1）应小于 2°。

③a/c 与 a_1/c 的值应尽量小一些。

④CD 与 C_1D_1 边长应大于 20 m。

2）三角形连接的测角、量边方法及精度要求。连接测量时，在地面 C 点和井下 C_1 点分别安置经纬仪，同时观测两垂球线，分别得角 ψ、φ、γ 和 ψ_1、φ_1、γ_1。水平角观测方法及精度要求见表 11—1。

表 11—1　水平角观测方法及精度要求

仪器类型	水平角观测方法	测回法测数	测角中误差	半测回零差	各测回互差	重新对中测回间互差
DJ_2	全圆方向观测法	3	±6″	12″	12″	60"
DJ_6	全圆方向观测法	6	±6″	30″	30″	72"

连接三角形的各边长度应用钢尺水平测量，施以标准拉力，并记录量边时的温度。在垂球线稳定的情况下，各边长应以不同起点测量6 次，同一边长各次测量值的互差不得大于2 mm，取其平均值作为测量结果。井上、井下同时量得两垂球线之间的距离互差，一般不得大于2 mm。

2．导入高程

通过竖井导入高程测量是将地面水准点的高程传递到井下水准基点，使地面和井下有一个统一的高程系统，以建立井下高程控制，经常使用的方法有钢尺法、钢丝法和光电测距仪法。平硐和斜井的高程导入，多采用水准测量和三角高程测量的方法。

(1) 钢尺法导入高程

如图 11—11 所示，将缠在绞车上的长钢尺（也可将若干根短钢尺用尺夹子、线绳捆或铆接等办法牢固地连接起来，作为长钢尺使用）挂上轻垂球，直接（或通过滑轮）放到井下，然后换上重垂球。重垂球的重量应等于钢尺检定时的拉力。井上、井下各安置一台水准仪，分别读取立于水准点 A、B 上的水准尺读数 a、b 及钢尺读数 m、n。井上、井下读取 m、n 时，应当用通信设备联络同时进行，以免受钢尺上下弹动的影响。变更仪器高后重复测量一次，并在井筒上、下口测量钢尺温度 $t_{上}$ 和 $t_{下}$。

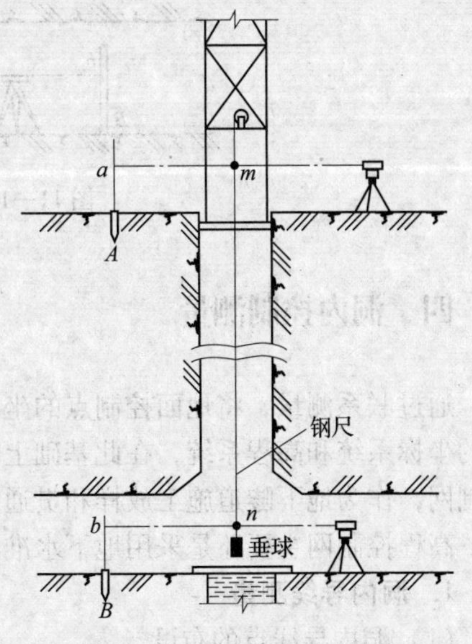

图 11—11　钢尺法导入高程

由图 11—11 可看出，井下水准基点 B 的高

程为

$$H_B = H_A - h_{AB}$$

$$h_{AB} = (m - n) + (b - a) + \sum \Delta l$$

式中，$\sum \Delta l$ 是钢尺的改正数，包括尺长、温度、拉力和自重改正数，因垂球重量等于钢尺检定时的拉力，故拉力改正数为零。

（2）用光电测距仪导入高程

用光电测距仪代替钢尺测定竖井的深度，操作简便，精度高。但由于观测的是竖直距离，就需要按仪器的外部轮廓加工一个支架，支架由托架和脚架组成，测量时将仪器平放在托架上，使仪器竖轴处于水平位置。

如图 11—12 所示，将光电测距仪安置在地面井口盖板上的特制支架上，并使仪器竖轴水平，望远镜竖直瞄准井下预置的反射棱镜，测出井深 h。在井上、井下各置一台水准仪。由地面上的水准仪在已知水准点 A 的水准尺上读取读数 a，在测距仪横轴位置（反射中心）立尺读取读数 b；由井下水准仪在洞内水准点 B 的水准尺上读取读数 b'，将尺立于反射棱镜中心读取读数 a'，井下水准点 B 的高程即可按下式算出。

$$H_B = H_A + (a - b) + (a' - b') - h$$

式中，h 是经气象改正及仪器加、减常数改正后的距离值。

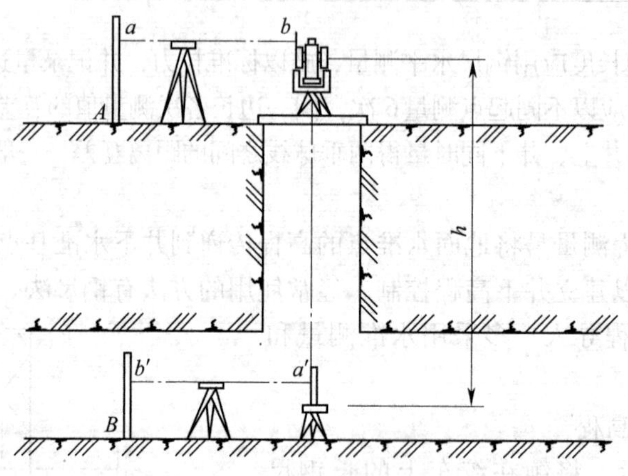

图 11—12　光电测距仪导入高程

四、洞内控制测量

通过联系测量，将地面控制点的坐标、方向和高程引入地下隧道，使地面和地下建立统一的坐标系统和高程系统，在此基础上，进行洞内控制测量，以建立洞内平面控制网和高程控制网，作为地下隧道施工放样和贯通测量的精度保证。洞内平面控制网均以导线的形式布设，高程控制网主要还是采用地下水准测量来测定。

1. 洞内导线测量

（1）洞内导线点的布设

在大型隧道中，平面控制导线点要埋设在底板下，插入铁心，浇筑混凝土，铁心露出混凝土面 1 cm 左右。如果底板坚硬稳固，可打孔直接埋入铁心，注意点位稳固，且不易被破坏。如果隧道高度较小，导线点可埋设在坚固的顶板上，注意点下安置仪器时，应便于观测；导线点间应相互通视；导线边长要大致相等，且不小于 20 m。需永久保存的导线点，每 300 ~ 800 m 选一组，一组三个。地下平面控制导线一般分为高级、Ⅰ级和Ⅱ级三个等级，并随隧道的掘进而逐渐布设。在掘进的过程中，每掘进 30 ~ 50 m，布设Ⅱ级导线点，并据此绘制隧道的平面图。当掘进 300 m 左右时，从起算边开始布设Ⅰ级导线（基本导线），Ⅰ级导线点既校核Ⅱ级导线点，同时又作为Ⅱ级导线的起始点，如图 11—13 所示。

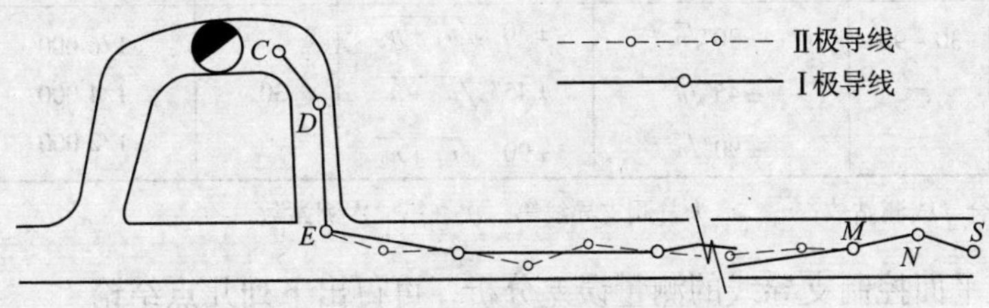

图 11—13　Ⅰ级和Ⅱ级导线的布设

（2）测量水平角

隧道中的导线点如果设在顶板上，测角时就需点下对中（又称镜上对中），要求经纬仪有镜上中心标志。地下导线的水平角通常采用测回法和复测法观测。观测时应严格按照规范规定，根据精度要求确定观测仪器等级和观测方法。当地下导线边长较短时，对中误差构成测角误差的主要来源，观测时要特别注意精确对中或增加对中次数。

（3）测量导线边长

钢尺量距时，一般是悬空测量。当隧道接近水平时，一般测量水平距离。测量时，用经纬仪给定水平视线，照准点位置做好量距标志；测量时要用标准拉力，测量温度，错尺测量；计算边长时还要进行悬曲改正。距离超过一尺段，中间要加分点。如果隧道坡度较大，且又是点下对中，可沿经纬仪的视线测量倾斜距离，并测出竖直角，如图 11—14 所示。采用光电测距仪测量地下导线边长，既方便又快速，大大地提高了工作效率，但在易引燃、引爆的环境下，不能使用光电测距仪，否则要加防爆设施和装置。

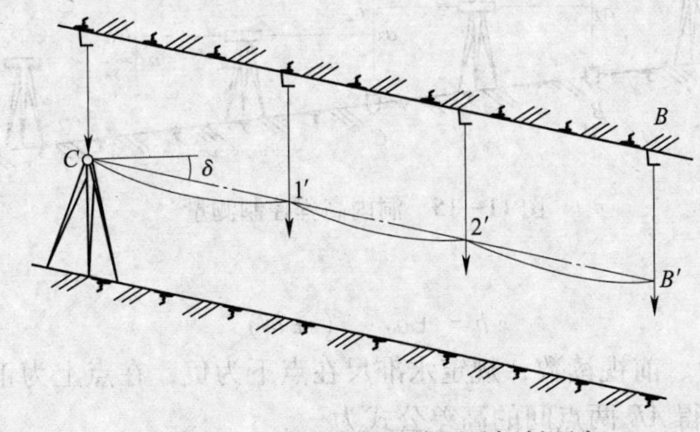

图 11—14　沿经纬仪视线测量倾斜距离

(4) 导线测量的内业计算及精度要求

地下导线测量的计算与地面相同，只是地下导线随隧道掘进而铺设，在贯通前难以闭合，也难以附合到已知点上，是一种支导线的形式。地下导线的等级与地面也不同，其导线等级列于表 11—2。

表 11—2　　各级地下导线的技术数据

导线类别	测角中误差	一般边长/m	角度容许闭合差		方向测向法较差	最大相对闭合差	
			附（闭）合导线	复测支导线		附（闭）合导线	复测支导线
高级	±15″	30 ~ 90	$\pm 30''\sqrt{n}$	$\pm 30''\sqrt{n_1+n_2}$	30″	1/6 000	1/4 000
Ⅰ级	±22″	—	$\pm 45''\sqrt{n}$	$\pm 45''\sqrt{n_1+n_2}$		1/4 000	1/3 000
Ⅱ级	±45″	—	$\pm 90''\sqrt{n}$	$\pm 90''\sqrt{n_1+n_2}$		1/2 000	1/1 500

注：n 为闭（附）合导线测站数；n_1、n_2 为复测支导线第一次、第二次测站数。

根据对隧道平面控制支导线的测量误差分析，可得出下列几点结论：

1）测角误差对导线点位的影响，随测站数的增加而增大，故应尽量增长导线边，以减少测站数。

2）量边的偶然误差影响较小，系统误差影响较大。

3）测角误差直接影响导线的横向误差，对隧道贯通影响较大；测边误差主要影响纵向误差。

2. 洞内高程控制测量

竖井联系测量将地面高程系统传递到洞内，为建立地下水准测量提供了条件。洞内水准测量的方法与地面水准测量相同。由于隧道内通视条件差，应把仪器到水准尺的距离控制在 50 m 以内。水准尺可直接立于导线点上，以便测出导线点高程。两次仪器高所测得的高差之差不超过 ±3 mm。当水准点设在顶板上时，要倒立水准尺，如图 11—15 所示，以尺底零端顶住测点，此时高差的计算与地面相同，但倒立尺的读数应作为负值。

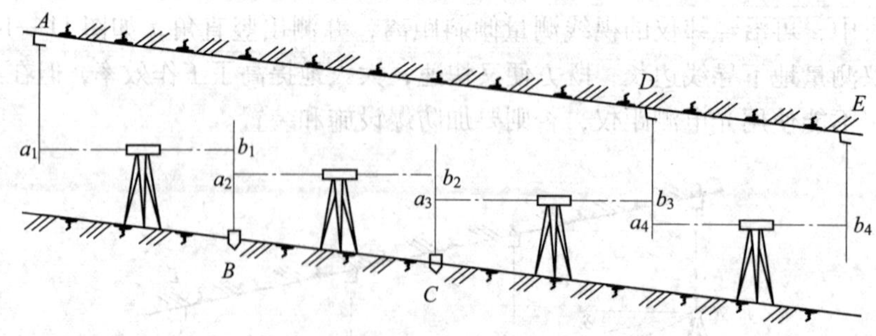

图 11—15　洞内高程控制测量

高差计算公式为

$$h = \pm a_i - (\pm b_i)$$

式中，a_i、b_i 是后、前视读数，规定水准尺在点下为负，在点上为正。

则由图 11—15 可得 AE 两点间的高差公式为

$$h_{AE} = -a_1 - b_1 + a_2 - b_2 + a_3 + b_3 - a_4 + b_4$$

洞内水准测量要进行往返观测，并满足三等、四等水准测量的精度要求。洞内水准点要经常复测校核，及时消除施工造成的影响。

五、隧道贯通误差的测定与调整

在隧道施工中，往往采用两个或两个以上的相向或同向的掘进工作面分段掘进隧道，使其按设计的要求在预定的地点彼此接通，称为隧道贯通。隧道贯通后，应及时地进行贯通测量，测定实际的横向、纵向和竖向贯通误差。若贯通误差在容许范围之内，就可认为测量工作已达到预期目的。此时，应采用适当的方法将贯通误差加以调整，从而获得一个对行车没有不良影响的隧道中线，并作为扩大断面、修筑衬砌以及铺设道路的依据。

1. 贯通误差的测定方法

(1) 纵向、横向贯通误差的测定

如果是采用中线法贯通的隧道，当隧道贯通之后，应从相向测量的两个方向各自向贯通面延伸中线，并各钉一临时桩 *A* 和 *B*，如图 11—16 所示。量测出两临时桩 *A*、*B* 之间的距离，即得隧道的实际横向贯通误差；*A*、*B* 两临时桩的里程之差即为隧道的实际纵向贯通误差。

以上方法对于直线隧道与曲线隧道均适用，只是曲线隧道贯通面方向是指贯通面所在曲线处的法线方向。

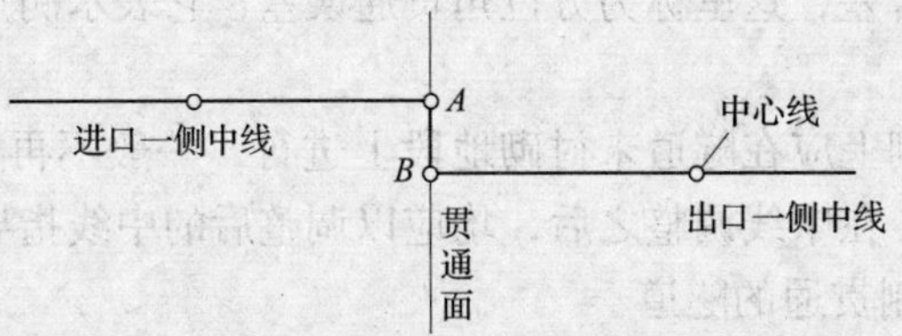

图 11—16　中线法贯通隧道的贯通误差的测定

如果是用导线法作洞内平面控制贯通的隧道，可在实际贯通点附近设一临时桩点 *E*，如图 11—17 所示，分别由贯通面两侧的导线测出其坐标。如由进口一侧测得的 *E* 点坐标为 (x_j, y_j)，由出口一侧测得的 *E* 点坐标为 (x_c, y_c)，则实际贯通误差为

$$W=\sqrt{(x_c-y_i)^2+(y_c-y_j)^2}$$

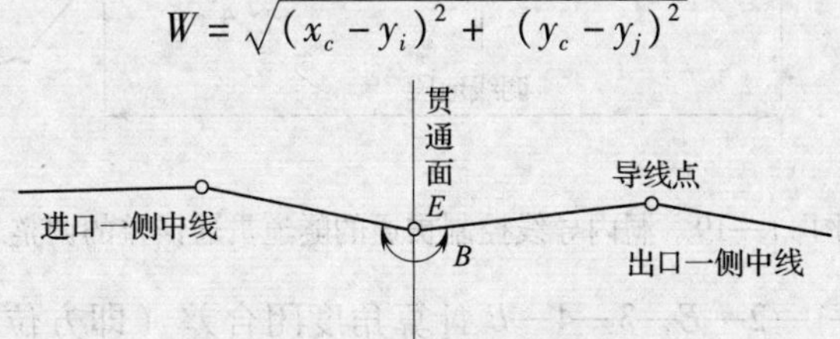

图 11—17　导线法贯通隧道的贯通误差的测定

如果是直线隧道，通常是以路线中线方向作为 x 轴，此时横向、纵向贯通误差为：

$$W_{横} = y_c - y_j$$

$$W_{纵} = x_c - x_j$$

如果是曲线隧道，如图 11—18 所示，设贯通面方向与实际贯通误差的夹角为 φ，其值按下式计算：

$$\varphi = \tan^{-1}\frac{y_c - y_j}{x_c - x_j} - \alpha_{贯}$$

式中，$\alpha_{贯}$ 为贯通面方向的坐标方位角，可根据贯通点在曲线上的里程计算。

在计算出 φ 角后，即可求出横向、纵向贯通误差，即：

$$\left.\begin{aligned} W_{横} &= W\cos\varphi \\ W_{纵} &= W\sin\varphi \end{aligned}\right\}$$

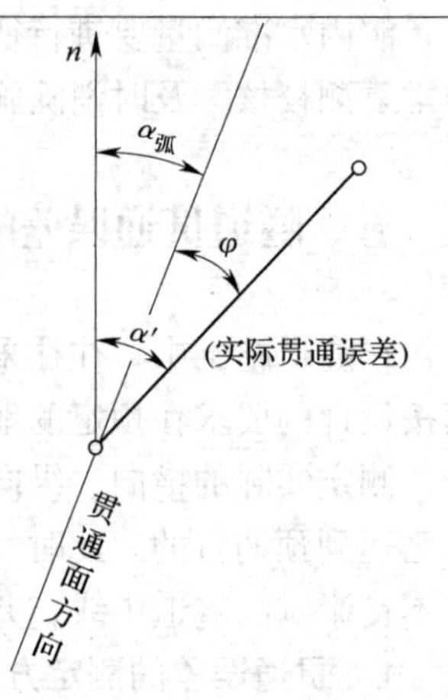

图 11—18　曲线隧道贯通误差

（2）方位角贯通误差的计算

如图 11—17 所示，将仪器安置在 E 点上，测出转折角，将进口、出口两边导线连通，就能求出导线的角度闭合差，这里称为方位角贯通误差，它表示测角误差的总影响。

2．贯通误差的调整

调整贯通误差，原则上应在隧道未衬砌地段上进行，一般不再变动已衬砌地段的中线。所有未衬砌地段的工程，在中线调整之后，均应以调整后的中线指导施工。

（1）用洞内导线控制贯通的隧道

如图 11—19 所示，自进口控制点 J 至导线点 A 为进口一端已建立的洞内导线；自出口控制点 C 至导线点 B 为出口一端已建立的洞内导线，这些地段已由导线测设出中线，并据此衬砌完毕。A、B 之间是尚未衬砌的调线地段。在隧道贯通后，以 A、B 两点作为已知点，在其间构成含贯通点 E 的附合导线。因此，在调线地段可作以下调整：

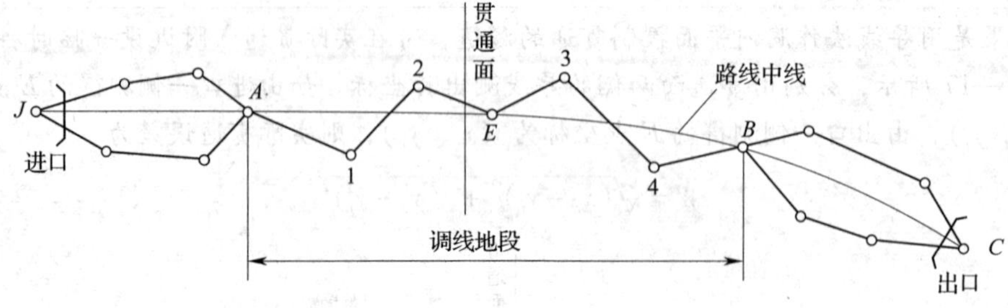

图 11—19　洞内导线控制贯通的隧道贯通误差的调整

1）以附合导线 A—1—2—E—3—4—B 计算角度闭合差（即方位角贯通误差），并平均分配至附合导线的角度上。

2）以调线后的角度，推算附合导线各边的坐标方位角，进而与边长推算各边的坐标增量，并计算坐标增量闭合差 W_x、W_y（对于直线隧道，中线方向为 x 轴方位，W_x、W_y 即是纵、横贯通误差）。

3）将 W_x、W_y 按边长成比例对各边的坐标增量进行改正，最后算出调整后的各点坐标。

4）以调整后的坐标作为未衬砌地段施工中线放样的依据。

（2）用中线法贯通的隧道

1）调线地段为直线。调线地段为直线时，一般采用折线法进行调整。

如图 11—20 所示，在调线地段两端各选一中线点 A 和 B，连接 AB 而形成折线。如果由此而产生的转折角 β_1 和 β_2 在 5′之内，即可将此折线视为直线；如果转折角在 5′~25′，则按表 11—3 中的内移量将 A、B 两点内移；如果转折角大于 25′时，则应加设半径为 4 000 mm的圆曲线。

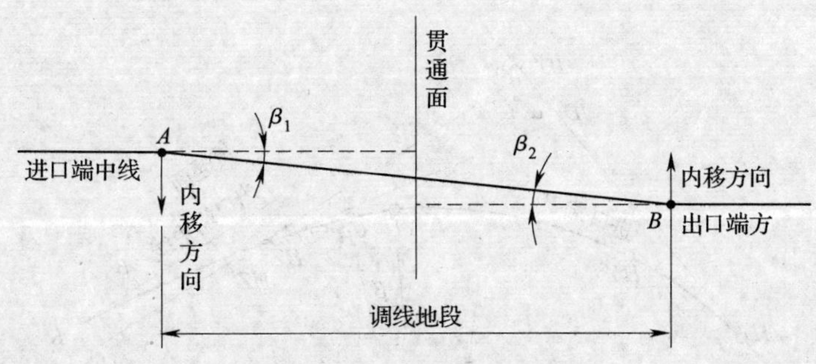

图 11—20　折线法调整贯通误差

表 11—3　**转折角和内移量**

转折角（′）	内移量（mm）	转折角（′）	内移量（mm）
5	1	20	17
10	4	25	26
15	10		

2）调线地段为圆曲线。当调线地段全部位于圆曲线上时，应根据实际横向贯通误差，由调线地段圆曲线的两端向贯通面按长度比例调整中线位置，如图 11—21 所示。

3）贯通点在曲线始、终点附近，调线地段有直线和曲线。贯通点在曲线始、终点附近时，将曲线始、终点的切线延伸，理论上应与贯通面另一侧的直线重合。但是，由于贯通误差的存在，实际出现的情况是既不重合，也不平行。因此，通常应先将两者调整平行，然后再调整，使其重合。

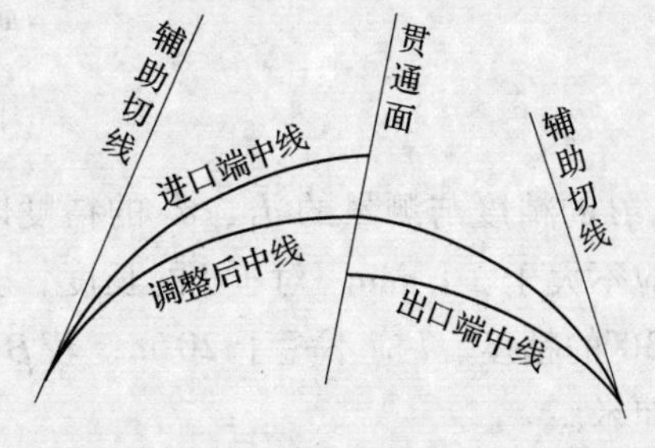

图 11—21　圆曲线地段贯通误差的调整

①调整平行。调整平行采用调整圆曲线长度法。如图 11—22 所示，进口端曲线的 HZ 点在贯

通面附近，由 *HZ* 点将曲线切线延伸与出口端为直线的中线相交于 *K* 点，其交角为 β。为使曲线切线平行于出口端中线，可将圆曲线增加或减少一段弧长（图中为增加，增加与减少取决于 β 的正负，β 为正值需增加，反之需减少），使这段弧长所对的圆心角等于 β。这样 *YH* 点移至 *YH′* 点，*HZ* 点移至 *HZ′* 点，而由 *HZ′* 点做出的切线必然由原切线方向旋转 β，而与出口端中线平行。此时交点由 *JD* 移至 *JD′*，转角由 α 增加 β 而变为 α'。切线长也相应增加。β 采用以下方法计算。

图 11—23 为图 11—22 的局部放大图。为求得 β，由 *HZ* 点沿切线延伸至 *C* 点，量出 *HZ* 点至 *C* 点的长度为 l，再由 *HZ* 点和 *C* 点分别量出至出口端中线的垂距 d_1 和 d_2，β 即可算出。

$$\beta = \frac{d_1 - d_2}{l}\rho$$

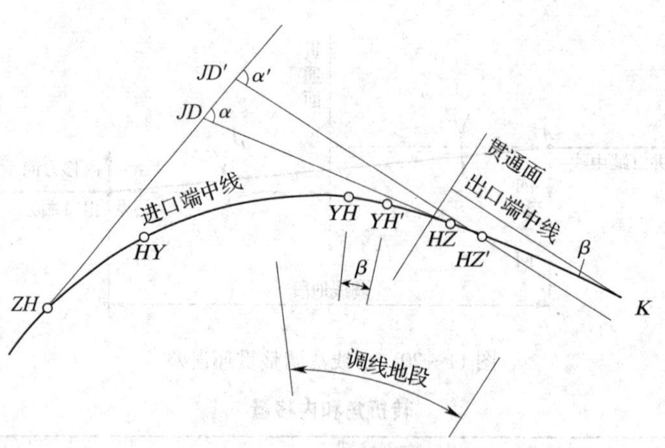

图 11—22　调整平行

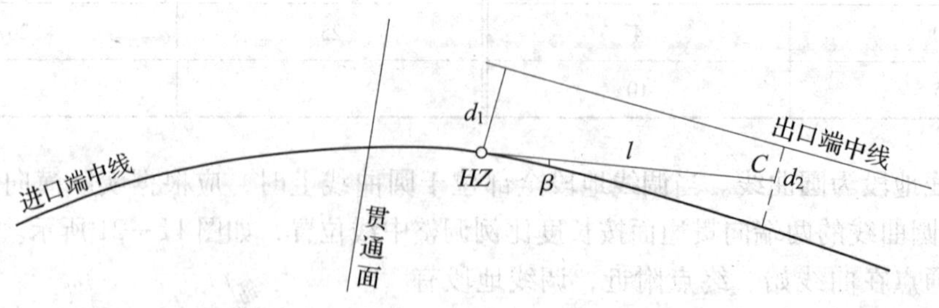

图 11—23　计算 β

β 的精度与测量的 d_1、d_2 的精度以及 l 的长度有关。一般情况下 d_1 和 d_2 的测量中误差应不大于 ±1 mm。对于 l 的长度，若 β 要达到 10″的精度，l 应不短于 60 m；若 β 要达到 30″的精度，l 应不短于 20 m；若 β 欲达到 2′的精度，l 应不短于 5 m。l 测量值应精确至厘米。

设圆曲线半径为 *R*，圆曲线需增、减的弧长为：

$$l=\frac{R\beta}{\rho}$$

由以上可以看出，当 $d_1>d_2$，β 为正值，l 也为正值，圆曲线需增长；反之，当 $d_1<d_2$，β 为负值，l 也为负值，圆曲线需缩短。

调整平行后应进行校核。由 HZ' 点延长切线，其长度不小于 20 cm，量取延长切线两端点至出口端中线的垂距，应相等。

②调整重合。调整重合采用调整曲线始、终点法。如图 11—24 所示，JD' 和 HZ' 为调整平行后交点和缓直点所处的位置。欲将调整平行后的切线与出口端中线重合，需将曲线点沿其切线方向连同整个曲线推移一段距离 m，此时 ZH 移至 HZ'，JD' 移至 JD''，HZ' 移至 HZ''。这样两端中线就完全重合。m 值可按下式求得。

$$m=S/\sin\alpha'$$

式中 S——调整平行后的切线与出口端中线的距离；

α'——调整平行后的转角。

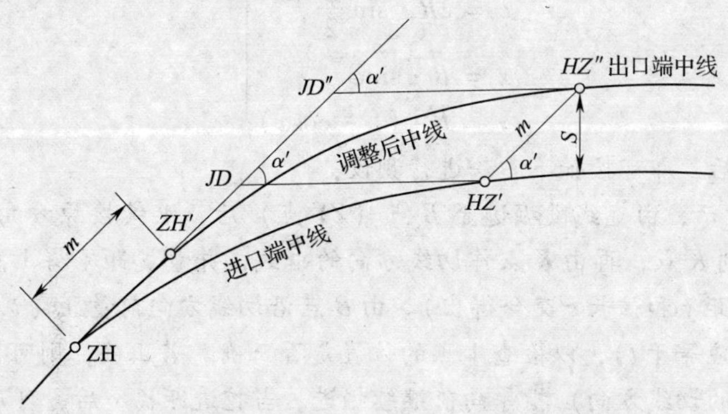

图 11—24 调整重合

导线延伸测量

隧道掘进一般采用临时中线来控制，设立临时中线是为了在平面和高程上控制导坑断面的位置。故导坑内临时中线点间的距离较短，通常在直线上为 10 m，在曲线上为 5 m。

（1）直线导坑的延伸测量

直线导坑的延伸测量多采用串线法进行，此法是将指导开挖的临时中线点设在洞顶。施测时在中线方向上悬吊三条垂球线，以眼睛瞄准指导开挖方向。采用该法时，作为标定方向的两条垂球线的间距不宜短于 5 m。当直线导坑延伸长度超过 30 m 时，应用经纬仪校核一次，并用仪器设置一个临时中线点，以后仍用上法目测指示掘进。

另外，对于直线导坑的延伸测量，在有条件的情况下，可配合使用激光指向仪指导掘进方向。

(2) 曲线导坑的延伸测量

导坑延伸的曲线测量原理同洞外曲线的测设基本相同，但导坑延伸的曲线测设方法有自己的特点。即由于洞内地域狭窄，施测时必须将曲线分段（一般以 5 m 或 10 m 为一段），以缩短支距、减小偏角，便于施测。下面介绍几种常用的方法：

1) 切线支距法。如图 11—25 所示，设圆曲线半径为 R，分段曲线长为 20 m，则可按公式计算出分段弧长 l 所对的圆心角 φ、切线长 t、弦长 c 和分段弧长 L 终点的坐标（x、y）。

$$\left.\begin{aligned} \varphi &= \frac{1}{R}\cdot\frac{180}{\pi} \\ t &= R\cdot\tan\frac{\varphi}{2} \\ c &= 2R\cdot\sin\frac{\varphi}{2} \\ x &= R\cdot\sin\varphi \\ y &= R\cdot(1-\cos\varphi) \end{aligned}\right\}$$

求出上述数据后，即可按如下方法进行测设：

如图 11—25 所示，由直线段掘进至 B 点（ZY 点）后，继续按原方向（切线方向）掘进一段距离 x，得到 K 点，再由 K 点作切线方向的垂线，并量支距 y 得 1 点（1 点也可由 K 点及 B 点分别量支距 y 和弦长 c 交会得出）。由 B 点沿切线方向前量距离 t，得 P 点。再量 P 点与 1 点的距离（应等于 t），以检查 1 点的位置是否正确。若正确，则可用 P、1 两点的连线方向（即过 1 点的切线方向）指导向前继续掘进。当挖进距离 x 后，可用设置 1 点的方法得到 2 点。依法继续下去。设置出曲线上一个点后，可用偏角法复核，即将经纬仪置于 B 点，以零读数照准 B 点的切线方向，拨 $\varphi/2$ 量弦长 c，准确定得 1 点；再置仪器于 1 点，正镜读数对零，后视 B 点，倒镜转动上盘，使读数为 φ，即得 1 点与 2 点连线的方向，然后从 1 点量 c 准确定得 2 点。同法可得以后各点。

2) 后延弦线偏距法。如图 11—26 所示，设圆曲线半径为 R，分段曲线长为 L_0 与 l 对应的元素为：分段弧长 l 所对应的圆心角 φ、切线长 t、弦长 c 和分段弧长 l 终点的坐标（x、y）均可按切线支距法求得。现场测设时，先用前述的切线支距法定出 1 点，再用钢尺分别从 B 点及 1 点量弦长 c 及弦线偏距 d 交会出 2′点；以 2′点与 1 点的连线方向指导开挖，当挖足弦长 c 距离后，沿 2′、1 方向线由 1 点起向前量取弦 c，即可定出曲线上的 2 点。同法测设以后各点。

弦线偏距 d 按下式计算：

$$d=\frac{c^2}{R}$$

式中　c——分段弧长 l 所对应的弦长；

　　　R——圆曲线的半径。

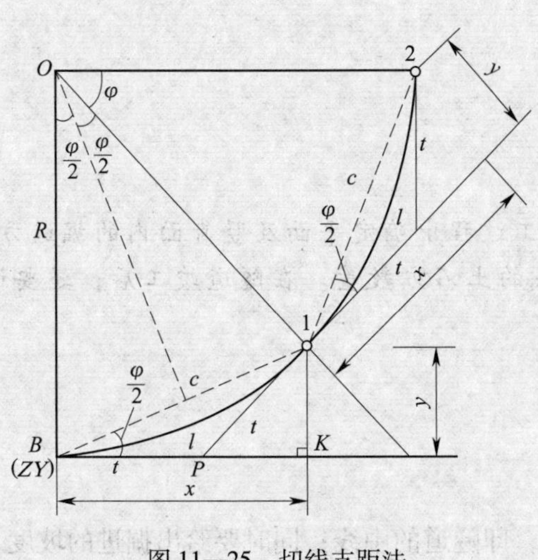

图 11—25　切线支距法

图 11—26　后延弦线偏距法

3）全站仪坐标法。可参照圆曲线测设的有关方法内容，在此不再阐述。

1. 地下工程测量有哪些特点？
2. 何谓贯通误差？隧道贯通误差预计有哪几种方法？
3. 地下工程的地面控制测量有哪些方法和技术？
4. 地下高程测量与地面高程测量有何不同之处？
5. 何谓联系测量？
6. 何谓一井定向？何谓两井定向？
7. 一井定向时，其连接三角形应满足哪些条件？

任务二　隧道施工测量

◆ 了解隧道中线测设的概念及其重要作用。

- 熟悉隧道洞内开挖中线的测设控制测量计算及其应用。
- 掌握隧道竣工测量的相关知识。

工作任务

隧道施工测量的主要任务为：在隧道施工过程中确定平面及竖直面内的掘进方向，还要定期检查工程进度（进尺）及计算完成的土石方数量。在隧道竣工后，还要进行竣工测量。

相关理论

在隧道掘进过程中首先要给出掘进的方向，即隧道的中线；同时要给出掘进的坡度，即腰线，这样才能保证隧道按设计要求掘进。

一、隧道的中线测设

设置在隧道内的主要导线点，绝大多数不在理论贯通中线上。为了便于日常施工放样，在一定区段内，需根据主要导线点测设一定数量位于理论贯通中线上的中线点，作为施工放样的依据。测设中线点一般用直角坐标法和极坐标法。

1．直角坐标法

在直线隧道中，由于导线点是沿中线布设的，而且在计算坐标时将纵向轴线（x 轴）与贯通理论中线强制重合，因而凡位于中线上各点的横坐标均为零。导线点偏离中线的垂距（即 y 值）一般都较小，如图 11—27 所示。由于 y 值与中线垂直，则导线点到中线的垂线（即垂距边）的坐标方位角为 90°（y 值为负时）或 270°（y 值为正时），如图 11—28 所示。导线边与垂距边 y 的夹角 θ 为此两边坐标方位角之差。因 y 值很小，可用量角器由导线边起量 θ 角，即得垂直的方向，从导线点沿此垂距方向用钢尺量 y 值，即得中线点点位。

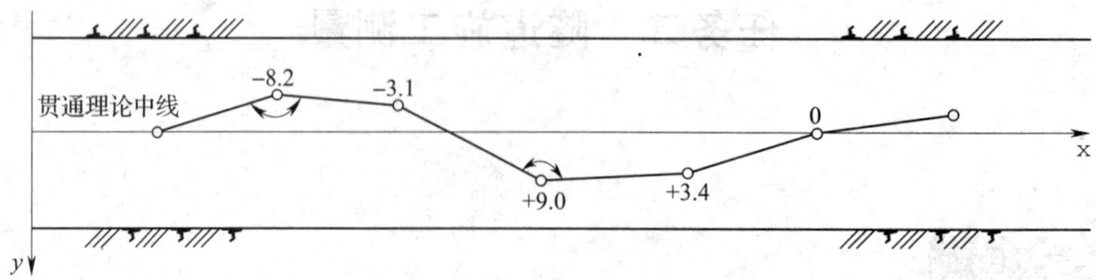

图 11—27　导线点与中线

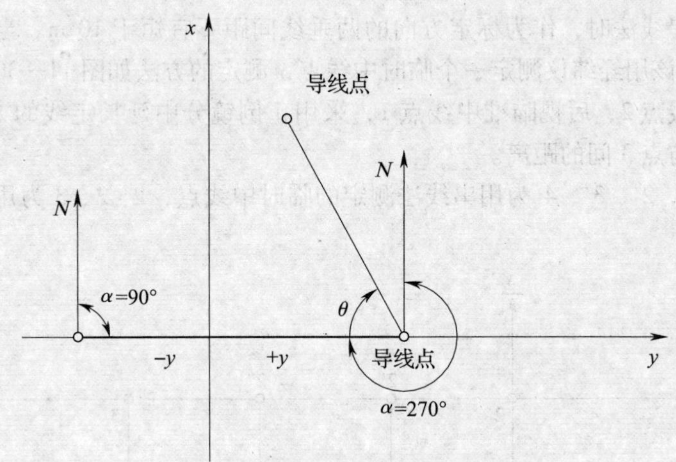

图 11—28　直角坐标法测设中线点

2. 极坐标法

如图 11—29 所示，Ⅰ、Ⅱ为导线点，*A* 为设计的中线点。已知 *A* 点的设计坐标及隧道中线的坐标方位角，根据Ⅰ、Ⅱ点的已知坐标，可推算得到 $\beta_{\text{Ⅱ}}$、*D* 和 β_{A}。在Ⅱ点上安置仪器，测设 $\beta_{\text{Ⅱ}}$ 和丈量 *D*，便得 *A* 点的实际位置。在 *A* 点（底板或顶板）上埋设标志并安置仪器，后视Ⅱ点，拨 β_A 角，则得中线方向。

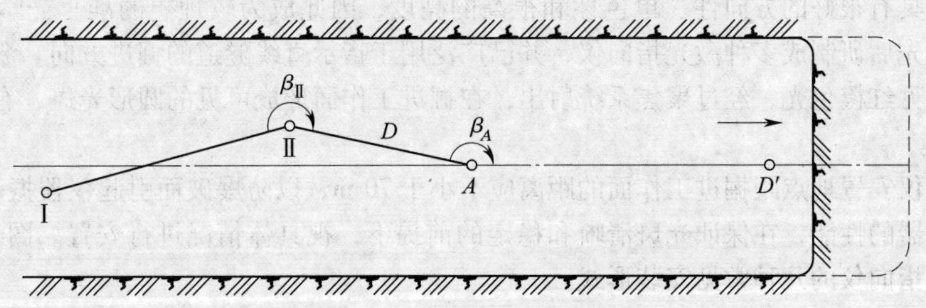

图 11—29　极坐标法测设中线点

二、洞内开挖中线的测设

隧道开挖深入洞内以后，先建立指导开挖的临时中线。当开挖到一定深度后，即可建立洞内导线点，根据导线点再测设中线点。当采用全断面开挖时，导线点和中线点都是继临时中线点后即时建立的。临时中线点一般需用经纬仪施测。在有条件的情况下，可配合使用激光指向仪指导开挖方向。

1. 串线延伸法

供导坑延伸使用的临时中线点，在直线上一般每 10 m 设一点，当导坑延伸长度不大于

30 m 时，可以用串线法，即设中线于洞顶，在中线方向上悬吊三条垂球线，以眼瞄准指导开挖方向。采用串线法时，作为标定方向的两垂线间距不宜短于 10 m。当导坑的延伸长度超过 30 m 时，应该用经纬仪测定一个临时中线点，测定的方法如图 11—30 所示，置仪器于最后一个临时中线点 2，后视瞄准中线点 1，采用正倒镜分中延长定线的方法标定点 3，并用钢尺量测点 2 与点 3 间的距离。

图 11—30 中，2′、3′、4′为用串线法测定的临时中线点，1、2、3 为用经纬仪测定的临时中线点。

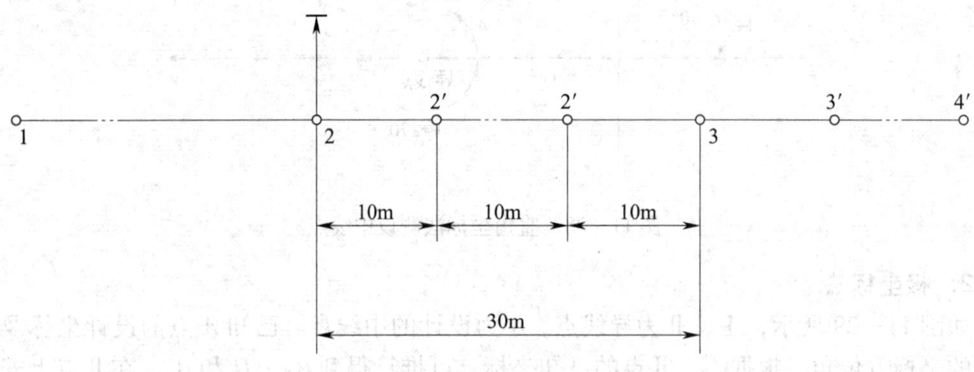

图 11—30 串线延伸法测设中线点

2. 激光指向仪延伸法

激光具有很好的方向性、单色性和很高的亮度，因此成为较理想的准直光学仪器的光源。我国先后研制成多种激光指向仪，并已广泛用于指示直线隧道的掘进方向。激光发射器发射出可见红橙色光，经过聚焦系统射出，在掘进工作面形成可见的圆形光斑，有效射程可达 500 m。

指向仪安置地点距掘进工作面的距离应不小于 70 m，以防爆破而引起仪器振动或损坏。应根据仪器的性能，在保证光斑清晰和稳定的前提下，视具体情况进行安置。图 11—31 所示为激光指向仪的几种常见安装形式。

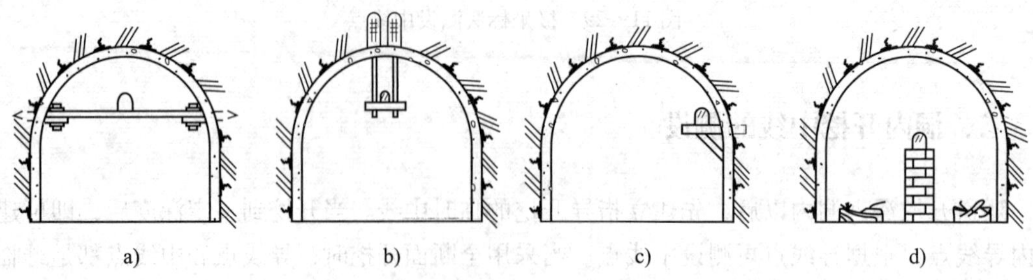

图 11—31 激光指向仪常见的几种安装形式

a）在钢梁上 b）在锚杆上 c）在悬臂架上 d）在石墩上

三、经纬仪标定腰线

为了控制掘进隧道的坡度或倾角，需标设腰线。腰线标在隧道帮上，通常高出底板或轨道面 1 m。腰线点应成组设置，每组 2~3 个点，每隔 30~40 m 设置一组。

在隧道标定中线的同时标定腰线。如图 11—32 所示，在 A 点安置经纬仪，量仪器高 i，仪器视线高程 $H=H_A+i$，在 A 点的腰线高程设为 H_A+1 m，则两者之差为：

$$k=H_A+i-(H_A+1\text{ m})=i-1\text{ m}$$

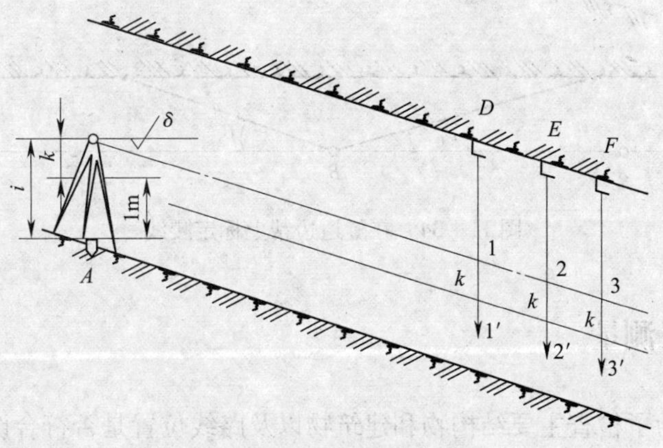

图 11—32　测定中线上的腰线点

将经纬仪竖盘对准隧道设计的倾角 δ，瞄准中线上 D、E、F 三点所挂的垂球线，得视点 1、2、3，分别向下量 k 值，即得中线上的腰线点 1′、2′、3′。

如图 11—33 所示，设 AD 为隧道中线，其倾角 δ 为隧道设计倾角。若隧道边帮上 B 点与 D 点同高，AB 的倾角为 δ'，则 δ'和 δ 之间的关系可按下式求得：

$$\tan\delta=\frac{h}{AD'}$$

$$\tan\delta'=\frac{h}{AB'}=\frac{\overline{AD'}\tan\delta}{AB}=\cos\beta\tan\delta$$

通常称 δ 为真倾角，δ'为伪倾角，β 为真、伪倾斜方向的水平角。

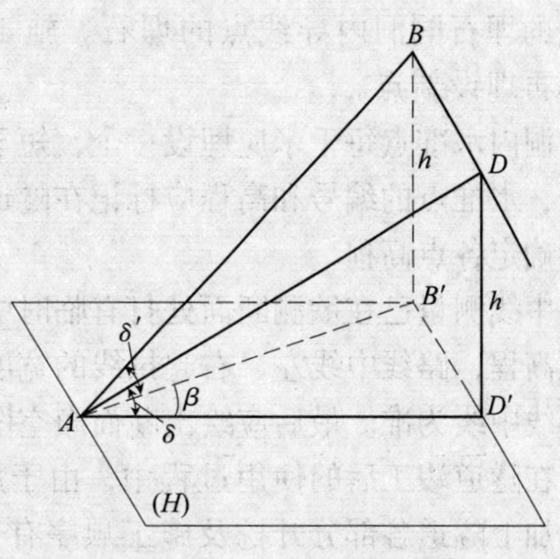

图 11—33　真倾角和伪倾角

如图 11—34 所示，在 B 点安置经纬仪，分别观测 1、2 点与中线 BA、BC 的夹角 β_1 和 β_2，根据隧道设计倾角 δ，计算中线 BA、BC 的伪倾角，并以这两个伪倾角的倾角分别瞄准 1、2 点处并做出记号，再用小钢尺沿铅垂方向由视线向上或向下量取 b 的长度，即得腰线点 1、2 的位置。同法可标设出腰线点 3 等。

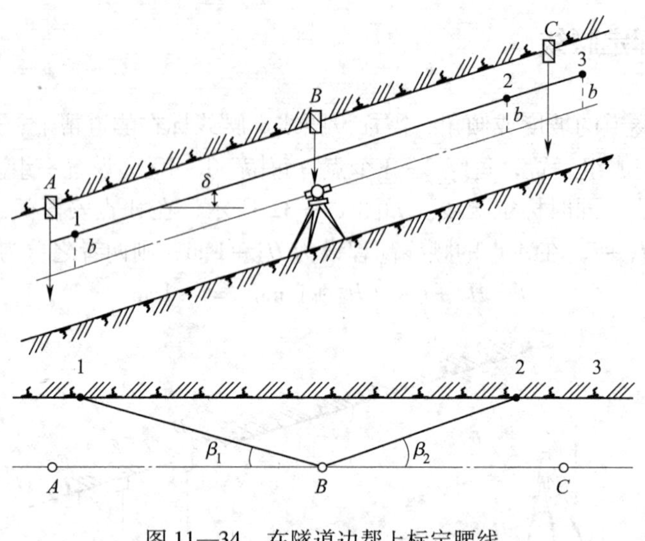

图 11—34　在隧道边帮上标定腰线

四、隧道竣工测量

隧道竣工后，为了检查主要结构物和建筑物以及路线位置是否符合设计要求并提供竣工文件所需资料，也为将来运营中的维修工程等提供测量控制点，必须进行竣工测量。

在进行竣工测量时，先进行中线测量，从隧道一端测至另一端。在测量时，直线地段每 50 m、曲线地段每 20 m，以及以后需要加测断面处，如洞身断面变换处和衬砌类型变换处，应打临时中线桩或标出。如遇施工中埋设的中线点标志，即应进行检测。在检测时应核对其里程及与中线的偏差。此外，对洞身断面变换处和衬砌类型变换处的里程也应核对。在中线测量闭合后，于直线地段每 200 m 左右埋设一个永久中线点。曲线地段应在曲线主点埋设永久中线点。如果主点之间曲线过长，则可适当加设永久中线点，使相邻各点能相互通视。永久中线点埋设之后，应在边墙上标明点的名称及里程、永久中线点的埋石同洞内导线点的埋石。施工中已有的中线点，如其间距和埋石均符合要求，可不再埋设新点。

洞内水准点每千米应埋设一个，短于 1 km 的隧道应至少埋设一个或两端洞门附近各设一个，水准点的编号和高程应标记在隧道的边墙上。洞内水准点应附合在洞外水准点上，平差后确定各点高程。

中线测量已在欲测断面处打有临时中线桩，据以测绘每个断面处隧道的实际净空，包括拱顶高程，路线中线左、右起拱线的宽度，铺底或仰拱高程。测量的方法一般采用支距法，以路线中线为准。最后应绘出断面净空图。

在隧道竣工后的使用过程中，由于周围所处的地质条件不同，所受外力的影响也不相同，加上隧道各部分开挖及施工顺序有先后，各种衬砌结构建筑物的强度与自重不同等原因，均可使隧道建筑物产生沉陷及变形。这种沉陷及变形若超过允许限值时，就会影响建筑物的正常施工及使用，严重时甚至可能导致隧道建筑的破坏。因此，在隧道施工及运营期间必须进行沉陷及变形观测（量测与监控）。

1．隧道施工中变形的观测

隧道施工过程中的变形观测，可在对洞内布设三角点、导线点、中线点及水准点的复测工作中及时进行。

在坑道开挖、扩大开挖、支撑和衬砌施工过程中，因地质条件不良，可能产生较大沉陷及变形，两侧岩壁内挤、底部隆起，甚至产生土石坍塌、衬砌断裂、局部地段被推移的现象，一般用观察的方法或检验的方法，从开挖后表面的变形、支撑受力后的情况（棚板弯曲，梁面、横撑嵌入立柱，梁柱压弯开裂等），可以大致判断变形原因。必要时，可设置变形观测标志进行观测，取得变形的大小、方向和速度的定量测量数据资料，以便决定采取相应的工程措施和防护措施。

隧道衬砌完成后，在地质不良地段，隧道衬砌结构物可能发生沉陷及位移，应在此变形区设置变形观测点，进行周期性观测。

变形观测标志可设在隧道的顶部、侧壁和底板部位，一般每 10 ~ 15 m 在上下左右各设一个测标；若变形程度不很大，也可每 50 m 设一个测标。各测标应按里程统一编号，同时，应在变形区 50 m 以外设立稳固的观测控制点。

2．检测测标高程变形和水平位移方法

（1）检测测标高程变形

可采用水准测量的方法进行观测计算。

（2）检测测标水平位移

可采用准直法和测角法进行观测。

1）准直法。将一排测标都设在一条直线（准直方向线）上，根据测标偏离这条直线的垂直距离的大小，可求出测标的横向位移；根据测标至直线上某控制点的水平距离可以求得测标的纵向位移。这条准直线（方向线）可以用经纬仪或激光准直仪测出，或在某固定两端点间设置细弦线标志，若某些测标不能严格在直线上，可用小测微尺量出测标到弦线的垂距，观察该垂距的变化即可判断位移的变化。

2）测角法。测角法是采用在固定测站上观测固定的控制点与测标之间水平角的一种方法。设第一次观测某测标的角值是 β_1，第二次观测的角值是 β_2，则按两角的差值（$\beta_2-\beta_1$）的符号，即可判断该测标水平位移的左右方向，位移值为 $\frac{\beta_2-\beta_1}{\rho}\times l$，$l$ 为测站到测标的水平距离。每一次置镜可观测一排点的水平角。

总之，变形观测是为了掌握测标随时间变化而产生的变形规律，所以应按期进行观测记录和计算；在变形速度较快时，观测周期应短；变形速度减慢时，观测周期可相应增长。但在特殊情况下，如在地震后，应增加观测次数。变形观测后，应将观测数据整理列入记录表内并输入计算机便于计算和应用，必要时还可对某些测标绘制变形曲线或沉降曲线，以便于进行分析研究变形规律，指导及时采取相应的工程措施和防护措施。至此，也可以充分说明隧道洞外、洞内施工测量的重要性。

隧道竣工后，为检查主要结构及线路位置是否符合设计要求，应进行竣工测量。该项工作包括隧道净空断面测量、永久中线点及水准点的测设。

隧道净空断面测量时，应在直线地段每 50 m、曲线地段每 20 m 或需要加测断面处测绘隧道的实际净空。测量时均以线路中线为准，包括测量隧道的拱顶高程、起拱线宽度、轨顶水平宽度、铺底或抑拱高程（见图 11—35）。过去，隧道净空断面测量多用人工进行，该法工作效率低、精度不高。近年来，许多施工单位已开始应用便携式断面仪进行隧道的净空断面测量，收到了很好的效果。该种仪器可进行自动扫描、跟踪和测量，并可立即显示面积、高度和宽度等测量结果，测量速度快、精度高。

起拱线

轨面水平

图 11—35　隧道净空断面图

隧道竣工测量后，应对隧道的永久性中线点用混凝土包埋金属标志。在采用地下导线测量的隧道内，可利用原有中线点或根据调整后的线路中心点埋设。直线上的永久性中线点，每 200 ~ 250 m 埋设一个，曲线上应在缓和曲线的起点和终点各埋设一个。在曲线中部，可根据通视条件适当增加埋设点。在隧道边墙上要画出永久性中线点的标志。洞内水准点应每千米埋设一个，并在边墙上画出标志。

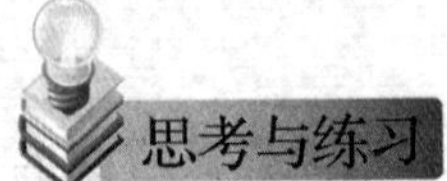

1. 什么叫隧道的中线测设？都有哪些方法？
2. 什么叫洞内开挖中线的测设？都有哪些方法？
3. 简述隧道施工和竣工测量的内容。

任务三　地下管线施工放样

◆ 了解地下管线控制测量的概念及其重要作用。

◆ 熟悉地下管线纵横断面图的绘制。

◆ 掌握地下管线控制测量的测设方法及其应用。

随着生产的发展和人民生活水平的不断提高，在城镇和工矿企业中铺设给水、排水、热力、燃气、输电和输油等各种管道的越来越多。管道工程测量是为各种管道的设计和施工服务的。它的任务有两个方面：一是为管道工程的设计提供地形图和断面图；二是按设计要求将管道位置标定于实地。其内容包括下列各项工作：

(1) 准备资料

收集规划设计区域的1:10 000（或1:5 000）、1:2 000（或1:1 000）地形图以及原有管道平面图、断面图等资料。

(2) 图上定线

利用已有地形图，结合现场勘察，进行规划和图上定线。

(3) 地形图测绘

根据初步规划的线路，实地测量管线附近的带状地形图，如该区域已有地形图，则需要根据实际情况对原有地形图进行修测。

(4) 管道中线测量

根据设计要求，在地面上定出管道的中心线位置。

(5) 纵横断面图测量

测绘管道中心线方向和垂直中心线方向的地面高低起伏情况。

(6) 管道施工测量

根据设计要求，将管道铺设于实地所需进行的测量工作。

(7) 管道竣工测量

将施工后的管道位置，通过测量绘制成图，以反映施工质量，并作为使用期间维修、管理以及以后管道扩建的依据。

管道工程多属于地下构筑物，在较大的城镇和工矿企业中，各种管道常常上下互相穿插，纵横交错。如果在测量、设计和施工中出现差错，没有及时发现，一经埋设之后，将会造成严重后果。因此测量工作必须采用城市或厂区的统一坐标和高程系统，严格按设计要求进行，并要做到步步有校核，这样才能保证施工质量。

一、管道中线测量

管道的起点、终点和转向点统称为管道的主点，主点的位置和管道方向是设计时确定的。管道中线测量就是将已确定的管道位置测设于实地，并用木桩标定。其主要内容包括中线定线测量、转向角测量、距离丈量和测设中桩等。

1．中线定线测量

中线定线测量是将图上设计好的中线位置测设于实地。根据管线的起点、转向点和终点的设计坐标与附近地面已有控制点或固定地物点的坐标，用解析法或图解法求出测设数据，然后进行定线测量。

图 11—36 所示为某管道定线测量后实地的中线位置图，*A* 为起点。不同管道的起点是不同的，排水管道一般以下游出水口作为起点；给水管道以水源处作为起点；煤气、热力管道以煤气站、锅炉房作为起点；电力电信管道以电源处作为起点。*B* 为终点，JD_i为转向点。各点应用木桩标定点位，并做标记。

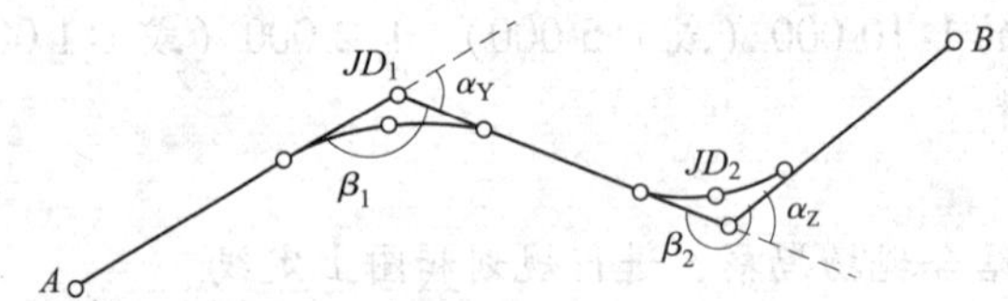

图 11—36　某管道定线测量后实地的中线位置图

2．转向角测量

转向角也称偏角，即管道由一方向转到另一方向时，转变后方向与原方向之间的夹角。当中线在地面上一经确定后，在交点处可用 DJ_6型光学经纬仪按一个测回要求施测管线的右角 β。由 β 值推算偏角 α（见图 11—36），当 $\beta<180°$时，$\alpha_Y=180°-\beta$，为右偏角；当 $\beta>180°$时，$\alpha_Z=\beta-180°$，为左偏角。有些管道的转向角要满足定型弯头转向角的要求，例如给水铸铁管弯头的转向角有 90°、45°等类型。中线定线测量时，应测设定型的转向角，来标定下一个交点所在的方向。

3．距离丈量，测设中桩

为了测定管线长度、测绘纵横断面图，需从管线起点开始，沿中线方向量距，设置中桩，包括百米桩、整桩、加桩、控制桩（位于桥梁、隧道洞口等处）。各桩在实地上按里程注明桩号，桩号要用红漆写在木桩的侧面或附近的建筑物上，字面要朝向管线的起始方向，写后要校核。为了防止错误和提高精度，距离需丈量两次，若相对误差不大于 1/2 000，则取其平均值。若精度要求不高，也可用皮尺、竹尺或测绳丈量距离。

在量距的同时，要绘出草图（见图 11—37），供绘制纵断面图和设计管线时参考。图中直线表示管道中线，直线上的小圆点表示中桩位置，箭头表示管线在 JD_1 处的走向，并注明偏角值为 22°30′。

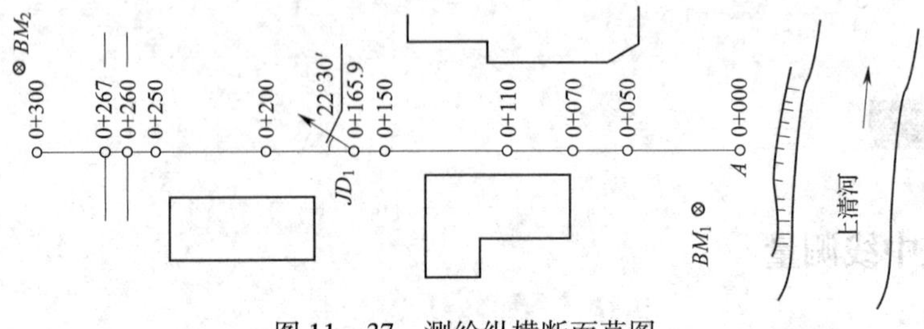

图 11—37　测绘纵横断面草图

二、管道纵横断面图测绘

1. 纵断面图测绘

先进行线路水准测量，测出管线中桩的地面高程，然后绘制纵断面图作为设计管道埋深、坡度和计算土方量的主要依据。

（1）线路水准测量

它分为水准点高程测量和中桩水准测量。沿管线选定并埋设足够的水准点，一般每 1 ~ 2 km 设一永久水准点，每 300 ~ 500 m 设一临时水准点。水准点应埋在离中线 30 ~ 50 m 远处，不受施工影响且便于使用和保存的地方，其高程用四等水准测量方法测定。中桩水准测量就是根据水准点的高程，测出中桩的地面高程。中桩水准测量一般都根据水准点布设情况组成符合水准路线分段施测，其高差闭合差不应超过等外水准测量的精度要求。表 11—4 是图 11—37 中的一段中桩水准测量手簿。

表 11—4 水准测量手簿

测站	测点桩号	水准尺读数（mm）			高差（m）		视线高程（m）	高程（m）	备注
		后视	前视	插前视	+	−			
1	BM1	0.634				0.041		197.471	
	0+000		0.675				197.430		
2	0+000	1.474					198.904	197.430	
	0+100		1.600			0.126		197.304	
	0+050			1.15				197.75	
	0+070			1.13				197.77	
3	0+100	2.034			0.300		199.338	197.304	
	ZD1		1.734					197.604	
	0+150			1.99				197.35	
	0+165.9			2.13				197.21	JD_1
4	ZD1	0.572				1.383	198.176	197.604	
	0+300		1.955					196.221	
	0+200			1.48				196.70	
	0+250			1.68				196.50	
	0+260			1.47				196.71	
	0+267			1.47				196.71	
5	0+300	0.645				0.500		196.221	
	BM2		1.145					195.726	A（195.721 推算值）

注：高差闭合差 $|f_h| = |195.721$（推算值）-195.726（已知值）$| = 5\ \text{mm} < |12\sqrt{5}|\ \text{mm}$（≈27 mm）。说明测量成果符合要求，因中桩高程仅供绘制断面图使用，故 f_h 无须调整。

（2）纵断面图的绘制

纵断面图的绘制，可按下述步骤进行：

1）以各桩的地面高程为纵坐标，各桩的里程为横坐标，为了更明显地表示地面起伏，纵断面图的高程比例尺比水平距离比例尺大 10 倍甚至 20 倍。管道纵断面图格式如图 11—38 所示。图的上部表示断面形状，下部填写有关数据和资料，便于在设计和施工中查表。

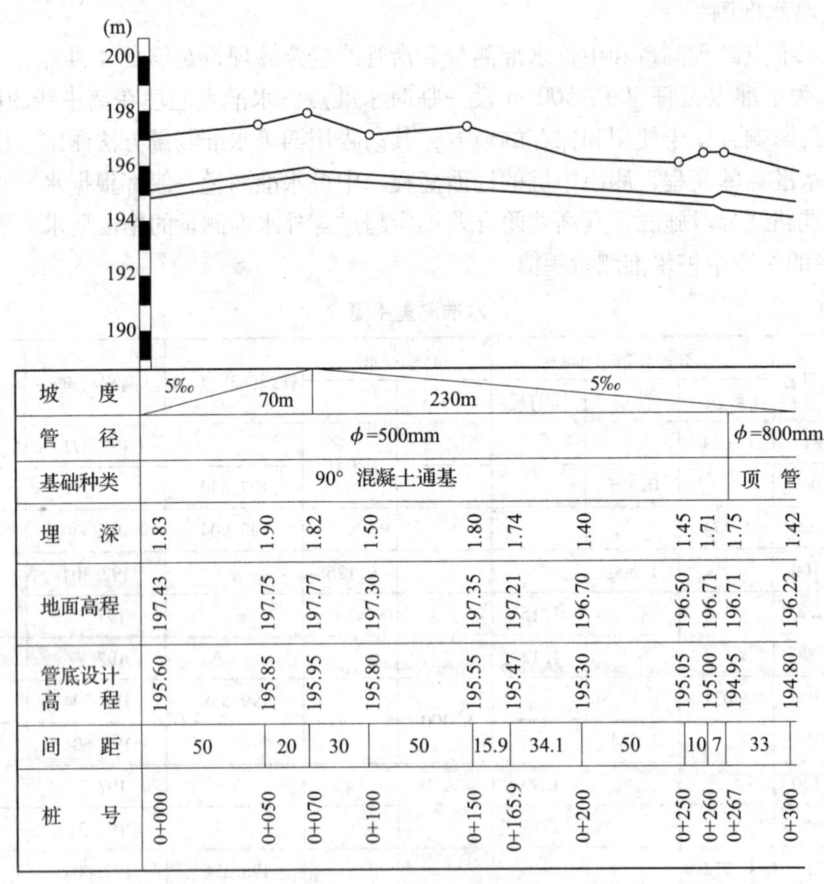

坡度	5‰ 70m			5‰ 230m							
管径	φ=500mm									φ=800mm	
基础种类	90° 混凝土通基									顶管	
埋深	1.83	1.90	1.82	1.50	1.80	1.74	1.40	1.45	1.71	1.75	1.42
地面高程	197.43	197.75	197.77	197.30	197.35	197.21	196.70	196.50	196.71	196.71	196.22
管底设计高程	195.60	195.85	195.95	195.80	195.55	195.47	195.30	195.05	195.00	194.95	194.80
间距	50	20	30	50	15.9	34.1	50	10	7	33	
桩号	0+000	0+050	0+070	0+100	0+150	0+165.9	0+200	0+250	0+260	0+267	0+300

图 11—38　纵断面图的格式

2）绘图时，标高尺起点的高程应选择恰当。若管线较长，高程变化又较大，在画一段断面图之后，可另定标高尺起点的高程，再分段绘制。

3）依标高尺在相应位置画出各桩号的地面高程点，连接相邻的高程点，即得地面实际高程变化的纵断面图。

4）绘好纵断面以后，根据实地情况及专业要求，设计管道坡度，并把设计坡度位置画在图上。在坡度栏内，斜线向上，坡度为“＋”，斜线向下，坡度为“－”。斜线上方注明坡度的千分数，下方注明该坡段的平距。

5）根据坡度起点的设计高程、设计坡度和水平距离按下式计算各点的设计高程：

$$H_{设} = H_{起} + I \times D$$

式中 I——坡度；

D——水平距离。

6）按下式计算填挖尺数（即填高和挖深数字）：

填挖尺数 $= H_{地} - H_{设}$

“+”为挖，“-”为填。将算得数据填入“埋深”栏内，图 11—38 中全为挖深。

2．横断面图的测绘

首先测定中桩处垂直于中线方向上地面坡度变化点的高程和该点至中线桩的水平距离，然后绘制横断面图，以表明管线两侧的地面起伏情况，供设计时计算填挖土方量和施工时确定开挖边界之用。

（1）横断面测量方法

横断面施测的宽度，由管道的直径和埋深来确定，一般两侧各为 20m 左右。当用十字方向架定出横断面的方向后（见图 11—39），即可用以下方法进行测量。

1）水准仪法。此法适用于施测断面较宽的平坦地区，施测与中桩水准测量可以同时进行，但必须分开记录。

2）水平尺法（也称抬杆法）。如图 11—40 所示，测量时用一根标杆（或水准尺）立在中心桩上，另一根标杆水平横放（或用皮尺拉平）依次测出各桩间的平距及高差，数字直接记入草图中或记入表 11—5。

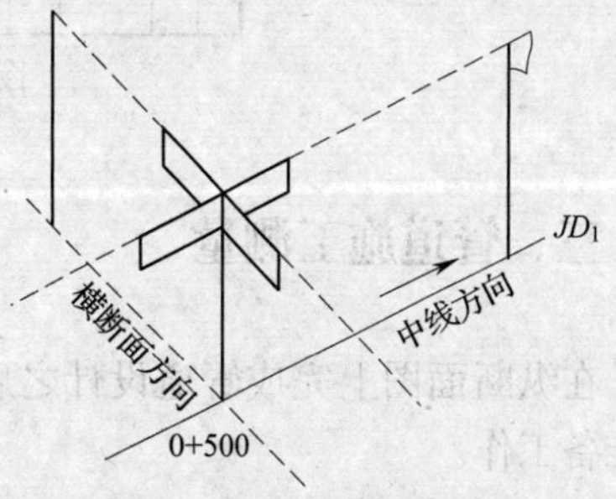

图 11—39 用十字方向架定出横断面的方向

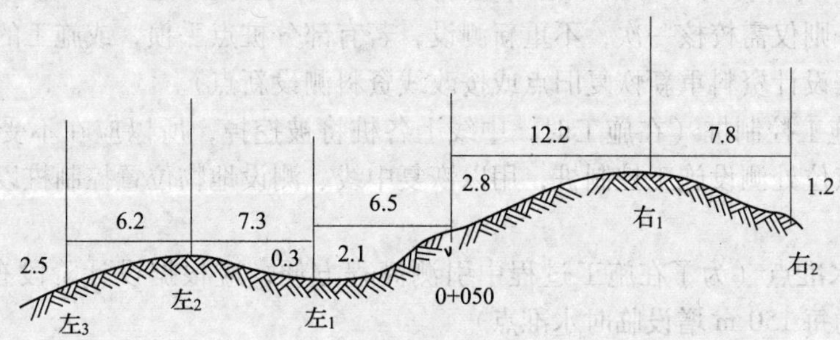

图 11—40 水平尺法测量

表 11—5 **测出各桩间之平距及高差**

左 侧（m）←	中心桩号	右 侧（m）→
$\frac{-2.5}{6.2}$，$\frac{-0.8}{7.3}$，$\frac{-2.1}{6.5}$	0+050	$\frac{-2.8}{12.2}$，$\frac{-1.2}{7.8}$

注：表中分子为相邻两桩的高差，分母为相邻两桩的水平距离。

（2）横断面图的绘制

以中心桩为坐标原点，平距为横坐标，高差为纵坐标，把图画在透明毫米方格纸上（见图 11—41），一般在现场边测边绘。为了便于用图解法或用求积仪计算横断面面积，其平距和高差的比例尺应相同。

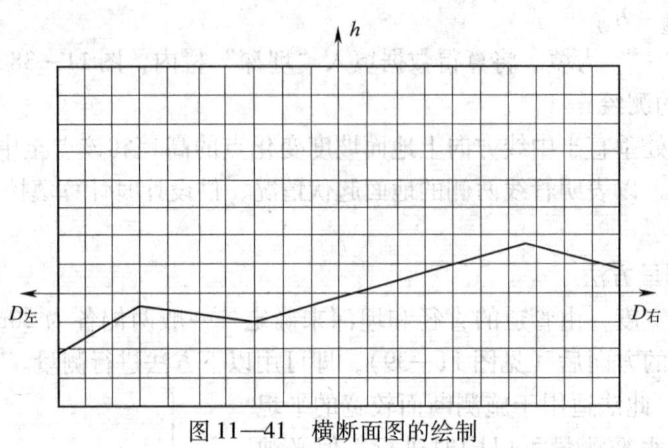

图 11—41　横断面图的绘制

三、管道施工测量

在纵断面图上完成管道设计之后，即着手进行施工测量。在破土开工之前，应做好有关的准备工作。

（1）熟悉图样和现场情况。

（2）校核中线（若设计阶段在地面上标定的中线位置就是施工时所需要的中线位置，且各桩点完好，则仅需校核一次，不重新测设；若有部分桩点丢损，或施工的中线位置有所变动，则应根据设计资料重新恢复旧点或按改线资料测设新点）。

（3）测设施工控制桩（在施工时，中线上各桩将被挖掉，所以应在不受施工干扰、便于引测和保存点位处测设施工控制桩，用以恢复中线、测设地物位置控制桩以及恢复附属构筑物的位置）。

（4）加密水准点（为了在施工过程中引测高程方便，应根据设计阶段布设的水准点，于沿线附近大约每 150 m 增设临时水准点）。

现就地下管道施工过程中的主要测量工作简介如下。

一、槽口放线

管道中线定出以后，就可根据中线位置、管径大小、埋设深度和土质情况，决定开槽宽度，并在地面上定出槽边线位置作为开槽的依据。

若横断面坡度比较平缓（见图 11—42a），开槽宽度 B 可按下式计算：

$$\frac{B}{2}=\frac{b}{2}+mh$$

或

$$B=b+2mh$$

式中　b——槽底宽度；

h——中线上管槽挖深；

$\frac{1}{m}$——管槽边坡坡度。

若横断面坡度比较陡（见图 11—42b），开槽宽度（B_1+B_2）可按下式计算：

$$B_1=\frac{b}{2}+m_3h_3+m_2h_2+c$$

$$B_2=\frac{b}{2}+m_3h_3+m_1h_1+c$$

有了 B_1、B_2就可以在现场定出边桩的位置。

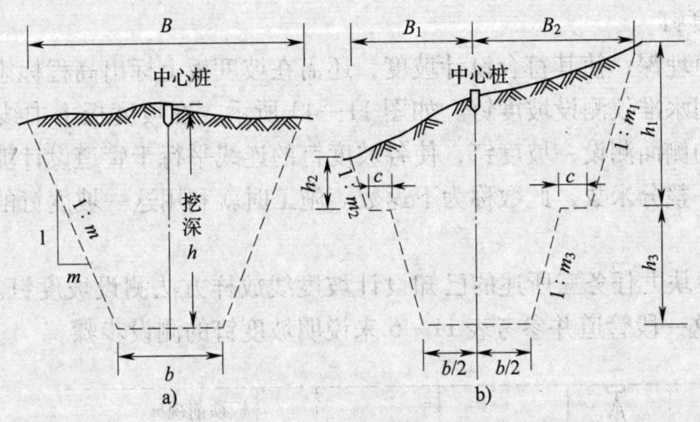

图 11—42　横断面坡度

二、施工控制标志的测设

管道施工测量的主要任务是根据工程进度的要求，测设控制管道中线和高程位置的施工标志，以便按设计要求进行施工。这里介绍两种常用方法。

1. 坡度板法

(1) 埋设坡度板

每隔 10 ~ 15 m 埋设一个，一般均跨槽埋设（见图 11—43），板身要埋设牢固，板面要近于水平。中线测设时，置经纬仪于中线控制桩，将管道中线投测到坡度板上，并钉中线钉。各中线钉连线即为管道中线。在连线上挂垂球，就可将中线位置投影到管槽内，以控制管道中线。

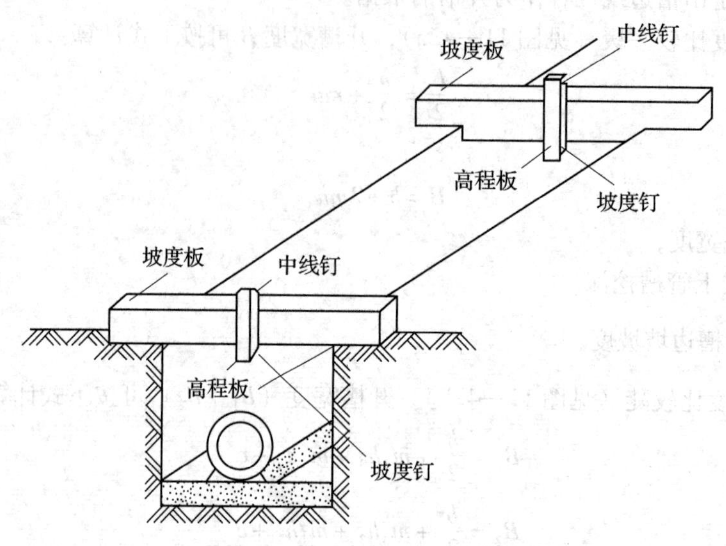

图 11—43　均跨槽埋设

（2）测设坡度钉

为了控制管道埋深，使其符合设计坡度，还需在坡度板上标出高程标志。为此，应根据附近的水准点，用水准仪测设坡度钉。如图 11—43 所示，在坡度板上中线钉的一侧钉一高程板，在高程板的侧面测设一坡度钉，使各坡度钉的连线平行于管道设计坡度线，并距管底设计高程恰好为一整分米数，此数称为下返数。施工时就利用这一坡度钉的连线来控制管道的坡度和高程。

通常，采用模块九任务三所述的已知设计坡度线放样方法测设坡度钉。按图 11—44 中 0 + 000 ~0 + 070 这一段管道并参考表 11—6 来说明坡度钉的测设步骤。

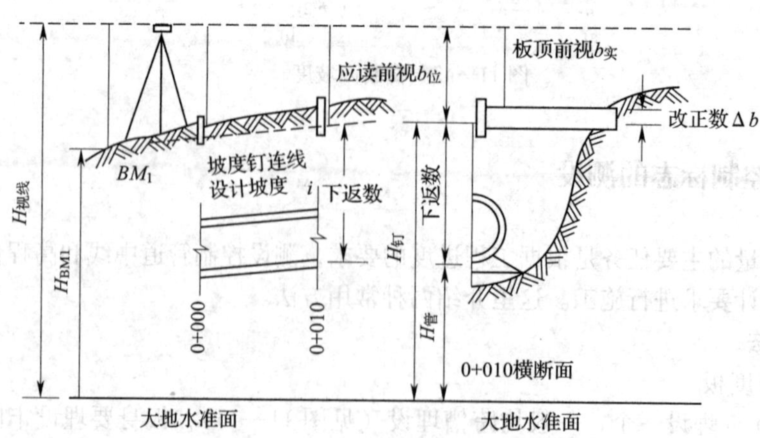

图 11—44　坡度钉的测设

表 11—6

测点（桩号）	后视读数	视线高程 $H_{视线}$	设计坡度	管底设计高程	选定的下返数	坡度钉设计高程	板顶实读前视 $b_{实}$	坡度钉应读前视 b	改正数 Δb	备注
1	2	3	4	5	6	7 = 5 + 6	8	9 = 3 − 7	10 = 8 − 9	11
BM_1	2. 134									
0 + 000				195. 600	2. 000	197. 600	1. 961	2. 005	−0. 044	
0 + 010				195. 650	2. 000	197. 650	1. 956	1. 955	+0. 001	
0 + 020				195. 700	2. 000	197. 700	1. 892	1. 905	−0. 013	
0 + 030		199. 605	i = +5%	195. 750	2. 000	197. 750	1. 880	1. 855	+0. 025	H_{BM1} = 197. 471 m
0 + 040				195. 800	2. 000	197. 800	1. 721	1. 805	−0. 084	
0 + 050				195. 850	2. 000	197. 850	1. 672	1. 755	−0. 083	
0 + 060				195. 900	2. 000	197. 900	1. 596	1. 705	−0. 109	
0 + 070				195. 950	2. 000	197. 950	1. 502	1. 655	−0. 153	

第一步，后视水准点 BM_1，求出视线高程 $H_{视线} = 197.471 + 2.134 = 199.605$ m，并填入表中第 3 栏。

第二步，根据 0 + 000 的管底设计高程和设计坡度 i 推算其他各点的设计高程，将其填入表中第 5 栏。

第三步，根据现场情况，选用合适的下返数，本例选用 2. 000 m，填入表中第 6 栏。

第四步，计算各坡度板上坡度钉的设计高程：

$$H_{钉} = H_{管} + 下返数$$

将其值填入表中第 7 栏。

第五步，计算各坡度钉的前视应读数：

$$b_{应} = H_{视线} - H_{钉}$$

其值填入表中第 9 栏。

第六步，观测各坡度板板顶前视实读数 $b_{实}$，其值填入表中第 8 栏。

第七步，计算钉坡度钉时需用的改正数 Δb：

$\Delta b = b_{实} - b_{应}$，其值填入表中第 10 栏。当 Δb 为“+”时，表示自板顶向上量数定钉；Δb 为“−”时，表示自板顶向下量数定钉。

应当指出，为了防止观测或计算错误，坡度钉测设应附合到另一水准点加以校核。在施工过程中，亦应定期检测坡度钉高程，以检查坡度板是否移位。除检测本段的坡度钉高程外，还应检测已建成的管道或已测好的坡度钉，以便相互衔接。

2. 平行轴腰桩法

当现场条件不便采用坡度板法时，对精度要求较低的管道，可用本法来测设施工控制标志，其步骤如下。

（1）测设平行轴线

开工前先在中线一侧或两侧测设一排平行轴线桩，桩位要落在槽边线外，如图 11—45a 中的 A。轴线桩与中线的轴距为 a，各桩间距约为 20 m。

（2）测出 A 轴各桩的高程

高程测出后，依据对应的槽底设计高程，算出各桩与槽底的对应高差 h。

（3）控制槽底高程

如图 11—45b 所示，用特制的一边可伸缩的直角尺量测直尺面与槽底高差 h' 是否等于 h。

（4）钉腰桩

为了比较准确地控制管道中线的高程，在槽坡上（距底约 1m）再钉一排与 A 轴对应的平行线桩 B，其与中线的间距为 b，这排桩称为腰桩，如图 11—45b 所示。

（5）引测腰桩高程

如图 11—45c 所示，测出各腰桩高程后，用各腰桩高程减去相应的槽底设计高程，即得出各腰桩与设计槽底的高差 h_b。用各腰桩的 b 和 h_b 来控制埋设管道的中线和高程。

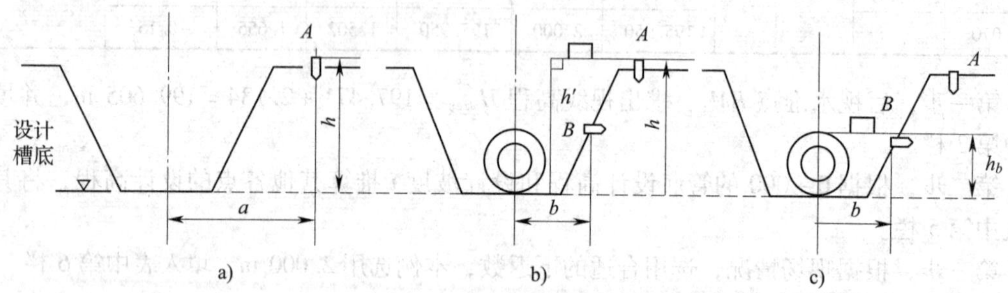

图 11—45　平行轴腰桩法

三、顶管施工测量

地下管线通过地面建筑物、构筑物、重要道路和各种地下管道交叉处，往往采用顶管方式施工。施工前在管线方向上选好基坑位置。一般情况下基坑中线应与管线中线位置相吻合。顶管前先开挖基坑，再将顶管机械送入坑底并安装好后进行顶管工作。顶管过程是将管材顶入土中，将管内土石取出。若顶管地区土质松软，每顶进一段距离（如 0.5 m），在管材外壁以外，用砖砌拱墙以防土体坍塌。顶管通常采用对顶，即由两基坑相对方向顶进管材。故顶管施工时，中线方向与高程的测量工作尤为重要。现将在顶管施工中有关的测量工作介绍如下。

1．基坑开挖中的测量工作

在基坑开挖范围以外（灰线范围以外），设置中线控制桩。当基坑挖至离管顶设计标高 2 m 左右时，在中线控制桩 A、B 两点分别安置经纬仪，将管道中线方向投测在基坑前后两坡面上，打入木楔或木砖并钉以铁钉表示管道中线方向（见图 11—46）。在基坑挖好并铺以垫层后，若在 *A*、*B* 两点用仪器能直接看到 *C*、*D* 两点，则将中线直接投至坑底 *C*、*D* 处。否则可将两铁钉连线，用垂球将中线方向投至 *C*、*D* 点。用一般水准测量方法，将高程传递到基坑底，并在坑底建立 1 ~2 个临时水准点。

2. 顶管过程中的测量工作

被顶进的管材安置在滑道（通常是铁轨或方木楞）上，要求其坡度与设计管底坡度一致。由于滑道在基坑内较短，因此要精确测设其高程与坡度。中线方向的控制方法是在管材内安置一把水平横尺，自尺中央向两边按毫米刻出分划线；水平横尺长度等于或略小于管内径，以便使其水平安置在管内中央（见图 11—47）。顶进前在中线点 *D* 安置经纬仪，瞄准基坑前坡面上铁钉或 *C* 点，此时视线方向即为中线方向。再移动水平横尺，使尺上的零点在视线上（见图 11—48）。也可将基坑前后坡面连线，用垂球投下两条垂球线对准横尺零点。在顶进过程中以此方向控制顶管中线方向。高程与坡度控制是在基坑内安置水准仪，利用基坑内临时水准点求得视线高程，在管内竖立一把小于管口直径的水准尺（见图 11—49），以此来控制顶进管材的坡度与高程。由于基坑内顶管机械工作时不便于测量，通常每顶进 0.5 m检查一次顶进管材的中线偏差值、高程与坡度值，以便及时调整顶进方向。

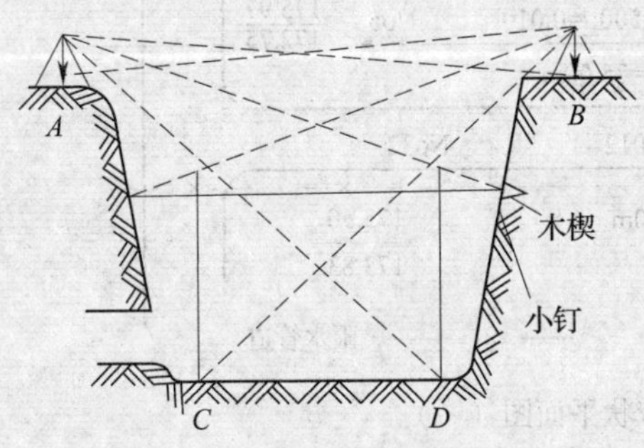

图 11—46　基坑开挖中的测量工作

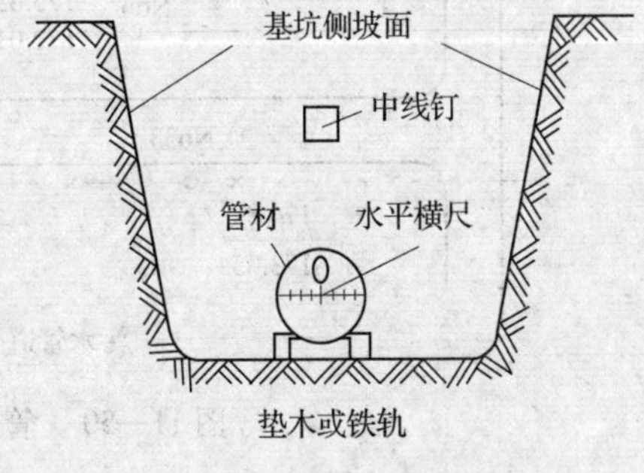

图 11—47　顶管过程中的测量（一）

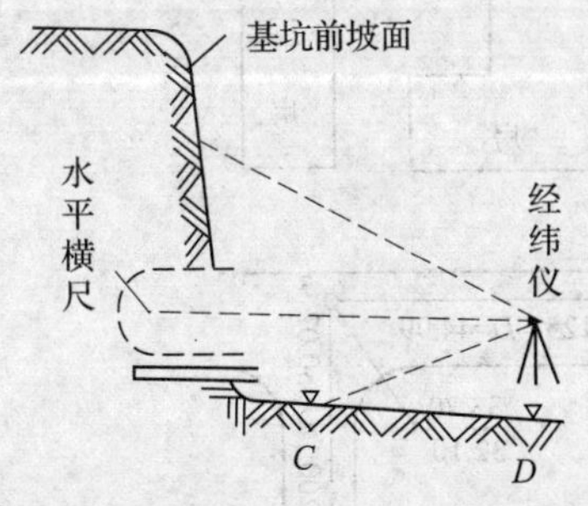

图 11—48　顶管过程中的测量（二）

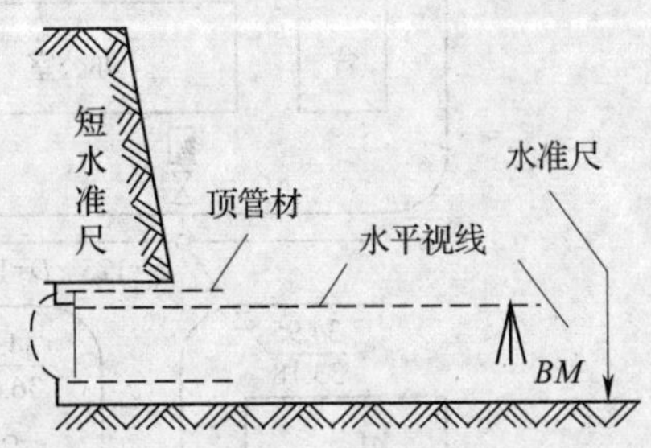

图 11—49　顶管过程中的测量（三）

四、管道竣工测量

在管道工程中，竣工图反映了管道施工的成果及其质量，是管道建成后进行管理、维修和扩建时不可缺少的资料，同时也是城市规划设计的必要依据。

管道竣工图包括管道竣工带状平面图和管道竣工断面图。

因管道的种类很多，故管道竣工平面图往往不绘在建筑平面图上，而是单独绘制综合竣工带状平面图。为了管理方便，还要编制单项管道竣工带状平面图，其宽度应至道路两侧第一排建筑物外 20 m，如无道路，其宽度应根据需要确定。带状平面图的比例尺根据需要一般采用 1∶2 000～1∶500。

竣工带状平面图主要测绘出管道的主点、检查井位置以及附属构筑物施工后的实际平面位置和高程。图 11—50 和图 11—51 所示是管道竣工带状平面图示例，图上除标有各种管道的位置外，还标有检查井编号、检查井顶面高程和管底（或管顶）的高程，以及井间的距离和管径等。对于管道中的阀门、消火栓、排气装置和预留口等，应用统一符号标明。

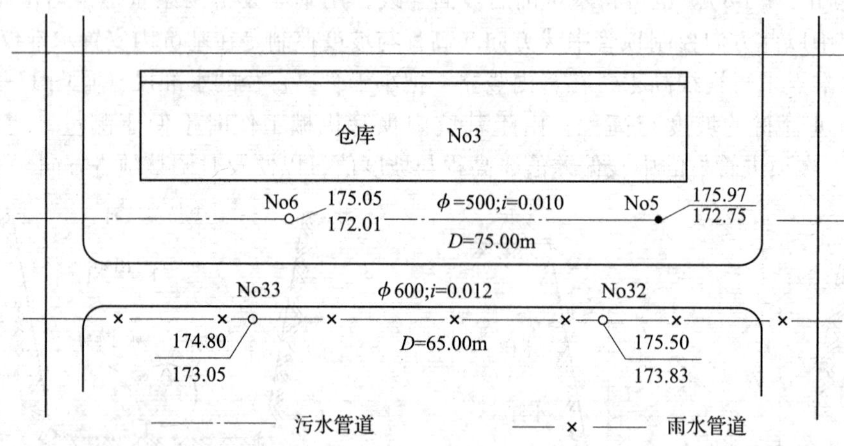

图 11—50　管道竣工带状平面图（一）

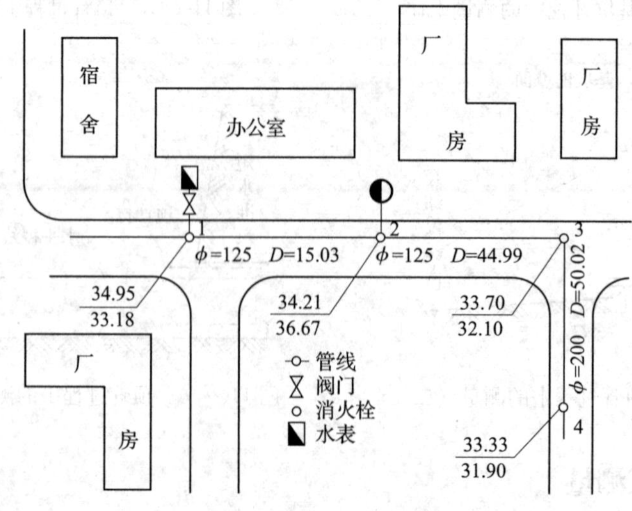

图 11—51　管道竣工带状平面图（二）

当已有实测详细的大比例尺地形图时，可以利用已测定的永久性建筑物用图解法来测绘管道及其构筑物的位置。当地下管道竣工测量的精度要求较高时，采用图根导线的技术要求测定管道主点的解析坐标，其点位中误差（指与相邻的控制点）不应大于5 cm。

地下管道平面图的测绘精度要求：地下管线与邻近的地上建筑物、相邻管线、规划道路中心线的间距中误差，如用解析法测绘，1∶2 000～1∶500 在图上不应大于 ±0.5 mm；用图解法测绘，1∶1 000～1∶500 在图上不应大于 ±0.7 mm。

管道竣工断面图测绘一定要在回填土前进行，用图根水准测量精度要求测定检查井口顶面和管顶高程，管底高程由管顶高程、管径和管壁厚度算得。但对于自流管道应直接测定管底高程，其高程中误差（指测点相对于邻近高程起始点）不应大于 ±2 cm；井间距离应用钢尺丈量。如果管道互相穿越，在断面图上应表示出管道的相互位置，并注明尺寸。图 11—51 与图 11—52 所示是同一管道的管道竣工断面图。

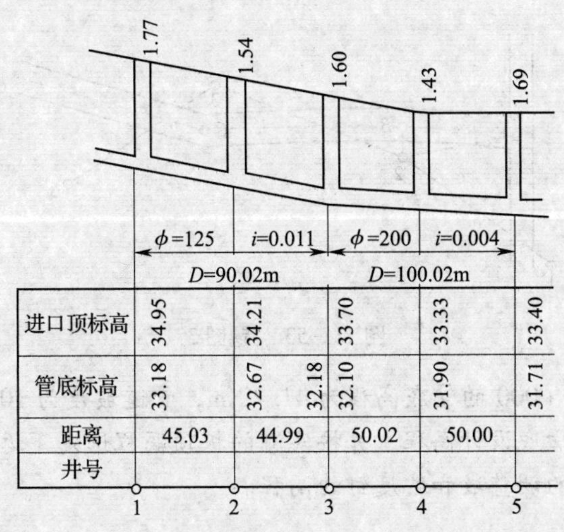

图 11—52 管道竣工断面图

我国很多城市原有地下管道多数没有竣工图，为此应对原有旧管道进行调查测量。先向各专业单位收集现有的旧管道资料，再到实地对照核实，弄清来龙去脉，进行调查测绘，无法核实的直埋管道可在图上画虚线示意。

地下原有管道的调查方法，根据具体情况采用下井调查和不下井调查两种，一般用 2～5 m 钢卷尺、皮尺、直角尺、垂球等工具，量取管内直径、管底（或管顶）至井盖的高度和偏距（管道中心线与检查井中心的垂距），以求得管道中心线与检查井处的管道高度。如一井中有多个方向的管道，要逐个量取并测量其方向，以便连线，若有预留口也要注明。

下井调查应特别注意人身安全。事前须了解管道情况并采取有效措施，为防止有毒、易燃、窒息气体和腐蚀液体的危害，应打开井盖通风，必要时应戴防毒面具和橡皮手套，穿皮裤下井。井下严禁点火，只能用手电筒照明，以免引起燃烧爆炸等。

在检查井已被残土埋没无法寻找时，可用管道探测仪配合进行管道的调查测量。

思考与练习

1. 如图 11—53 所示，已知设计管道的主点 A、B、C 的坐标，在此管线附近有导线 1、2 等，其坐标已知，试根据 1、2 两点，用极坐标法测设 A、B 两点所需的测设数据，并提出校核方法和所需的校核数据。

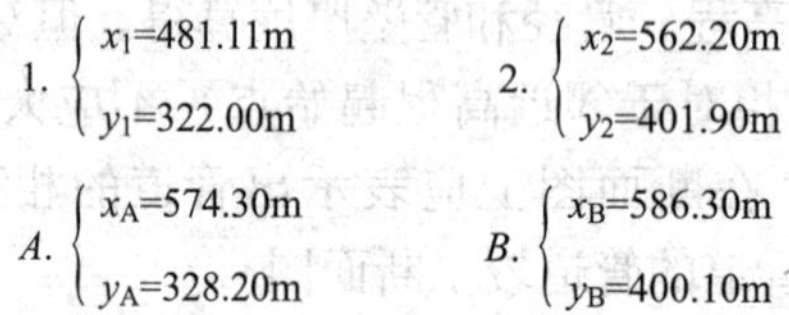

1. $\begin{cases} x_1=481.11\text{m} \\ y_1=322.00\text{m} \end{cases}$ 2. $\begin{cases} x_2=562.20\text{m} \\ y_2=401.90\text{m} \end{cases}$

$A.$ $\begin{cases} x_A=574.30\text{m} \\ y_A=328.20\text{m} \end{cases}$ $B.$ $\begin{cases} x_B=586.30\text{m} \\ y_B=400.10\text{m} \end{cases}$

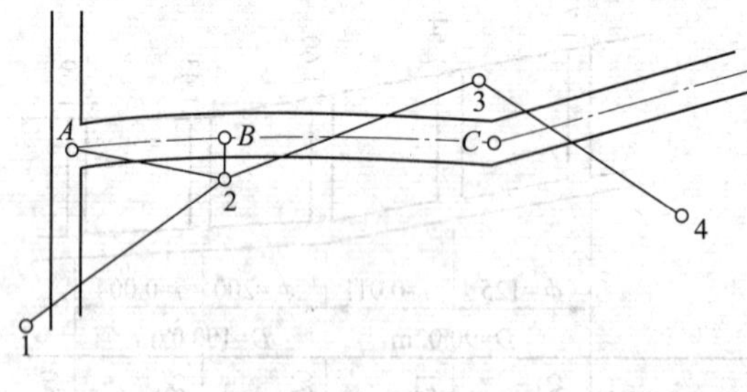

图 11—53 题图 3

2. 已知管道起点 0 +000 的管底高程为 41. 72 m，管道坡度为 10‰的下坡，在表 11—7 中计算出各坡度板处的管底设计高程，并按实测的板顶高程选定下返数 c，再根据选定下返数计算出各坡度顶高程的调整数和坡度钉的高程。

表 11—7 计算表

桩号	距离（m）	坡度	管底设计高程 $H_{管底}$（m）	板顶高程 $H_{板顶}$（m）	$H_{板顶}-H_{管底}$（m）	选定下返数 c（m）	调整数 δ（m）	坡底钉高程（m）
1	2	3	4	5	6	7	8	9
0 +000			41. 72	44. 310				
0 +020				44. 100				
0 +040				43. 825				
0 +060		−10‰		43. 734				
0 +080				43. 392				
0 +100				43. 283				
0 +120				43. 051				